셰익스피어 작품 각색과 다시쓰기의 정치성

—

셰익스피어 작품 각색과 다시쓰기의 정치성

초판 1쇄 인쇄 2016년 1월 4일
초판 1쇄 발행 2016년 1월 8일

지 은 이 김종환
펴 낸 이 신일희
펴 낸 곳 계명대학교 출판부
출판등록 제347-1998-1호(1970. 9. 1)
주 소 대구광역시 달서구 달구벌대로 1095
대표전화 053-580-6233
팩 스 053-580-6235
홈페이지 www.kmupress.com

ISBN 978-89-7585-728-7 93840 정가 16,000원

이 도서의 국립중앙도서관 출판예정도서목록(CIP)은 서지정보유통지원시스템 홈페이지(http://seoji.nl.go.kr)와 국가자료공동목록시스템(http://www.nl.go.kr/kolisnet)에서 이용하실 수 있습니다.(CIP제어번호: CIP2015036253)

이 저서는 2012년 정부(교육부)의 재원으로
한국연구재단의 지원을 받아 수행된 연구임(NRF-2012S1A6A4017799)

셰익스피어 작품 각색과 다시쓰기의 정치성

김종환 지음

계명대학교 출판부

머리말

문학 작품의 각색과 다시쓰기는 항상 현재 여기 우리라는 시간성과 공간성을 의식하면서 과거와 소통하려는 작업이다. 셰익스피어 작품의 각색과 다시쓰기는 과거와 현재의 대화이며 과거의 정전을 현대라는 맥락에서 재해석하는 작업이다. 셰익스피어 작품 공연과 영화 제작 또한 정전을 현대적 관점에서 해석하여 현재의 맥락에서 다시 쓰는 작업의 일환이다. 이 저서는 2012년 한국연구재단의 지원을 받아 수행된 연구의 결과물로, 다양한 문화적 배경을 가진 작가와 감독들이 어떻게 셰익스피어 작품을 각색하고 다시 쓰는가를 논의한다. 탈식민주의 작가 세제르의 작품, 페미니스트 작가인 보겔의 작품과 파인스타인의 작품, 동독의 사회주의 작가 하이네 뮐러의 작품, 권력의 폭력성을 극대화하여 드러낸 폴란스키의 영화, 권력에 대한 동양적 성찰을 담은 구로사와의 영화, 뮤지컬 〈웨스트사이드 스토리〉를 논의의 대상으로 삼아 각색과 다시쓰기에 드러난 정치성을 논의한다.

셰익스피어 작품의 각색과 다시쓰기는 근본적으로 정치적인 작업이다. 각색자들이 우리 시대의 우리 문제를 드러내고 재현하기 위해 셰익스피어를 '전유'하기 때문이다. 자신의 정치적 목적과 의도에 맞게 그의 작품을 이용한다는 말이다. 그들의 원작 패러디, 되받아 쓰기, 변용, 그리고 원작 내용의 삭제, 축소, 확대에는 '전유'의 정치성이 드러나 있다. 셰익스피어의 작품 각색과 다시쓰기는 과거와 소통하여 현재의 문제를 드러내려는 정치적 행동이고 현대적 맥락에서의 문화적 재창조 행위이다. 이 책은 그 의의를 밝히려는 글이다.

차 례

01
각색과 다시쓰기의 양상

각색은 기존의 예술 작품을 다른 예술의 형태로 재생산하는 것을 뜻한다. 문학 작품을 영화 대본인 시나리오로 변형시키거나 무대 위의 공연을 위한 연극 대본으로 재생산하는 것이 예술의 영역에서 진행되는 가장 흔한 각색이다. 각색의 대상은 소설이나 드라마일 수도 있고 역사나 다큐멘터리일 수도 있다. 고전일 수도 현대 작품일 수도 있다.

01

각색과 다시쓰기의 양상

셰익스피어 작품의 각색(adaptation)과 다시쓰기는 과거와 현재의 대화이며 과거의 정전을 현대라는 맥락에서 재해석하는 작업이다. 그것이 정전으로 자리 잡은 셰익스피어의 원작에 기댄 기생 또는 표절로 비판받기도 하지만, 각색과 다시쓰기는 정전에만 의존한 단순한 변형이 아니라 항상 현재 여기 우리라는 시간성과 공간성을 의식하면서 새로운 방식으로 과거와 소통하고 관계 맺으려는 시도이다.

셰익스피어의 『리어 왕』(*King Lear*)을 각색하여 『리어』(*Lear*)로 다시 쓴 본드(Edward Bond)는 자신의 의도를 다음과 같이 밝힌다. "나는 우리가 이제 우리 자신과 우리 사회, 우리 시대, 우리의 문제들에 맞게 셰익스피어의 극을 이용하도록 다시 쓰고자 한다"(Wardle 24). 이는 셰익스피어 정전을 다시 쓰려는 현대 작가들의 목소리를 대변하는 말일 것이다. 그들 모두는 항상 자신과 우리의 문제에 천착한다. 다시쓰기를 통해 우리 시대, 우리 사회의 문제를 드러내고 재현하기 위하여 셰익스피어의 정전을 이용한다. 여기서 '이용'한다는 말은 정확하게는 그 정전을 자신의 의도에 따라 '전유'한다는 말이다(Sanders 26). 그러므로 모든 다시쓰기 작업에는 작가의 정치적 관점이 드러나 있다.

신필드(Alan Sinfield)는 작가들이 자신의 정치적 관점에 따라 셰익스피어의 극을 "전유"하고 있지만 그런 각색 행위가 원작의 보편성과 초역사성을 드러낼 뿐이며, 정전의 권위에 기대거나 "기생"하여 오류를 저지를 뿐이라고 주장하면서 각색의 의미를 폄하한다. "각색들이 자신들의 정치적 견해에 맞도록 셰익스피어 극 일부를 의도적으로 그리고 불경스럽게 전유했다고 하더라도, 그것은 여전히 셰익스피어라는 작가를 심오하고 모든 걸 포용할 수 있는 근원으로 인정하는 행위일 뿐이다. 기껏 해봐야 우리는 그의 주변에 기생하고 오류를 저지르면서 시간을 낭비 할 뿐이다"(Sinfield 179). 사실 셰익스피어 작품을 다시 쓰는 모든 작가들은 자신의 정치적 시각과 목적에 따라 정전을 전유한다. 그러나 그들의 전유가 단순한 기생에 머무르는 것은 아니다. 다시 쓴 텍스트는 항상 셰익스피어가 간과한 문제들과 텍스트의 틈새를 비집고 들어가 우리 시대의 문제들을 드러내기 때문이다. 셰익스피어의 작품을 우리가 위치한 현대의 문제와 연결하는 다시쓰기는 다름 아닌 과거와 현대의 대화이다.

본 연구에서 다루려는 셰익스피어 작품의 각색과 다시쓰기는 독일, 미국, 폴란드, 영국, 프랑스 식민지, 일본 등 다양한 문화권에서 시도되고 있는 작가와 감독들의 각색을 포함한다. 에메 세제르(Aimé Césaire)와 같은 탈식민주의계열 작가와 폴라 보겔(Paula Vogel) 등의 여성 작가, 구 동독의 작가 하이네 뮐러(Heiner Müller), 일본의 감독 구로사와(Akira Kurosawa)의 작품 등을 분석 대상으로 삼아 셰익스피어 다시쓰기에 드러난 정치성을 논의한다. 이를 위해 그들의 다시쓰기 전략, 즉 삭제, 전유, 패러디, 재배치, 재맥락화(recontextualization) 등의 양식을 주목하면서 정전을 변형하여 차용하는 의의를 논의할 것이다. 초점 이동이나 지배담론에 대한 대항담론(counter discourse)을 통해 정전을 되받아 쓰는 전략도 논의할 것이다.

본 연구가 분석과 논의의 구체적 대상으로 삼은 작품은 뮐러의 『햄릿기계』(*Hamletmachine*), 미국의 여성 극작가 보겔의 『데스데모나: 손수건에 대한 극』(*Desdemona: A Play about a Handkerchief*), 여성연극그룹(WTG)과 일레인 파인스타인(Elaine Feinstein)의 『리어의 딸들』(*Lear's Daughters*), 프랑스의 식민지였던 마르티니크 섬 출신의 극작가인 에메 세제르의 『또 하나의 태풍』(*A Tempest*)이다. 『로미오와 줄리엣』(*Romeo and Juliet*)을 각색한 뮤지컬 영화 〈웨스트사이드 스토리〉(*West Side Story*), 바즈 루어만(Baz Luhrmann)의 〈윌리엄 셰익스피어의 로미오+줄리엣〉(*William Shakespeare's Romeo+Juliet*), 일본 감독 구로사와의 〈피의 왕좌〉(*Throne of Blood*), 그리고 로만 폴란스키(Roman Polanski)의 영화 〈맥베스〉(*Macbeth*) 또한 논의 대상이다.

각색은 기존의 예술 작품을 다른 예술의 형태로 재생산하는 것을 뜻한다. 문학 작품을 영화 대본인 시나리오로 변형시키거나 무대 위의 공연을 위한 연극 대본으로 재생산하는 것이 예술의 영역에서 진행되는 가장 흔한 각색이다. 각색의 대상은 소설이나 드라마일 수도 있고 역사나 다큐멘터리일 수도 있다. 고전일 수도 현대 작품일 수도 있다. 그러나 어떤 경우이던 각색의 대상과 내용을 그대로 옮겨 놓는 경우는 없다. 내용이 압축되거나 삭제되거나 삽입되는 변형과정을 겪는다는 말이고, 그 변형에 각색자의 의도와 그가 속한 환경이 영향을 미친다는 말이다. 각색은 대부분 각색자가 속한 시간적·공간적 배경을 반영한다. 내용이 시간과 공간에 따라 매체의 특성에 맞게 변형되어 재맥락화된다는 말이다.

많은 영화들이 셰익스피어 작품을 기반으로 제작되었지만, 원전을 변형 없이 그대로 옮겨 놓은 경우는 거의 없다. 제작 과정에서 선택과 배제는 피할 수 없는 현상이다. 원작과 영화의 관계는 대체로 다음 세 가지로 분류할 수 있다. 첫째, 원작에 충실한 영화. 둘째, 원작에 나타난 작가의 의도가 희석되거나 재해석된 영화. 셋째, 원작이 새로운 작품을 만들기 위한 틀만 제공하거나 해체된 영화(Wagner 222, Andrew 10).

자네티(Louis Giannetti)는 문학 작품을 영화화할 때 시나리오 작가가 원전으로부터 선택된 소재의 원천적인 자료에 어느 정도 충실하게 접근하는가에 따라 각색을 다음 세 가지로 구분하고 있다. 첫째, "축자적 각색"(literal adaptation)이다. 이는 원작을 거의 변형 없이 각색하는 것을 의미하는데, 주로 드라마를 영화로 만들 경우에 해당한다. 영화와 드라마의 서사 구조와 극적 구조가 그리 큰 차이가 없기 때문이다. 축자적 각색은 원작의 흐름을 비교적 충실하게 따라가지만 시간과 공간의 문제를 두고 영화라는 매체의 특성에 맞게 각색하고 수정한다. 둘째, "충실한 각색"(faithful adaptation)은 가능한 한 원작의 정신을 훼손하지 않고 서사와 사건을 충실하게 재현하려 한다. 영화라는 매체의 특성에 부응하도록 각색하긴 하지만, 시나리오 작가는 원작을 자신의 시각으로 해석해 자신의 개성을 드러내려는 자세를 지양한다. 제프렐리의 〈로미오와 줄리엣〉이 이런 경우에 속한다. 그럼에도 불구하고 감독이 원전에 변형을 가하지 않고 영화로 재현하는 경우는 거의 없다. 루어만의 〈윌리엄 셰익스피어의 로미오+줄리엣〉은 원작의 플롯과 대사를 거의 그대로 채택하고 있지만, 이를 화면에 담아내는 양식은 판이하다. 현대의 도시를 배경으로 폭력의 양상을 여과 없이 드러내고 있기 때문이다. 마지막은 "대략적 각색"(loose adaptation)이다. 원작의 기본적인 상황과 틀만 유지하고 독립적으로 내용을 전개해 나가는 방식이다. 이는 사실 각색이라 할 수 없을 만큼 새로운 창작물이며 다시쓰기이다 (398-402).

"대략적 각색" 또는 다시쓰기의 범주에 속하는 작품으로 구로사와 감독의 〈피의 왕좌〉를 들 수 있다. 구로사와는 셰익스피어의 『맥베스』 (*Macbeth*)에서 플롯과 주제를 가져오지만 이를 원작과는 전혀 다른 중세 시대 일본 사무라이 이야기로 변형한다. 『로미오와 줄리엣』을 현대 뉴욕을 배경으로 현대적으로 각색한 〈웨스트사이드 스토리〉도 여기 속한다. 원작을 충실하게 재현하는 감독도 있지만, 각색자들과 감독들은 대부분 원작을 자신의 관점에 따라 재해석하고 다시 쓴다. 그리고 이 "대략적 각색"의 형태를 취한 영화가 감독의 정치성을 가장 잘 드러낸다. 대부분의 감독들이 자신의 정치적 의도에 따라 원전을 전유하기 때문이다.

맥팔레인(Brian McFarlane)은 원작에 얼마나 충실한지를 두고 영화를 평가하는 것은 의미가 없다고 주장한다. 그는 영화가 원작의 "정신"이나 "핵심"을 얼마나 성공적으로 드러내는가를 주시하고, "원작에서 취한 것과 버린 것을 구분"하면서 그러한 변용과 각색을 "객관적이고 조직적"으로 분석하고 평가하기를 권유한다(8-10, 23). 그러나 "원작과 영화의 차이"에 대해 "객관적으로 고찰"하는 것만으로는 부족하다. 영화는 원작과는 또 다른 별개의 창작물로 간주할 수 있기 때문이다. 원저자가 의도하는 것과 감독이 의도하는 것이 같을 수도 있고 다를 수도 있다. 그 차이만큼이나 원작과 영화의 거리는 벌어질 것이고, 영화 제작 과정에서 '선택'과 '배제'는 감독의 몫이다. 오글(Stephen Orgel)은 "과거를 의미 있게 재현하기 위해 현재의 기호학"(18)이 필요하다고 주장한다. 사실 대부분의 감독들은 상호텍스트성을 통해 과거와 현재의 대화를 시도하면서 과거를 자신의 문화 속에 재구성한다. 그들은 자신의 속한 시대와 공간에 예민하게 반응하고 자신의 영화에 동시대의 문제를 써넣는다.

셰익스피어 원작을 드라마나 산문으로 다시쓰기를 한 경우도 영화 개작의 구분을 적용할 수 있다. 첫째, "축자적 다시쓰기"이다. 원작을 거의 변형 없이 축차적으로 줄여 다시 쓴 경우이다. 주로 유아를 대상으로 작품 내용을 단순화하여 전달할 때 채택하는 방법이다. 그러나 무엇을 남겨두고 무엇을 줄이는가의 과정에서 작가의 의도가 작용한다. 둘째, "충실한 다시쓰기"는 다시쓰기의 목적에 따라 내용을 각색하고 변형하지만 원작의 정신을 존중하려는 자세를 유지하며, 자신의 정치적 시각으로 원전을 해석해 다시 쓰려고 하지 않는다. 마지막은 "전면적 다시쓰기"이다. 이는 원작의 가장 기본적인 골격만 남겨 놓은 채, 작가 자신의 시각으로 다시 쓴 작품이다. 여기서는 시간적 배경과 공간적 배경이 작가 자신이 처한 시간과 공간으로 이동하며, 인물과 주제조차도 재구성된다. 작가의 정치성을 담아내는 본격적인 정치적 글쓰기인 셈이다. 그리고 원전의 내용을 선택하고 배제하여 맥락화하는 과정에 필연적으로 작가의 정치성이 드러난다. 이러한 글쓰기는 다름 아닌 정치적 전유이다. 자신의 목적과 의도에 부합하는 내용만을 취사선택하여 작품을 구성하기 때문이다.

이 연구가 대상으로 삼는 뮐러의 『햄릿기계』, 보겔의 『데스데모나: 손수건에 대한 극』, 파인스타인의 『리어의 딸들』, 세제르의 『또 하나의 태풍』 모두가 "전면적 다시쓰기" 형태를 보여주는 작품들이다. 특히 『또 하나의 태풍』은 원전을 '되받아 쓰는'(write back) 전복적 다시쓰기의 양상을 드러내고 있다. 구로사와의 영화 〈피의 왕좌〉와 뮤지컬 영화 〈웨스트사이드 스토리〉도 "전면적 다시쓰기" 양상을 드러내는 작품이다. 이들은 모두 셰익스피어 원전의 가장 기본적인 골격만 남겨 놓은 채, 원전을 삭제하거나 삽입하여 변형하고, 되받아 쓰거나 패러디하면서 자신의 정치성을 드러낸다.

코헌(Ruby Cohn)은 원전을 고쳐 다시 쓴 것들을 '파생물'(offshoot)로 지칭하면서 이 우산 아래 '각색'(adaptation), '변형'(transformation), 그리고 '축소/수정'(reduction/emendation)을 하위그룹으로 분류한다(3-4). 그러나 각색은 변형, 축소, 수정, 모방, 첨가를 포함하는 보다 큰 개념이다. 모든 각색은 변형 과정을 거친다. 원전의 내용과 장면과 대사를 변형하고 삭제하고 대체하고 첨가하고 재배치하여 원전을 다시 쓴다(Fischlin 3). 'Adapt-'는 '짜 맞추기'(to make fit)를 뜻하는 라틴어 '*adaptare*'에서 유래한 어근으로 각색(adaptation)은 '새로운 맥락에 짜 맞추기'(to make fit to a new context)를 뜻한다. 새로운 맥락이란 문화적, 역사적, 정치적 맥락과 시간적 배경과 예술 매체까지를 포함하는 개념이다. 대개의 경우 각색자는 내용을 자신이 서있는 문화적 공간과 역사적 시간이란 맥락 속에 재배치한다. 각색 내용을 '재맥락화'(recontextualization)한다는 말이다(Fischlin 3). 각색과 연관된 맥락은 시간적 배경과 공간적 배경 외에도 계급, 성, 인종, 문화, 종교, 정치 등 광범위하게 걸쳐 있다. 그리고 '재맥락화' 과정에는 흔히 각색의 정치성이 드러난다. 그 과정에 원전의 어떤 것을 전유하여 이용하고 어떤 것을 배제하여 버릴 것인지가 결정되기 때문이다.

린다 허치언(Linda Hutcheon)은 각색의 층위를 다음 세 가지로 구분한다. 첫째, 알려진 특정 작품에 대한 "공식적인 전환"(acknowledged transposition). 둘째, "전유/활용"(appropriation/salvaging) 과정에서 발생하는 창조적이고 해석적인 행위. 셋째, 각색 대상 작품에 대한 광범위한 상호텍스트적(intertextual) 개입(*Theory of Adaptation* 8-9). 다시 말해 결과 또는 창작물로서의 각색은 각색 대상 작품으로부터 이미 허용되고 승인된 "공식적인 전환"이며, 이는 매체 또는 장르의 치환(置換), 또는 골격과 내용의 변형, 스타일의 전치(轉置), 맥락의 전위(轉位)를 포함한다(Sanders 18, Cartmell 24). 과정(process)으로서 각색 행위는 전유와 재해석을 통한 재창조를 뜻한다. 수용(reception) 과정에서의 각색은 상호텍스트성(intertextuality)이란 형태를 띤다(서성은 329). 여기서 상호텍스트성은 허치언뿐만 아니라 다른 비평가들의 관심의 대상이 되었던 사항이다.

바르트(Roland Barthes)는 모든 글쓰기가 기존의 "문화적 질료를 뒤섞어 짠 것"이라고 주장하면서 "상호텍스트성"을 언급한다. "어떤 텍스트든지 상호텍스트이고 다른 텍스트들 … 이전의 텍스트들 그리고 주변 문화의 텍스트들이 그 속에 있다 … 그 어떤 텍스트도 상호텍스트성의 조건을 포함한다"(39). 모든 텍스트가 다른 텍스트와 상호 관련되어 있다는 말이다. 크리스테바(J. Kristeva)의 주장을 따르면 모든 "텍스트는 모자이크처럼 여러 인용문들로 구성"되어 있으며 그것은 다른 텍스트들을 흡수하고 변형시킨 것에 지나지 않는다(47).

한 텍스트가 다른 텍스트와 맺는 관련성을 지칭하는 상호텍스트성은 모든 창조가 사회적 창조이고 모든 생산이 항상 재생산이라는 것을 암시한다(Fischlin 4). 우리 모두가 이미 이전에 존재한 사상이나 이야기나 문화적 재료나 규범에 의존하여 생각하고 말하고 쓰고 행동한다는 말이다. 상호텍스트성은 기존의 다양한 문화적 재료를 차용하거나 인용하여 새로운 맥락에 맞게 다시 쓰는 작업에 늘 나타나는 현상이다. 과거의 작품을 현대 문화에 맞게 재맥락화하여 다시 쓸 때, 원전 모방의 정도와 차이의 정도, 그리고 원전과의 거리가 문제로 부각되는데, 이는 패러디라는 용어와 관련되어 있다.

문학의 영역에서 패러디는 대체로 특정 작품의 내용이나 스타일을 흉내 내어 우스꽝스럽게 표현하는 풍자적 모방을 의미한다. 패러디는 기존의 작품을 모방하되 그 내용을 의도적으로 비틀어 풍자하거나 비판한다. 패러디는 대체로 풍자를 수반한다. 패러디 자체에 작가의 사회적 메시지가 담겨 있기 때문이다. 즉 패러디는 '풍자하기 위해 변형을 가한 모방'이다. 풍자와 비판이 목적이고 패러디는 수단이다. 모방, 풍자, 조롱이 패러디의 공통적인 면모이긴 하지만 허치언은 패러디를 원전의 조롱이나 모방이라는 관점을 확장하여 "차이와 반복"이라는 개념으로 이해한다. 허치언의 정의를 따르면 패러디는 "비평적 차이를 내포한 반복"이다. "패러디는 아이러닉한 '초맥락성'(trans-contextualization)과 '전도'(inversion)에 있어 차이를 내포한 반복이라고 할 수 있다. 패러디되고 배경이 된 텍스트와 새로 병합된 텍스트 사이에는 비평적 거리가 암시되며, 이것은 통상 아이러니에 의해 표시된다"(*Theory of Parody* 55-56). 패러디는 "차이보다는 유사성을 강조하는 모방작품"인 패스티쉬(pastiche)와 다르다. 패러디는 아이러닉한 "비평적 거리"와 차이를 요구하기 때문이다. 패러디는 반복이지만 "차이를 내포한 반복"이고 "비평적 거리를 내포한 모방"이다(58, 62).

여기서 '차이'란 패러디 된 작품과 패러디한 작품의 '비평적 거리'를 의미하며, 그 '비평적 거리'가 원전을 향한 패러디 작가의 의도를 드러낸다. '차이'를 통해 원작과는 대조적인 의도를 드러낸다는 점에서 패러디는 '전도'이다. 원전을 비틀어 원전과는 다른 맥락에서 재구성한 내용과 원전과의 차이에서 오는 긴장 관계에서 아이러니가 발생한다. 흔히 패러디의 책략으로 간주되는 아이러니는 대부분의 경우 불일치를 통해 웃음을 유발한다(Burk 1). 텍스트 간의 차이나 내용과 형식 사이의 차이나 불일치에서 파생되는 아이러니를 통해 희극적 효과가 발생한다는 말이다. 대부분의 패러디는 아이러니를 수반한다. 원전을 모방하면서도 원전과의 '차이'를 드러내려고 하고, 원전에 기대면서도 그것과 거리를 두고 달리 해석하려고 하고, 원전을 차용하면서도 그것을 비판하기 때문이다.

패러디는 원전의 내용이나 스타일을 변형시켜 새로운 문맥에 재문맥화하여 원전의 내용을 긍정적으로 수용하기도 하지만 대부분의 경우 원전의 내용을 전도시키거나 해체시켜 그 지배담론을 풍자하거나 비판한다. 셰익스피어의 『폭풍우』를 패러디한 세제르의 『또 하나의 폭풍』이 그런 경우다. 세제르는 『폭풍우』에 반영된 백인중심 서구지배담론을 비판하고 풍자하기 위해 원전의 스타일이나 내용을 의도적으로 비틀어 패러디하면서 지배적 담론을 해체하고, 정전을 인종적 타자인 칼리반의 시각으로 다시 읽어 배타적인 백인중심 담론에 대한 대항담론을 창출한다. 그리고 이를 통해 흑인에 대한 서구인들의 착취와 억압 그리고 편견을 공격한다. 풍자적 모방의 한 형식인 패러디에는 정전으로 확립된 원전에 드러난 지배담론이나 허위의식을 비판하고 폭로하려는 작가의 태도가 반영되어 있다. 그러므로 패러디는 정전의 각색과 다시쓰기에서 작가의 정치성을 가장 효과적으로 드러내는 장치이다.

셰익스피어 정전을 각색하고 다시 쓰려는 모든 현대 작가들과 감독들은 모두 자신이 속한 시대와 사회, 그리고 문화에 내포된 문제들을 의식하면서 자신의 의도에 따라 정전을 변용하고 전유한다. 전유는 종종 "기존의 지배담론에 반하는 대항담론"의 성격을 띤다. 대부분의 경우 전유 행위가 전유 대상으로 삼는 정전이 담고 있는 지배담론과 그것이 표방하는 질서와 가치에 반하여 이루어지기 때문이다(Cartelli 18). 특히 정전을 패러디한 세제르의 『또 하나의 태풍』과 보겔의 『데스데모나: 손수건에 대한 극』이 지배담론에 대한 대항담론의 성격을 띤 작품이다. 전유가 대항담론으로 작용하든 아니든 모든 각색자는 자신이 선 자리에서 자신의 관점으로 정전을 다시 쓴다. 그러므로 모든 각색과 다시쓰기 작업에는 작가의 정치적 관점이 드러나 있다. 영어권 작가에 의한 다시쓰기이든 비영어권 작가의 다시쓰기이든 셰익스피어 정전을 다시 쓴 텍스트에는 대부분 작가의 정치성이 드러나 있다. 특히 여성 작가의 경우 성차(性差)에 내포된 문제를 예민하게 의식하며, 비영어권 작가의 경우 인종의 차이에 내포된 문제에 예민하게 반응한다. 어떤 경우이든 대부분의 다시쓰기 작업은 지배문화와 지배담론에 내포된 부정적 면모를 드러내며, 현대 문화와 사회의 폭력성에 천착한다. 그리고 이를 통해 다양한 힘들과 문화들이 공존하는 보다 공정한 사회를 지향한다.

각색은 종종 원전을 정치적인 관점으로 재맥락화하려고 시도한다. 보겔은 『데스데모나: 손수건에 대한 극』에서 정숙한 여성의 위치를 거부하는 혁신적인 데스데모나를 재창조하여 성정치성을 드러내고 있으며, 뮐러는 『햄릿』을 통해 폭력으로 점철된 서구와 동독의 역사를 『햄릿기계』에 재맥락화하여 마르크스주의적인 관점을 드러내고 있다. 구로사와는 『맥베스』를 일본 사무라이 시대에 재맥락화하여 정치권력의 반복성과 허망성을 읽어내고 있다. 그러므로 각색과 다시쓰기는 원전에 기대어 혹은 원전을 해체하여 새로운 맥락에 새로운 문화를 창출하는 문화적 재창조 행위이다.

본 연구는 현재 영국 외 다른 문화권에서 셰익스피어를 어떻게 받아들이고 전유하는가를 분석하면서 각색과 다시쓰기에 내포된 각색자들의 정치성을 논의한다. 본론은 논의 대상 각각의 작품에 대한 다음과 같은 물음과 그 물음에 대한 해명으로 각 장을 구성한다. 첫째, 셰익스피어 정전의 변용이 어떤 방식으로 진행되고 있는가? 각색과 다시쓰기에서 플롯, 인물과 주제의 변용이 어떻게 이루어지고 있는가를 논의한다. 둘째, 각색과 다시쓰기의 전략은 무엇인가? 이는 다시쓰기에 드러난 기법이 무엇인가를 묻고 답하는 부분이다. 주요한 전략은 패러디, 되받아 쓰기, 전작 형식, 후작 형식, 삭제, 축소, 확대 등이다. 셋째, 각색과 다시쓰기에 내포된 의도는 무엇인가? 이는 작가의 정치성이 어떠한가를 구체적으로 묻는 물음이다. 넷째, 각색과 다시쓰기의 의의와 문제는 무엇인가? 이는 다시쓰기에 드러난 정치적 공정성을 묻는 항목이다.

인용문헌

서성은. "린다 허천의 각색 담론." 『우리어문연구』 48 (2014): 319-53.

자네티, 루이스. 『영화의 이해: 이론과 실제』. 김진해 역. 서울: 현암사, 1999.

Andrew, Dudley. "The Well-Worn Muse: Adaptation in Film History and Theory." *Narrative Strategies*. Eds. Syndy Conger and Janice R. Welsch. Macomb, Ill: West Illinois UP, 1980.

Barthes, R. "Theory of the Text." *Untying the Text: A Post-Structuralist Reader*. Ed. R. Young. Boston: Routledge & Kegan Paul, 1981.

Burk, Kenneth. *The Philosophy of Literary Form: Studies in Symbolic Action*. Baton Rouge: Louisiana State UP, 1967.

Cartelli, Thomas. *Repositioning Shakespeare*. London: Routledge, 1999.

Cartmell, Deborah, and Imelda Whelehan, eds. *Adaptations: From Text to Screen, Screen to Text*. London: Routledge, 1999.

Cohn, Ruby. *Modern Shakespeare Offshoots*. Princeton: Princeton UP, 1976.

Fischlin, Daniel and Mark Fortier, ed. *Adaptations of Shakespeare — A Critical Anthology of Plays from the Seventeenth Century to the Present*. London: Routledge, 2005.

Hutcheon, Linda. *A Theory of Parody. The Teachings of Twentieth-Century Art Forms*. New York: Methuen, 1985. 김상구·윤여복 옮김. (서울: 문예출판사, 1995).

_____. *A Theory of Adaptation*. 2nd ed. New York: Routledge, 2006.

Kristeva, J, *Desire in language: A semiotic approach to literature and art*. Trans. Thomas Gora et. al. New York: Columbia UP, 1980.

McFarlane, Brian. *Novel to Film: An Introduction to the Theory of*

Adaptation. Oxford: Clarendon P, 1996.

Orgel, Stephen. *Imagining Shakespeare: A History of Texts and Visions*. New York: Palgrave Macmillan, 2003.

Sanders, Julie. *Adaptation and Appropriation*. London: Routledge, 2005.

Sinfield, Alan. "Royal Shakespeare: Theatre and the Making of Ideology." *Political Shakespeare*. Eds. J. Dollimore and Alan Sinfield. Ithaca: Cornell UP, 1985. 158-81.

Wagner, Geoffrey. *The Novel and the Cinema*. Rutherford, NJ: Fairleigh Dickinson UP, 1975.

Wardle, Irving. "A Discussion with Edward Bond." *Gambit* 5.17. (1970): 5-38.

02
하이네 뮐러의『햄릿기계』

『햄릿기계』는 냉전시대 유럽 공산주의의 중요한 "분수령"으로 작용했던 1956년 헝가리 봉기 후의 부다페스트를 배경으로 삼고 있다(Barker 411). 냉전 시대의 동유럽 지식인들, 좀 더 구체적으로는 동독 지식인들의 자화상으로 받아들일 수 있는 작품이다. 또한 실패한 혁명의 악몽에서 벗어나지 못했던 뮐러의 자화상으로도 읽을 수 있는 작품이다.

02

하이네 뮐러의 『햄릿기계』

하이네 뮐러(Heiner Müller)의 『햄릿기계』(*Die Hamletmaschine*, 1977)는 셰익스피어의 『햄릿』(*Hamlet*)을 해체하여 다시 쓴 전위적인 희곡 작품이다. 『햄릿』의 배경은 형의 왕위를 찬탈한 클로디어스(Claudius)가 형수인 거투르드(Gertrude)와 근친상간의 욕정을 발산하면서 놀아나는 덴마크 왕실이다. 햄릿의 표현을 빌자면 덴마크 왕실은 거칠고 마구 자란 "잡초만 무성한 정원"(*Hamlet* 1.2.135)이다.[1] 이와 마찬가지로 『햄릿기계』도 "잡초만 무성한 정원"처럼 무질서하고, 좌익과 우익의 대립으로 폐허가 된 냉전시대 동유럽이라는 역사적 공간

1_ 셰익스피어의 *Hamlet* 인용은 다음을 따른다. *Hamlet*, the Riverside Shakespeare, ed. G. B. Evans (Boston: Houghton Mifflin, 1974). 뮐러의 『햄릿기계』는 *HM*으로 약칭하며 인용은 다음을 따른다. 하이네 뮐러, 『햄릿기계』, 『뮐러 희곡선』, 정민영 역 (서울: 지만지, 2013), 25-41.

을 배경으로 삼는다. "잡초만 무성한 정원"으로 변모한 덴마크 왕실은 『햄릿기계』에서 이념 대립으로 인해 폭력이 난무한 동유럽의 상황과 상응한다. 고뇌하면서 망설이는 햄릿의 이미지는 냉전 시대에서 고뇌하지만 행동하기를 망설였던 동유럽 지식인들의 이미지와 크게 다르지 않다.

셰익스피어의 『햄릿』에서 햄릿은 다음과 같이 외친다. "이 시대는 관절이 어긋나 있어! 아! 얼마나 저주받은 운명인가? 어긋난 관절을 제자리에 맞춰 넣어야 하는 운명으로 태어나다니!"(*Hamlet* 1.5.189-90). 클로디어스의 타락과 악행으로 질서가 사라진 덴마크 왕국의 질서를 다시 제자리로 돌려놓아야 하는 자신의 임무를 탐탁지 않게 여기는 말이다. 폭력으로 점철된 '어긋난 시대'를 살았던 냉전 시대의 동독 지성인들도 무질서한 폭력의 역사를 제자리로 돌려놓아야 하는 지성인으로서의 의무를 힘겹게 생각한다. 햄릿이 벗어나지 못했던 것은 선왕의 유령이다. 좀 더 구체적으로는 마음을 더럽히지 말되 자신의 죽음을 복수하라는 유령의 이율배반적인 명령이고 무질서한 덴마크의 질서를 바로 잡으라는 유령의 명령이다. 뮐러의 머리 위를 떠돌면서 강박관념으로 작용하는 "유령"은 실패한 사회주의이다. 『햄릿기계』는 이를 회고하는 작품으로 냉전시대 유럽 공산주의의 중요한 "분수령"으로 작용했던 1956년 헝가리 봉기 후의 부다페스트를 배경으로 삼고 있다(Barker 411). 『햄릿기계』는 냉전 시대의 동유럽 지식인들, 좀 더 구체적으로는 동독 지식인들의 자화상으로 받아들일 수 있는 작품이다. 또한 실패한 혁명의 악몽에서 벗어나지 못했던 뮐러의 자화상으로도 읽을 수 있는 작품이다.

『햄릿』과 『햄릿기계』에 드러난 공통적인 이미지는 고뇌하는, 그러나 행동을 망설이는 주인공의 이미지이고, 자신이 서있는 공간이 '감옥'이고 '잡초 무성한 정원'이라는 이미지이다. '어긋난 세상'이란 인식 또한 두 작품에서 공통적으로 드러나고 있다. '어긋난 세상'을 고뇌하며 살았던 햄릿의 모습은 어긋난 시대를 살았던 뮐러 작품의 인물들, 그리고 뮐러 자신을 포함한 동독 지성인들의 모습과 크게 다르지 않다. 그리하여 뮐러는 우유부단한 햄릿을 행동력이 결여된 무기력한 지성인의 전형으로 삼는다. 이러한 이미지 상의 유사점에도 불구하고 뮐러의 『햄릿기계』는 그 구성과 인물의 형상화에서 『햄릿』과 많은 차이를 드러낸다. 어긋난 시대를 살아가는 지성인의 고뇌를 재현하고 있음에도 불구하고 그 고뇌를 담아내는 구조와 인물에는 차이가 있다는 말이다. 이러한 차이를 염두에 두면서 뮐러가 어떤 방식으로 원전의 구조와 플롯의 해체하고 인물을 변형하여 자신만의 의미를 전달하고 있는가를 논의한다.

뮐러의 작품 타이틀 『햄릿기계』에서 '기계'라는 용어는 셰익스피어의 『햄릿』과 현대 미술의 거장 앤디 워홀(Andy Warhol)이 인터뷰에서 언급한 말과 관련을 맺고 있다. 『햄릿』에서 오필리어(Ophelia)에게 보낸 햄릿의 편지 내용에 'machine'이라는 단어가 등장한다. "이 육신이 살아 있는 한, 나는 너무나도 사랑스런 당신 것이라오."(Thine evermore most dear lady,/ whilst this machine is to him)(*Hamlet* 2.2.123-24). 여기서 'machine'은 '육체 또는 몸'이란 뜻이다. 햄릿은 자신의 육체가 살아 있는 한 자신이 오필리어의 노예라고 하면서, 그녀에 대한 자신의 사랑을 의심하지 말아달라고 부탁한다. 이 구절에서 '기계'(machine)라는 용어를 가져오면서 뮐러가 염두에 둔 것은 생각하는 주체가 아니라 행동하는 몸으로서의 주체이다. 햄릿은 생각하면 할수록 행동하지 못하는 인식의 감옥에 갇힌 존재이다. 기도하는 클로디어스를 보고 기도할 때 죽이면 천당에 가게 될지도 모른다는 생각으로 인해 행동하지 않았던 '사념의 인물'이다. 어머니의 침실에서 어머니와 자신의 대화를 휘장 뒤에 숨어 엿듣고 있던 폴로니어스(Polonius)를 햄릿은 아무런 생각 없이 죽인다. 햄릿은 생각하지 않을 때 행동하는 인물이다. 뮐러가 기대하는 인물은 인식의 감옥에 갇혀 행동을 유보하는 자가 아니라 역사의 현장에 뛰어들어 직접 몸을 부딪치면서 행동하는 인물이다.

워홀은 1963년 스웬슨(G. Swenson)과의 인터뷰에서 다음과 같이 예술에 관한 자신의 견해를 피력했다. "내가 이런 방식으로 그리는 까닭은 기계가 되고 싶기 때문이다(I want to be a machine). 무엇을 하든 기계처럼(machine-like) 하는 것이 바로 내가 하고 싶어 하는 것이다"(Swenson 26). 이는 감정 없는 기계가 되어 예술작품을 창작하고 싶다는 소망이다. 워홀은 자신의 작품에서 사고와 감성의 잔재를 없애고 기계적 반복성을 통해 보는 이가 대상을 직시하도록 한다. 워홀은 예술가의 소명이 기계가 되어 공장에서 소비자들의 욕망을 채워줄 물건을 기계적으로 무한 복제하여 생산하는 것이라고 보았다. 예술의 반복성을 강조하는 말이고, 나아가 역사의 반복성을 암시하는 말이다. 워홀에 따르면 행위, 꿈, 그리고 이미지의 반복을 통해 예술은 정신적 상흔으로 남은 충격적인 사건들을 반복적으로 재현한다(Foster 41-42). 『햄릿기계』 4장에서 햄릿연기자가 읊조리는 "나는 기계이고 싶다"(*HM* 38)는 구절은 워홀의 말에서 따온 표현이다. 햄릿연기자의 욕망은 또한 뮐러 자신의 욕망이다. 뮐러 역시 기계가 되어 악몽으로 그리고 정신적 상흔으로 남은 유럽의 역사를 재현하고 싶다. 분열된 정체성으로 인해 갈등하는 햄릿연기자는 4장에서 다음과 같이 외친다. "내 생각은 내 뇌 속의 상처. 나의 뇌는 하나의 흉터. 나는 기계이고 싶다. 뺻을 팔과 걸을 다리는 있으나 고통도 없고 생각도 없는"(*HM* 38). 햄릿연기자는 "뇌 속의 상처"로 남은 생각을 그만두고 고통에서 해방된 기계이고 싶다.

뮐러는 셰익스피어 작품에 드러난 햄릿의 고뇌가 냉전시대 동유럽 지성인들의 고뇌와 유사하다고 생각한다. 폭력과 야만의 역사가 종식되지 않고 반복되고 있다는 뮐러의 인식은 스스로 기계가 되어 『햄릿』을 거울삼아 상흔으로 남은 동유럽의 역사를 비추어내려는 생각으로 이어진다. 전통적 예술 양식을 해체하고 연상을 중시하는 기법을 사용했던 워홀처럼 뮐러 또한 『햄릿기계』에서 전통적 플롯 구성 양식을 해체하고 이질적인 여러 가지 사건들과 작품 구절을 인용하면서 파편화된 역사적 장면들을 연상을 통해 이어나간다(이준서 108). 뮐러는 작품을 쓸 때 자신의 "주된 관심사가 사물을 파괴하는 것"이고, 30년 동안이나 자신에게 "강박관념으로 남아있던 햄릿을 파괴"하기 위해서 『햄릿기계』를 썼다고 밝히고 있다(Müller 102). 뮐러는 발단 전개 클라이맥스 결말이라는 전통적 플롯 구성을 무시하면서 전통적인 극형식과 극작기법을 해체한다. 전통적인 극에서 볼 수 있는 그 어떤 대화도 구체적인 갈등의 양상도 드러나지 않는다. 그는 전통적 극 구성, 언어, 의미, 인물형상화를 파괴하여 자신만의 새로운 햄릿을 생산한다.

『햄릿기계』 1장 "가족 앨범"은 "폐허가 된 유럽"의 바닷가를 배경으로 "나는 햄릿이었다"고 밝히는 화자에게 회상된 과거의 사건을 제시한다. 파편적인 내용을 담은 햄릿의 모놀로그만으로 구성되어 있다. 오필리어의 독백만으로 구성된 2장 "여자의 유럽"은 "거대한 방"을 배경으로 "그녀의 심장은 시계"라는 지문으로 시작한다. 3장 "스케르초"(Scherzo)는 "죽은 자들의 대학교"와 죽은 여자들의 전시장, 박물관을 공간적 배경으로 삼아 햄릿과 오필리어가 등장한다. 창녀로 분장한 오필리어는 햄릿에게 "나의 심장을 먹고 싶은가"(*HM* 30)를 묻고 햄릿은 "난 여자이고 싶다"(*HM* 30)는 답을 하면서 오필리어의 옷을 입는다. 작품 전체에서 볼 수 있는 유일한 대화이다. 4장 "부다의 페스트 그린란드를 둘러싼 싸움"은 파편화된 여러 역사적 사건들을 제시하고 시시각각 정체성이 변하는 인물을 드러내는 장면이다. 전통적인 극이라면 4장에서 갈등의 이완으로 진행하겠지만, 뮐러의 극은 다시 2장에서 오필리어가 부순 "거대한 방"을 배경으로 삼아 정신분열을 겪는 햄릿/햄릿연기자의 절망을 재현한다. 5장은 사건의 해결을 재현하는 것이 아니라, 휠체어를 탄 오필리어가 "몇 세기를 미칠 듯 기다리면서" 심연(深淵)에서 엘렉트라의 목소리로 혁명을 외치는 장면으로 끝맺는다.

뮐러는 인과성에 따라 구성된 전통적인 플롯을 포기하고 여러 이질적인 요소들이 개입된 단편적인 플롯을 제시한다. 텍스트가 5장으로 구분되긴 하지만, 각 장 사이의 인과 관계가 없을 뿐만 아니라 줄거리의 일관성도 없다. 극형식의 파괴와 더불어 전통적 극에서 볼 수 있는 언어 또한 파괴되고 있다. "스케르초"에 나오는 단 두 줄의 햄릿과 오필리어의 대사를 제외하고는 인물간의 어떤 대화도 없다. 각 장면은 비논리적인 독백과 지문으로 구성될 뿐이다. 뮐러는 이러한 플롯의 인과성 파괴와 불명확한 비논리적인 대사를 통해 인과성 없이 진행되는 불합리한 역사 진행과 비논리적이고 비이성적인 폭력의 역사를 비추어낸다(Kalb 107). 비논리적인 플롯과 대사가 곧 부패한 역사의 비 논리성과 무질서한 역사를 드러내는 도구가 된 것이다.

『햄릿기계』의 등장인물들은 햄릿과 그의 연인인 오필리어, 친구인 호레이쇼(Horatio), 아버지, 어머니, 숙부, 여자들이다. 원작에 등장하는 오필리어의 아버지 폴로니어스와 오빠인 레어티즈(Leartes), 햄릿과는 대조적 성격을 보여주는 행동하는 인물 포틴브라스(Fortinbras), 햄릿의 친구들인 로젠크랜츠(Rosencranz)와 길든스턴(Gildenstern)은 뮐러의 작품에는 등장하지 않는다. 『햄릿기계』의 중심인물은 햄릿과 오필리어이다. 햄릿은 1장과 4장에, 오필리어는 2장과 5장에 등장하고, 스케르초인 3장에 햄릿과 오필리어가 함께 등장한다. 그러나 인물의 정체성은 시시각각으로 변한다. 나라는 화자는 과거의 햄릿으로 말하다가("나는 햄릿이었다") 현재의 햄릿으로 말하고 햄릿을 연기하는 배우로 변한다. 오필리어의 옷을 입고 연기하는가 하면, 맥베스가 되었다가 생각 없는 "기계"가 되었다가 "타자기"가 되었다가 그 어떤 역도 맞지 않겠다고 선언한다. 자기검열을 통해 자신을 조롱하고 비판하는가 하면 작가의 사진을 찢는 행동을 통해 자신을 부정하고 소멸시키기도 한다. 작가인 뮐러 자신이 되기도 하는 것이다. 일관된 정체성을 드러내는 인물이 아니라 "정신분열증"을 겪는 인물이다. 오필리어 또한 마찬가지이다. 오필리어는 그녀 자신으로 말하다가 햄릿의 목소리로 말하고 마지막에 가서는 복수의 화신 엘렉트라의 목소리로 격렬하게 외친다. 뮐러는 『햄릿기계』에서 1인칭과 3인칭을 오가는 화법과 과거와 현재의 간극을 드러내는 화법, 그리고 시시각각으로 변하는 역할을 통해 과거를 현재의 시각으로 덧칠하여 현재를 역사화하면서 관객들이 비판적인 시각으로 과거와 극중 사건에 거리를 두고 자신의 현실을 바라보게 만든다(상정아 111).

『햄릿기계』는 수많은 이질적인 파편들과 파편화된 이미지들이 인과관계없이 삽입되고 합성된 전위적 텍스트이다. 또한 다른 문학 작품들에 대한 "다층적 혼성모방"(multilayered pastiche)을 보여주고 있는 작품으로 다른 작가의 많은 구절들이 암시적으로 변형되어 삽입되어 있다(Barker 412). 그러나 의미 없이 배치된 것처럼 보이는 이질적인 단편들과 인용문들은 그 나름의 "의미 복합체"로 상호 연관성을 지니고 있다. 뮐러 나름의 원칙이 있다는 말이다. 햄릿이 중심인 1장과 4장, 오필리어가 주도하는 2장과 5장은 햄릿과 오필리어가 대화하는 3장인 "스케르초"를 중심으로 쌍을 이루면서 "교차배열법적으로 배치"되어 있다(이창복 224). 작품 전체의 중심축으로 작용하는 스케르초 앞뒤로 햄릿/햄릿연기자와 오필리어/엘렉트라의 대사가 배치되어 있다. 파편화된 역사적 사건이나 수많은 문학 작품들의 인용으로 채워진 1장과 4장은 비역사적 공간에서 오필리어의 모놀로그로 채워진 2장과 5장과 대조되고 있다. 서로가 역사적 공간/비역사적 공간이란 면에서 대칭을 이루고 있으며, 과거/현재/미래라는 시간적 배경에서도 대칭을 이루고 있다. 햄릿이 바닷가에서 유럽의 폐허를 등지고 서 있는 1장이 남성의 목소리를 통해 유럽의 과거를 비추고 있다면, "물고기들의 토막 시체들 그리고 시체 조각들"을 배경으로 오필리어가 "심연"에서 엘렉트라의 목소리로 외치는 5장은 여성의 목소리를 통해 유럽의 미래를 말하고 있다. 과거와 미래가 대칭을 이루고 있는 것이다. 폐허가 된 유럽의 바다를 배경으로 삼은 1장과 5장은 공간적인 관련성을 드러내고 있으며 "거대한 방"을 배경으로 삼는 2장과 4장 또한 서로 관련을 맺고 있다. 공간적 시간적 배경뿐만 아니라 각 장면들은 상징적 의미에서도 연관성이 있다. 2장 '여자의 독백'에서 합창/햄릿의 목소리 형태로 진행되고 있는 오필리어의 독백은 그녀만의 독백이 아니라 "집단의 소리"이며, 그녀의 독백은 "햄릿의 내면에 내재해 있는 혁명에 대한 소망의 표현"으로 간주될 수 있다(이창복 225). 1장의 연장선상에서 볼 수 있다는 말이다. 내용적 연관성이 없어 보이는 4장과 5장도 반혁명적 행동이 빙하기로 이어진다는 면에서 연관성이 있다. 4장에서 햄릿연기자가 마르크스, 레닌, 마오쩌뚱을 도끼로 찍어 죽임으로서 혁명의 빙하기가 도래하며, 이 빙하기를 배경으로 5장이 시작된다. 각 장면들이 혼란스런 단편처럼 배치되어 있는 것처럼 보이지만 이들은 역사적 시간의 진행과 사건의 공간 배치에서 연관성을 드러내고 있다.

테라오카(Akiko A. Teraoka)의 주장을 따르면 『햄릿기계』 3장은 1장과 2장의 내용을 요약하고 다음 4장과 5장을 열어주는 중간축으로 "막간극의 기능"을 수행한다(88). 그러나 3장 "스케르초"는 앞과 뒤를 연결하는 단순한 막간극이라기보다는 이 작품 전체의 원심력으로 작용하는 "중심축"이다(Barker 418), 모든 사건들이 3장에 수렴되고 있기 때문이다. 3장은 인물이 홀로 등장하여 모놀로그로 진행되는 다른 장면들과는 달리, 긴 지문에 이어 햄릿과 오필리어가 등장하여 대화하는 유일한 장면이고, 그들의 대사는 원심력의 중심점이다.

> 오필리어: 내 심장을 먹고 싶은가요, 햄릿? (웃는다.)
> 햄릿: (두 손으로 얼굴을 가린다.) 난 여자이고 싶어. (*HM* 30)

오필리어는 여기서 햄릿이 자신의 심장을 먹고 싶어 하는지를 묻는데, 2장에서 그녀는 자신의 "심장이었던 시계"를 가슴에서 제거한다. 1장에서 햄릿은 오필리어에게 "네 심장을 먹게 해 달라"고 호소한다. 1, 2, 3장 모두가 "심장"의 은유로 연결되고 있는 것이다. 이렇듯 3장은 원심력의 중심축이다. 그러므로 이 3장을 중심으로 "중심에서 밖으로 향하는 독법"(Barker 418) 또한 사건을 연결하고 의미를 드러내는데 유효하다. 그럴 경우 중심에서 외연으로 향하는 2장 4장 1장 5장의 순으로 읽을 수 있다. 2장과 4장은 감옥의 은유인 "거대한 방"이란 공간에서 진행되며, 1장과 5장은 폐허가 된 유럽의 바닷가라는 동일 배경 공간에서 진행되고 있어 서로 연관이 있기 때문이다. 이 글은 이 작품의 중심축으로 작용하는 3장에 대해 먼저 논의하고 2장을 논의하며, 1장, 4장, 5장의 순으로 논의를 전개한다. 1장이 5장과 배경 공간에서 관련되어 있지만, 작품의 맨 처음에서 발단에 해당하는 여러 가지 사항들을 제시하고 있기 때문이다.

3장 "스케르초"는 "죽은 자들의 대학"(*HM* 30)을 배경으로 시작한다. "죽은 자들의 대학"에서 "죽은 철학자들"이 계속해서 뭔가를 중얼거린다. 여기서 죽은 철학자들이란 마르크스, 레닌, 마오쩌둥 등과 같은 마르크스주의자들이다. 이들의 대학에는 관념적인 이상론이 지배할 뿐, 현실적 요구들을 해결할 수 있는 대안은 없다. 그러므로 그 대학은 사유만 있고 행동은 없는 죽은 대학이다. 죽은 철학자들이 햄릿에게 자신의 책들을 던지는데, 이는 사유와 이념이 개혁과 행동의 걸림돌로 작용하는 현실을 투사한다. 이런 생각은 4장에서 햄릿이 "철학자의 광대 옷을 찢는"(*HM* 39) 행위를 통해 다시 한 번 강조된다(이준서 112-13).

죽은 자들의 대학에서 사유와 행동 사이의 괴리를 드러내는 무기력한 지식인의 문제가 제기되고 있다. 죽은 여인들의 전시장에는 반복되는 억압의 역사에 내재된 문제가 제기되고 있다. 전시장에서 자살한 여인들이 춤을 추고, "햄릿은 박물관에 온 관람객처럼 그들을 관찰한다"(*HM* 30). 그들은 춤추는 자신들에게 동참하지 않고 보고만 있는 햄릿의 몸에서 옷을 찢어낸다. 행동 없는 햄릿의 존재를 부정하는 몸짓이다. 햄릿이 동일시하려는 오필리어는 2장에서 부패한 역사를 부수고 개혁하려는 의지를 드러냈던 인물이지만, 3장에서는 창녀로 등장한다. 햄릿 아버지의 관에서 클로디어스가 나오고, 창녀로 분장한 오필리어가 그와 함께 스트립쇼를 한다. 햄릿은 "난 여자이고 싶어"(*HM* 30)라고 하면서 오필리어와 하나가 되고 싶은 소망을 드러낸다. 오필리어는 2장에서 자신의 "심장이었던 시계"를 제거하여 폭력적인 역사 의 흐름을 파괴하려고 했다. 햄릿이 오필리어의 심장을 먹고 싶어 하는 것은 "시계"로 표상되는 부패한 역사의 흐름을 멈추려고 했던 이상적 오필리어의 혁명의지와 행동에 동참하려는 몸짓이다(심재민 327). 그러나 햄릿의 소망은 창녀로 분장한 오필리어의 웃음에 의해 조롱당한다.

이상적 오필리어와 창녀인 오필리어 사이에서 분열된 햄릿은 "두 손으로 얼굴을 가리는" 몸짓을 통해 창녀로서의 오필리어를 부정하고, 혁명을 꿈꾸는 이상적인 여성과 하나 되기를 바란다. 그러나 혁명을 희구하는 이상적인 여성과의 합일은 이루어지지 않는다. 그는 현재 창녀로 분장한 오필리어의 옷을 입고 창녀 화장을 하기 때문이다. 여기서 오필리어는 2장에서 부패한 역사를 파괴하려고 했던 이상적 오필리어가 아니다. 나체로 등장해 살인자인 클로디어스와 함께 춤을 추는 오필리어에게 클로디어스와 놀아났던 햄릿 어머니의 모습이 오버랩 되는 것도 무리가 아니다(이창복 242). 이상과 현실의 괴리와 모순이 드러나는 지점이다.

창녀인 오필리어와 춤을 추던 햄릿은 이제 미래를 보는 것이 아니라 "거꾸로 목이 돌아간"(*HM* 31) 모습으로 과거를 응시하는 호레이쇼와 함께 춤을 추는데 이들의 춤은 점점 더 빨라지고 더 거칠어진다. 이들의 춤은 과거의 역사를 반복하는 몸짓에 다름 아니다(심재민 328). 교향곡에서 빠르고 경쾌한 기악곡을 뜻하는 '스케르초'라는 3장의 제목은 기회주의적 태도로 과거 역사에 동참하고 현실과 타협하고 춤을 추는 그들과 관련을 맺고 있다. 관으로부터 나온 목소리는 "넌 네가 죽인 것을 사랑해야 한다"(*HM* 31)고 하면서 햄릿에게 폭력으로 점철된 과거 역사에 순응하라고 강요한다. '암'처럼 경직된 역사는 요지부동이다. "관에서 들리는 웃음소리. 그네에 유방암 걸린 성모마리아. 호레이쇼가 우산을 펼친다, 햄릿을 포옹한다. 우산 아래 포옹 속에서 굳어짐. 유방암이 태양처럼 빛난다"(*HM* 31). 신성한 성모마리아가 암에 걸려 그네를 타고 있는 모습과 태양처럼 빛나는 성모마리아의 '유방암'이라는 반의적 인용을 통해 뮐러는 더 이상 인간을 구원할 수 없는 경직된 기독교를 조롱한다. 여기서 "암"은 부패한 유럽의 경직성을 강조하는 은유이다. 4장의 "빙하기"로 이어지는 이 '경직'의 이미지는 경직되고 정체된 구동독 역사를 투사한다. 그러나 이는 뮐러에게 혁명을 통해 깨뜨려져야할 "석화된 희망"이다(이창복 243-44).

3장의 죽은 여인들의 전시장에 진열된 "밧줄에 목을 동여맨 여자, 동맥을 절개한 여자"는 2장에서 사용되었던 지문 그대로이다. 3장의 옷을 입지 않은 햄릿은 2장에서 자신의 옷을 불속에 던지고 거리로 나간 오필리어와 연결된다. 2장 "여자의 유럽"은 "거대한 방"에 갇혀 있는 오필리어의 독백으로 구성되어 있다. "그녀의 심장은 시계이다." "덴마크는 하나의 감옥"(Denmark's a prison)(*Hamlet* 2.2.249)이라는 햄릿의 구절에서 가져온 은유 "거대한 방"은 자유가 억압된 공간이다. 악몽에 시달리는 셰익스피어의 햄릿은 덴마크를 감옥으로 받아들인다. 클로디어스가 자신을 감시하고 친구들조차도 자신을 감시하면서 자유를 억압하고 있기 때문이다. 뮐러의 『햄릿기계』에서 "거대한 방"은 오필리어를 위시한 여성들을 억압하고 폭력을 행사했던 남성중심의 유럽 사회라는 거대한 감옥이다. 이 억압의 감옥에서 오필리어는 다음과 같이 읊조린다.

> 오필리어[합창/햄릿]: 난 오필리어, 강물도 잡지 않았던 여자. 밧줄에 목을 동여맨 여자 동맥을 끊은 여자 약을 과다하게 복용한 여자 입술 위엔 눈(雪) 가스 오븐 안에는 머리를 처박고 있는 여자. 어제 나는 날 죽이는 걸 중단했다. 난 혼자다. 내 젖가슴과 나의 허벅지와 내 자궁만이 함께 할 뿐이다. 나는 날 구속하는 도구들을 파괴한다. 의자를 부수고, 책상을, 침대를 부순다. 내 고향이었던 도살의 무대를 부숴버린다. 난 문들을 부수어 연다, 바람과 세상의 비명이 들어올 수 있도록…. 난 창문을 산산이 부순다. 난 피가 흐르는 손으로 내가 사랑했던 것 그리고 침대 위에서 책상과 의자 위에서 그리고 바닥에서 날 필요로 했던 남자들 사진을 찢는다. 난 내 감옥에 불을 지른다. 난 내 옷을 불 속으로 던져 넣는다. 난 내 심장이었던 시계를 아의 가슴에서 꺼낸다. 난 거리로 나간다, 내 피의 옷을 입고. (*HM* 29)

여기서 "강물도 붙잡지 않았던 여자"는 1919년의 베를린 봉기 참여 후 총살되어 강물에 던져졌던 여성 혁명가 로자 룩셈브르크(Rosa Luxemburg)를 암시하고, "교수대 올가미에 매달린 여자"는 1966년 사망한 뮐러의 첫 번째 부인 잉에 뮐러(Inge Muller)를 암시한다. 오필리어는 룩셈브르크에게 자신을 투영하여 이제 더 이상 희생자로 머물지 않겠다고 선언한다. “나는 날 죽이는 일을 중단했다. … 나는 나를 구속하는 도구들을 파괴한다.” 남성 종속의 역사를 거부하고 홀로 서겠다는 의지를 드러낸 것이다. 이는 여성을 억압하고 구속하는 도구들을 파괴하는 적극적인 행동으로 이어진다. 이제 오필리어는 감옥으로부터의 탈출을 시도한다. 오필리어는 합창/햄릿의 목소리를 빌어 사람들을 자극하고 선동한다. 그녀는 자신을 구속하던 도구들을 파괴하고, 부패한 역사와 살해의 현장을 파괴하고 혁명을 소리 높여 외친다. 그녀의 외침은 억압의 감옥을 탈출하여 모든 구속에서 자유롭기를 바라는 외침이고, 부패한 역사에 종지부를 찍으려는 몸짓이다. 그녀는 자신을 데리고 놀았던 “남자들의 사진을 찢어” 남성에의 종속을 거부하고 억압의 “감옥에 불을 지르고” 탈출한다. 지금까지 걸치고 있던 옷을 태우고 억압의 역사에 종지부를 찍기 위해 행동한다. 역사의 굴레에서 벗어나려는 노력하는 것은 오필리어뿐이 아니다. 2장에서 오필리어의 목소리는 합창/햄릿의 목소리를 끌고 들어오기 때문이다. 오필리어와 햄릿이 한 목소리가 되어 외치고 있는 것이다. 그러므로 이는 억압의 해방과 “역사의 개혁”을 바라는 지식인들의 “집단적 소망”이 드러난 외침이다(이창복 238-39). 여기서 햄릿과 오필리어는 서로 분리된 인물이라기보다는 “동일한 중심인물의 두 가지 면”(two facets of the same central figure)으로 볼 수 있다(Richardson 92). 둘은 모두 자신에게 이미 주어진 정체성을 벗어나 이를 초월하여 다른 목소리로 혁명을 외치려고 한다. 그런데 오필리어의 심장이 왜 시계인가? 뮐러는 여기서 시계를 “억압의 시대”를 표상하는 상징으로 사용한다(김창우 35, 이창복 238.). 자신의 “심장이었던 시계”를 오필리어가 파묻는 행위는 반복되는 시간의 흐름을 정지시키고, 폭력적인 역사로부터 이탈하여 부패한 역사의 연속성을 파괴하려는 몸짓이다.

들뢰즈(Gilles Deleuze)와 가타리(Félix Guattari)의 개념을 적용하자면, 오필리어의 "심장"은 연쇄와 접합을 통해 이질적인 것을 결합하여 또 다른 복합체를 생산하는 "욕망기계(desiring-machine)의 생체 시계인 동시에 기관 없는 시계(the organless clock)"이다(Barker 414). 욕망(기계를 통해 작동하는 의지)은 기계(욕망의 작동방식)로서 또는 기계를 통해 작동하여 무엇인가를 생산하면서 드러난다. 욕망하는 기계의 활동이 생산을 통해 드러난다는 말이다. 그리고 그 생산은 파괴와 단절을 통해서만 작동한다(Deleuze 5-8). 오필리어는 욕망하는 동시에 욕망의 대상으로 존재하는 "기관 없는 신체"(body-without-organs)이다(Deleuze 149). "기관 없는 신체"를 생산의 전제 조건으로 보고 있는 것이다. 어떤 기계가 하나의 기관이기를 멈추면 즉 생산하기를 멈추면 이는 '기관 없는 신체'가 된다.[2] '욕망하는 기계'는 '기관 없는 신체'라는 실체의 궁극적 속성이다.

오필리어는 시계를 파묻어 즉 심장이란 기관을 제거하여 파괴를 통

2_ 들뢰즈(Gilles Deleuze)와 가타리(Félix Guattari)의 "욕망기계"와 "기관 없는 신체" 개념을 요약하자면 다음과 같다. "신체는 집합적인 조직 전체이다. 기계는 다른 기계와 연결되어 어떤 흐름을 절단하거나 취하면서 무엇인가를 생산한다. 어떤 기계가 다른 기계로 변환된다는 것은 기존의 욕망이나 기존의 생산을 중단해버리고, 다른 욕망에 따라 다른 걸 생산하는 다른 기계가 된다는 걸 의미한다. 이처럼 기존의 생산을 중단하는 것은 새로운 생산의 전제조건이며 들뢰즈(Gilles Deleuze)와 가타리(Félix Guattari)는 이를 "반생산"으로 명명한다. 이 경우 "반생산"이란 어떤 기계가 하나의 정해진 기관이기를 멈춘다는 점에서 '기관 없는 신체'에 속한다. 기관 없는 신체가 단순히 기존의 욕망을 철회하는 부정적인 용법으로만 쓰이지는 않는다. 기관이 없는 신체는 어떤 특정한 기계가 다른 기계로 그리고 어떤 특정한 욕망이 다른 욕망으로 바뀌는 내재적인 장이다. 기관 없는 신체는 흐름의 연속체이고 흐름이 집중되거나 분산되는 장이며, 집중과 그 분산의 양상, 그리고 그 집중의 강도와 밀도에 따라, 그때그때 다른 기관과 다른 기계가 만들어지거나 사라지는 장이다. 욕망하는 기계들이 생산되고 변형되는 터전이며, 그리고 욕망하는 기계들의 생산에 사용되는 질료며 그 질료의 흐름이다." 이진경, "욕망, 기계, 기관 없는 신체," http://www.nomadist.org/xe/seminar/415939.

한 새로운 생산을 모색한다. 오필리어는 자신을 부패한 역사의 희생자들과의 동일시하면서 역사의 단절을 욕망하는 기계가 되고 "기관 없는 신체"를 통해 혁명의 의지를 드러낸다.

뮐러는 "오필리어, 너의 심장을 먹게 해다오"(*HM* 28)라는 햄릿의 대사로 『햄릿기계』 1장을 마무리하고, "오필리어, 그녀의 심장은 시계다"라는 지문으로 2장을 시작한다. 오필리어의 "심장"이 무엇이기에 이렇게 자주 반복되고 있는가? 그녀의 "심장"은 강렬한 혁명의 의지를 표상하는 은유이다. 1장에서 햄릿은 부패한 역사의 잔재를 쓸어내고 싶은 소망을 다음 구절에 담아낸다. "나는 시체를 변소에 처넣고 싶다. 그러면 궁전은 왕의 똥 속에서 질식하겠지"(*HM* 28). 그리고 이 소망은 오필리어의 심장을 먹게 해달라는 바람으로 이어진다. 『햄릿기계』의 1장 "가족 앨범"은 햄릿의 가족에 관한 과거의 기록을 담은 '앨범'이다. 화자인 '나'는 과거 시제로 과거 사건을 진술하고 가족과 인물들을 소개한다. "나는 햄릿이었다(I was Hamlet). 난 해안에 서서 폐허가 된 유럽을 뒤로하고 부서지는 파도와 말을 하고 있었다. 어쩌고저쩌고"(*HM* 25). 여기서 과거에 햄릿이었던 화자 "나"의 회상을 통해 드러나는 과거는 곧 전 유럽의 과거이다. 비극적 상황은 덴마크 왕실의 가족사라는 울타리를 벗어나 전 유럽으로 확대된다. 『햄릿』의 배경이 "잡초 무성한" 덴마크 왕실이라면 『햄릿기계』의 배경은 폐허가 된 유럽, 특히 1956년 헝가리 민중봉기 이후 극심한 이념 대립으로 치닫던 동유럽이다(이창복 228). 뮐러는 햄릿의 가족사를 통해 전 유럽의 어두운 역사를 반추한다. 화자 '나'는 햄릿 아버지의 장례에 관한 언급으로 과거의 전모를 드러내기 시작한다.

종소리는 국장(國葬)이 시작된다는 것을 알리고 있었다. 살인자와 과부가 한 쌍, 지체 높은 분의 관 뒤로 의원들께서 행진 중, 수당도 제

> 대로 받지 못하는 장례 기간에 울부짖으면서. 영구차 안의 유해는 누구인가?/ 누굴 위해 저렇게 비명과 애통의 소리를 질러대는가?/ 그 유해는 위대한 자/ 자선을 베풀던 자의 유해 민중의 울타리, 그건 그의 정치술이 창출한 작품 그는 모두에게서 모든 걸 앗아간 한 남자였다. 난 장례 행렬을 멈추게 만들고 관을 장검으로 비틀어 열었다. 그 때 칼이 부러졌지만 무딘 그 끄트머리로도 문제가 되진 않았다. 그리고 이제 죽은, 날 낳은 자를 잘라 둘러서 있는 빈민에게 나눠 주었다. 고깃덩어리와 고깃덩이 유유상종. 슬픔은 환호로 넘어갔고 환호는 입맛을 다시는 소리로 넘어갔고, 텅 빈 관 위에서 그 살인자는 과부를 덮쳤다. 삼촌, 제가 올라타는 것을 도울까요? 다리를 벌려요 엄마. 난 땅바닥에 그냥 누워 세상이 부패와 발을 맞춰 돌아가는 소릴 들었다. (*HM* 25)

먼저 햄릿 아버지의 살해자인 숙부 클로디어스(Claudius)와 그와 함께 근친상간의 침상에서 놀아난 햄릿의 어머니가 소개된다. '나'는 사건의 관찰자로서 국왕의 장례식을 통해 부패한 유럽의 역사를 조망한다. 화자에게 회상된 유럽의 과거는 부정적이다. 이어지는 진술에서 화자는 과거의 사건을 통해 현재의 정치적 상황을 비추어낸다. 거짓된 슬픔을 요란스럽게 드러내면서 관을 따라가는 위선적인 의원들은 다름 아닌 현재 국가 기관에 종사하는 고위 관료들이다. 자비로운 국왕의 모습은 단지 정치가 만들어 낸 이미지일 뿐이다. 실제로 그는 "모두에게서 모든 걸 가져간" 잔인한 왕일뿐이다. 후계자인 클로디어스의 모습도 이와 다르지 않다. 위선과 폭력을 반복할 뿐이다. 그런데 이 때 '나'는 장례 행렬을 멈추게 했다. '나'는 국왕의 유해가 안치된 관을 열고 자신을 낳아 준 아버지의 육신을 잘라 이를 가난한 자들에게 나누어주었다. 여기서 아버지 육신의 절단과 파괴에는 반복되는 부패한 유럽 역사에 대한 단절과 절단의 소망이 투사되어 있다(이창복 229-30). 그러나 '나'는 실망한다. 인육덩이를 받아먹은 가난한 자들의 "슬픔은 환호로, 환호는 입맛 다시는 소리"로 바뀌고, 빈 관 위에서 살인자인 클로디어스는 과부를 덮치는 패륜을 범한다. 화자인 '나'는 유럽의 역사를 "살인자와 과부의 음탕한 짝짓기"의 반복으로 보고 경멸한다. 화자인 '나'의 좌절과 환멸은 반복되는 폐허 역사의 진행에 대해 냉소적인 반응을 보이는 뮐러의 입장과 무관하지 않다. 이 냉소적 태도는 살해자인 삼촌과 어머니의 근친상간적 관계를 돕는 조소적인 행위("삼촌, 내가 올라타는 것을 도와 드릴까요? 다리를 벌려요 엄마")로 이어지고, 역사를 "부패의 영원한 반복 운동"으로 보는 회의("난 땅바닥에 그냥 누워 세상이 부패와 발을 맞춰 돌아가는 소릴 들었다")에 구체화된다(이창복 230). '나'는 땅바닥에 누워 체념할 뿐 아무런 행동도 하지 않는다. 냉전의 시대에 아무런 행동도 할 수 없었던 무기력한 지식인의 모습이다.

과거 시제로 이어지는 일련의 진술에서 과거의 사건을 진술하는 '나'라는 화자의 정체성은 분명하지 않다. '나'는 과거에 '햄릿'이었을 뿐, '햄릿'은 지금 현재 이 자리에 존재하지 않는다. 그러나 대문자로 표시된 "나는 착한 햄릿"이라는 구절부터 시제는 현재로 전환된다. 한 장면에서 서로 다른 시제를 사용하면서 회상된 과거의 역사적 현실과 현재의 역사를 조망하는 것이다. 의도적으로 "관념적 시간의 연속성을 해체"(손양근 223)하여 시간적인 거리를 확보하고 이를 통해 차이를 드러내려는 것이다. 화자인 '나'가 각기 다른 시제로 말하면서 각기 다른 의미를 형성한다. 현재의 나는 과거의 나 햄릿과 거리를 두면서 현재의 시점과 시각으로 상황을 조망한다. 이러한 거리두기는 4장에서 햄릿이 햄릿연기자가 되어 행동할 때 또 다시 발생한다. 그리고 이는 브레히트(Brecht)의 '낯설게 하기'의 기법이다. 브레히트는 과거의 고전을 상연할 때 관객들이 무비판적인 감정이입을 하지 않도록 과거와 현재의 거리와 차이를 드러내라고 강조한다(Brecht 276). 뮐러가 '나'라는 배우가 햄릿 역을 맡았다가 가면을 벗고 다시 햄릿연기자로 자신을 현재화하여 "햄릿 역을 과거의 인물로 떼어내도록 한 설정"은 다름 아닌 브레히트의 '거리두기'를 응용하여 적용한 예이다(상정아 109). 햄릿은 이제 현재 시제로 행동력이 없는 자신에 대해 다음과 같이 탄식한다.

> 나는 착한 햄릿 슬퍼할 수 있는 이유를 달라
> 아, 진정으로 슬퍼할 수 있다면 세상을 다 주리.
> 나는 왕자를 죽이는 왕, 리처드 3세
> 오, 나의 백성들이여 내가 그대들에게 무슨 일을 했는가
> 곱사등을 지고 가듯이 나는 내 무거운 뇌를 끌고 간다
> 공산주의의 봄에 제2의 광대
> 이 희망의 시대에 무엇인가 썩어 있다
> 지구를 파헤쳐 그것을 달까지 날려 보내자. (*HM* 25-26)

현재의 착한 햄릿은 진정으로 "슬퍼할 수 있는 이유를 달라"고 외친다. 조카의 왕위를 찬탈한 리처드 3세를 언급하면서 너무 생각만하는 자신을 자책한다. 조카를 죽인 리처드가 곱사등을 지고 가듯 햄릿은 "무거운 두뇌를 끌고 간다." 여기서 햄릿은 "공산주의 봄의 제2의 광대"라는 말로 광대처럼 말장난이나 하면서 행동하지 않는 마르크스주의 이론가들을 비꼰다. 햄릿은 이제 다음과 같은 말로 1장의 초반부에서 보여주었던 부패한 역사에 대한 냉소주의적인 태도에서 벗어나 부패한 역사에 대항하려는 의지를 들어낸다. "이 희망의 시대에 무엇인가 썩어 있다. 지구를 파헤쳐 그것을 달까지 날려 보내자." 셰익스피어의 『햄릿』 1막 4장과 3막 4장의 햄릿 대사를 인용한 구절이다. 셰익스피어의 햄릿은 클로디어스가 자행한 범죄로 인해 덴마크가 "썩어 있다"고 느

끼고 그 부패의 원인인 암적 존재 클로디어스를 도려내어 질서를 회복하려고 한다. 이는 선왕의 유령이 자신에게 요구했던 명령이다. 유령은 클로디어스의 살해를 언급하면서 햄릿에게 두 가지를 명령한다. 유령은 "복수하되 마음은 더럽히지 말라"고 명한다. 그런데 이는 이율배반적인 명령이다. 마음을 더럽히지 않고 복수할 방법은 요원하기 때문이다. 이는 필연적으로 햄릿을 갈등으로 몰아넣고 복수 행동을 망설이게 만든다.

이율배반적인 유령의 명령에도 불구하고 셰익스피어의 햄릿은 아버지의 명을 따르려고 노력한다. 그러나 뮐러의 햄릿은 유령의 출현을 그리 반기지 않는다. "당신은 내게 뭘 원하는 겁니까. 국장 하나로 부족합니까? 늙은 부랑자 같으니. 당신 신발에는 피가 묻어 있지 않단 말인가요. 당신의 시체가 나와 무슨 상관입니까"(*HM* 26). 유령이 원하는 일에 관심이 없다는 말이고 유령 역시 피의 역사에 관여했다는 말이다. 살인과 폭력과 복수라는 악몽의 역사를 상기하고 싶지 않다는 말이다. 여기서 뮐러는 유령에 대한 언급을 통해 변질된 "폭력적인 역사로 회구"하려는 현재 상황을 증오하고, 마르크스주의 이론이 "유령처럼 유럽을 떠도는 것을 희화"한다(윤시향 228, 이창복 233). 반복되는 폭력의 역사에 대한 햄릿의 반감과 혐오감은 근친상간을 범한 어머니에 대한 혐오감에서도 드러난다. "전 당신이 온전한 살덩어리였을 때 어머니에게 구멍이 하나 덜 있었으면 했지요. 그러면 이런 고통을 받지 않아도 될 텐데. 여자들이란 그걸 꿰매 막아 버려야해. 어머니가 없는 세상"(*HM* 26). 출산을 반복하여 죄 많은 인간을 만들어내는 모체에 대한 반감이다. 셰익스피어의 햄릿이 "왜 어머니가 자신을 낳았는지를 원망"하는 부분을 연상하게 하는 대목이다.

근친상간의 잠자리를 탐한 부패한 모체에 대한 햄릿의 혐오감은 "제가 당신을 다시 처녀로 만들어 드리죠, 어머니, 당신의 왕이 피비린내

나는 결혼식을 가질 수 있도록"(*HM* 27)이라는 구절에 극단적인 형태로 투사된다.

> 어머니의 자궁은 일방통행로가 아니랍니다. 이제 당신 두 손을 당신 신부의 면사포로 등 뒤에 묶어 드리죠. 당신 포옹이 구역질나니까. 이제 당신의 웨딩드레스를 찢어 드리겠어요. 이제 비명을 질러야죠. 이제 내가 당신의 넝마 같은 그 드레스에 나의 아버지가 돌아간 흙을 발라 드리지요, 그 넝마 조각을 당신 얼굴에, 당신의 배에, 당신 젖가슴에 발라 드리겠어요. (*HM* 28)

어머니를 처녀로 만들고 싶은 햄릿의 소망은 원죄 이전의 순결한 상태로 돌아가 "자신의 존재와 역사를 해체시키려는 격정적인 반란 의식의 표현"이며, "야만적 역사 진행"에 종지부를 찍고 싶은 소망의 표현이다(이창복 235). 이는 또한 어머니처럼 타락한 사회주의를 타락 이전의 순수하고 이상적인 사회주의로 돌려놓고 싶은 소망 그리고 타락하기 전의 이상적 정체성을 다시 찾고 싶은 좌파 지식인의 소망이기도 하다(김창우 33). 그러나 햄릿은 자신이 "아버지의 보이지 않은 흔적 속에서 당신을 취하고 당신의 비명을 제 입술로 막아 드리겠다"(*HM* 28)고 하면서 불경스런 근친상간의 욕망을 드러내는데, 이는 "새로운 덴마크 왕에게 추파를 던지라"(*HM* 27)고 하면서 권력에 순응하라고 권유하는 어머니에 대한 극단적인 혐오감의 표출이다. 어머니를 자신을 낳은 자가 아니라 자신이 범할 대상으로 전락시키고 있기 때문이다.

뮐러는 이와 같이 금기시된 타부의 영역을 건드리면서 '경악의 미학'을 실천한다. 햄릿이 자신을 낳은 아버지의 육신을 잘라 사람들에게 나누어주게 하고, 자신을 낳은 어머니의 육체를 범하게 함으로써 충격요법을 통해 사람들을 놀라게 한다. 그러나 친족 살해, 인육 절단, 근친상간이란 타부의 침범은 부패하고 폭력적인 역사에 대한 단절과 혐오감을 드러내는 장치이다. 뮐러는 이 타부의 영역을 침범하여 그것을 의도적으로 왜곡시키고 비틀어, 그 "왜곡의 비틀린 거울"을 통해 충격요법으로 비틀린 역사의 진실을 역설적으로 전달한다. 그러나 뮐러가 제시하려는 것은 타부 자체가 아니라 붕괴 직전의 "동독 사회주의 체재의 부패"이고 자본주의로 이동하는 시점에서도 "사회주의의 이상"을 포기할 수 없었던 지식인의 절망이다. 타부를 건드려 경악을 자아내게 하지만 이는 사건을 배경으로 작용할 뿐이며, 경악을 자아내는 이 배경을 통해 뮐러는 자신이 생각하는 바를 대단히 강력하게 부각시킨다(이영임 246, 249). 충격 요법인 셈이다. 이해하기 힘든 인물들의 말은 타부를 건드리는 놀랍고 당혹스런 내용을 포함하고 있다. 이는 관객들의 호기심을 자극해 생산적 사고를 하도록 만들려는 뮐러의 의도와 관련이 있다. 뮐러의 타부 침범과 사물 파괴는 '경악의 미학'을 실천하기 위한 의도적 장치이다.

폭력적인 역사 종식에 대한 소망은 또한 폭력의 역사를 반복하지 않으려는 햄릿의 자세로 이어진다. 셰익스피어의 햄릿과는 달리, 뮐러의 햄릿은 유령으로 나타난 아버지의 명을 거절한다. "내가 이것이 관습이기에 바로 다음의 살덩이에 아니면 다음다음 살덩이에 칼을 꽂아야 하는가 지구가 돌아가므로 이 관습을 지켜야 하는가"(*HM* 27). 기존의 야만적인 관습과 부패의 역사를 반복하지 않겠다는 햄릿의 독백이다. 더 이상 역사의 관행에 수동적으로 끌려가지 않겠다는 의지의 표현이다.

1장에서 유령과 어머니에 대한 소개에 이어 등장하는 인물은 호레이쇼이다. 셰익스피어의 『햄릿』에서 호레이쇼는 햄릿이 마음을 털어놓는 절친한 친구로 르네상스 시대의 덕을 구현하는 인물이다. 그러나 뮐러의 호레이쇼는 햄릿이 마음을 털어놓을 수 있는 친구가 아니다. 그는 자신의 딸인 오필리어와 잠자리를 나누고 싶은 폴로니어스 역을 연기한다. 기회주의자인 폴로니어스는 햄릿을 속이고 염탐하다가 햄릿에게 살해당하는 인물로 『햄릿기계』에서 폴로니어스 역을 연기하는 호레이쇼는 "부패한 유럽의 상황"을 투사하는 인물이다. "호레이쇼폴로니어스. 나는 네가 배우라는 것을 알고 있었다. 나 또한 배우지. 나는 햄릿을 연기한다. 덴마크는 하나의 감옥. 우리 사이에 벽이 자란다"(*HM* 27). 햄릿은 호레이쇼가 연기하는 것을 알고 있고, 자신 또한 햄릿을 연기하는 배우라는 것을 알고 있다. 그리고 그에게 덴마크는 거대한 감옥이다. 셰익스피어의 햄릿도 덴마크를 감옥으로 언급한다. 왜냐하면 그는 감옥에 갇힌 죄수처럼 클로디어스의 감시의 대상이기 때문이다. 햄릿은 로젠크란츠에게 악몽만 꾸지 않으면 "호두껍질 속에 갇혀 있어도 자신을 이 광대한 우주의 제왕으로 생각할 수 있는 사람"(*Hamlet* 2.2.254-55)이라고 한 적이 있다. 그가 꾸는 악몽이 더 큰 감옥이란 말이다. 뮐러의 햄릿에게도 세상은 '감옥'이다. 그러나 더 근본적인 감옥은 '인식의 감옥'이다. 『햄릿기계』에서도 배우처럼 연기하는 햄릿이 자유롭게 움직일 수 있는 공간은 쉽게 주어지지 않는다. 유럽은 권력에 반하는 세력들을 가두는 거대한 강제수용소이다. 가두는 자와 갇히는 자 사이에는 거대한 벽이 가로 놓여 있다. 그러므로 행동하기는 쉽지 않다. 뮐러는 세상을 감옥으로 언급하는 햄릿을 통해 '인식의 감옥'에 갇혀 행동하지 못하는 지식인의 모습을 드러내고, 폴로니어스의 역을 담당하는 호레이쇼를 통해 권력에 순응하는 구동독의 "기회주의적 지식인"의 모습을 드러낸다(이창복 234).

부패한 역사의 잔재("똥")를 치우고 싶은 소망은 오필리어의 심장을 먹게 해달라는, 즉 혁명의 의지를 가진 오필리어와 한 마음이 되게 해달라는 바람으로 이어진다. "이제 오필리어, 너의 심장을 먹게 해 다오, 내 눈물로 울고 있는 네 심장을"(*HM* 28). 셰익스피어의 오필리어는 아버지의 지시에 따라 햄릿을 염탐하는 도구로 사용되었던 수동적 인물이고, 아버지가 살해되자 미쳐 물에 빠져 자살한 인물이다. 그러나 뮐러의 오필리어는 희생자로 남은 수동적인 인물이 아니다. 『햄릿기계』에서 오필리어는 폭력의 역사에 억압당한 유럽의 여성들을 대표하는 상징적 인물로 재현되며 햄릿은 그녀에게 혁명의 의지를 투사한다(이창복 236).

4장 "부다의 페스트 그린란드를 둘러싼 싸움"은 "오필리어가 부순 2장의 공간" 즉 "거대한 방"을 배경으로 진행된다. 감옥이란 메타포를 통해 2장과 4장이 연결되고 있는 것이다. 햄릿에게도 오필리어에게도 부패한 유럽의 역사는 부수고 탈출해야할 감옥이다. "부다의 페스트"는 부다페스트의 도나우 강 서편에 자리잡은 부다(Buda) 지역과 강 동편에 자리 잡은 페스트(Pest) 지역을 지시한다. 뮐러는 봉건시대의 헝가리 왕국의 수도였던 부다와 19세기와 20세기 헝가리 무역의 중심지였던 페스트의 대립을 통해 좌익과 우익, "새 것과 낡은 것의 싸움"을 암시한다. 구체적으로는 부다페스트에서 1956년 10월에 발생했던 민중 봉기를 암시하며 스탈린이 죽은 지 3년 후 발생한 "동구 사회주의 국가들의 탈 스탈린주의 과정"의 정치적 투쟁과 싸움을 암시하고 있다(김창우 37). 햄릿은 감옥과도 같은 "거대한 방"을 배경으로 다음과 같이 말한다.

> 평화가 없는 10월에 난로가 연기를 내면서 타고 있다
> 지독한 감기, 그는 바로 최악의 시기에 그것에 걸렸다
> 바로 혁명하기에 가장 나쁜 시기에
> 교외에는 시멘트가 만발하고
> 닥터 지바고가 운다
> 자기 늑대들을 애도해
> 겨울에 그들은 때때로 마을에 내려와

한 농부를 갈가리 찢어 놓았다
(가면과 의상을 벗어 그걸 내려놓는다.) (*HM* 32)

헝가리어로 "페스트"(Pest)는 "난로"라는 뜻이다. 그러므로 "시월에 난로가 연기를 내며 타고 있다"는 것은 페스트에서 봉기가 일어나 불타오른다는 것을 의미한다. 그러나 봉기를 일으킨 "시월"이란 시기는 혁명하기엔 "가장 나쁜 시기"여서 혁명이 "지독한 감기"에 걸렸다. 위기 상황을 드러낸 말이다. 이 시점은 사실 동서 간의 냉전의 골이 깊어지던 때였고, 동유럽 국가들에 대한 소련의 간섭으로 성공적인 혁명이 쉽지 않았던 시점이었다. 부다페스트의 봉기는 소련의 진압으로 실패하고 이 실패한 혁명은 지식인들에게 좌절감을 안겨준다. 뮐러는 이 당시 좌절한 무기력한 지식인의 모습을 "닥터 지바고가 운다"는 표현에 담아낸다. 여기서 "늑대"는 잔인하고 비인간적인 "반혁명세력의 총체성"에 대한 메타포이다. 지바고가 "자기 늑대들을 애도"하여 운다는 것은 "지식인의 반혁명적" 사고와 행동을 지칭하는 말이다(이창복 247). 뮐러의 햄릿도 무기력하다. 그는 "가면과 의상을 벗어 내려놓고" 햄릿이 아니라 햄릿연기자로 다음과 같이 말한다.

햄릿연기자: 난 햄릿이 아니다. 이제 나는 어떤 역도 맡지 않겠다. 내 언어는 더 이상 나에게 아무것도 말할 게 없다. 내 생각이 형상들로부터 피를 완전히 빨아낸다. 내 연극은 더 이상 상연되지 않는다. 나의 뒤에 무대 세트가 세워진다, 내 연극에 관심 없는 사람들에 의해, 내 연극과 전혀 관계없는 사람들을 위해. 나 또한 이런 것에 더 이상 관심이 없다. 난 이제 함께 연기하지 않겠다. (*HM* 33)

햄릿연기자가 이제 더 이상 햄릿 역을 맡지 않겠다고 선언한다. 그는 뮐러가 처한 현재 상황을 드러내는 작가 자신의 "내면화된 인물"이다. 햄릿연기자는 가면을 걸치고 행동하던 극중 햄릿의 내면을 응시하는 또 하나의 인물로 뮐러 자신의 내면적 욕망과 좌절, 그리고 자기부정을 비추어 낸다(심재민 322). 그의 연극 그리고 뮐러의 연극은 더 이상 상연되지 않는다. 자신의 연극에 흥미가 없는 사람들이 자신과는 관계없는 장면으로 연극 무대가 꾸며지고 냉전 시대의 독재자 스탈린을 떠올리는 기념상들로 무대 공간이 채워진다. "증오 받았던 자이자 존경 받았던 자"였던 스탈린은 1953년에 사망했는데, 3년 후인 1956년에는 그의 동상이 새로 권력을 잡은 후임자들에 의해 철거되었다. 혁명을 통해 한때 희망의 역사를 만들었던 스탈린이었지만, 그 혁명의 이상은 오래가지 못하고 그의 기념상은 철거된다. 그의 기념상은 철거되어야 할 "실패한 혁명적 이상의 전형"이다(이창복 249). 희망은 이루어지지 않았고 "희망의 석화(石化)"(*HM* 33)만이 있을 뿐이다.

스탈린이 죽고 그의 기념상이 철거되고 난 후 동유럽에서 봉기는 계속된다. 혁명에 대한 확신은 사라졌고, 햄릿은 역사 변혁의 현장에 서기를 거부한다. 1917년 러시아 10월 혁명에서 실패로 끝난 1956년 10월 부다페스트 봉기, 그리고 1968년 프라하의 봄에 대한 암시가 이어지면서 햄릿 역할을 포기한 햄릿연기자는 상반되는 두 힘 사이에서 정체성의 분열을 겪는다(윤시향 230). 그는 "구토증으로 숨이 막혀 방탄유리 뒤에 서 있는" 자신에게 주먹을 흔들지만, 공포에 사로잡혀 자신의 "입에 문 거품"을, 자신을 향해 주먹을 휘두르고 있는 자신을 바라본다(*HM* 35). 정체성의 분열을 겪고 있는 그의 모습은 다음과 같은 분열된 자아의 외침에서도 드러난다. "나는 제복을 입은 내 몸의 발을 묶어 매단다. 나는 탱크포탑에 들어앉은 군인이다. 철모 아래 내 머리는 텅 비어 있고, 탱크 바퀴 아래 질식하는 비명. 나는 타자기이다. 봉기 주모자들의 목을 매달 때, 나는 올가미를 만들고 발판을 치워 버리고 내 목을 부러뜨린다. 나는 나의 포로"(*HM* 35). 햄릿연기자는 "탱크 바퀴 아래 질식하는" 민중봉기의 주체인 동시에 봉기를 탄압하는 "탱크포탑에 들어앉은 군인"이다. 봉기의 주체인 동시에 탄압의 주체이며 피해자인 동시에 가해자라는 이중성과 모순 속에서 그는 이러지도 저러지도 못하는 "포로"가 되어 정체성 분열을 겪는다(윤시향 239). 분열된 자아의 극복은 요원하다. 정신분열의 고통을 겪고 있는 그는 자기 자신의 감옥에 감금된 포로인 셈이다. 햄릿연기자는 컴퓨터에 내용을 기계적으로 입력하는 생각 없는 기계이고 자신을 기계적인 "타자기" 역할밖에 할 수 없는 존재로 비하시킨다. 작가로서의 정체성을 상실하고 정신분열을 겪었던 뮐러 자신에 대한 환멸이 드러나는 대목이다. 햄릿연기자의 대본은 사라졌고, 연극은 더 이상 상연되지 않는다. "내 연극 공연은 이루어지지 않았다. 대본은 분실했다. 배우들은 자기들의 얼굴을 분장실 못에 걸어 두었다. 대사를 일러주는 프롬프터는 박스 안에서 썩고 있다"(*HM* 35-36). 부패한 역사를 드러내는 연극 대본은 사라져 연극은 공연되지 않았다. 이를 연기할 배우들의 얼굴 또한 보이지 않는다. 페스트의 민중 봉기의 희생자들은 아무런 움직임 없이 객석에 앉아 있다. 반복되는 부패한 역사 진행을 아무도 멈추게 할 수 없다. 모두가 무기력하다. 대본 작가도 배우도 객석의 관객들도 무기력하다. 역사의 무대에서 할 일이 없는 햄릿연기자는 이제 집으로 간다. "나는 집으로 간다 그리고 시간을 죽인다, 내 분리되지 않은 자신과 일치해"(*HM* 36). 분열된 자아는 분열되지 않은 자아를 소망한다. 집으로 간 햄릿연기자는 부패한 역사의 현실과 아무런 행동도 할 수 없는 무기력한 자신에게 구역질을 느낀다. 이는 또한 작가로서 제 역할을 하지 못한 뮐러 자신에 대한 구역질이다.

텔레비전 매일매일 구역질
준비된 수다에 정해진 즐거움에 구역질
안락함이라는 글자는 어떻게 쓰는가
오늘날 우리에게 일용할 살인을 주옵시고
네 것은 아무것도 아니니까
거짓을 일삼는 이들이나 믿는 아니면
아무도 믿지 않는 거짓말에 구역질
사람들이 믿는 거짓말에 구역질
지위 선거 은행 계좌를 둘러싼 싸움으로
각인된 책략가의 상판대기에 구역질

하일 코카콜라
왕국을 내놓을 테니
살인자를 달라 (*HM* 36-37)

햄릿연기자는 새로운 역사의 흐름으로 자리 잡은 자본주의에 대해 구역질을 느낀다. 날조된 허튼 소리들과 거짓들을 솟아내면서 즐거움을 제공하는 텔레비전을 혐오하고 넘쳐나는 소비 제품이 제공하는 안락함을 혐오하고 "체면 없는 빈곤"을 야기하는 "소비 전쟁의 흉터로 얼룩진" 군상들을 경멸한다. 소비 제품으로 가득 찬 백화점에 구역질을 느낀다. "공산주의의 예속에서 시장경제의 예속"으로 빠르게 진행되고 있는 동독의 상황 어디에서도 희망은 보이지 않는다(찹게 96). 뮐러는 희망이 거짓과 소비문화가 제공하는 안락함과 "어리석음"의 피 속에서 질식하고 있다고 느낀다. 주기도문을 패러디한 불경스런 대사 속에 담아내는 퇴폐한 자본주의 문명에 대한 햄릿연기자의 구역질은 "하일 코카콜라"라는 외침에서 절정에 이른다. 뮐러는 여기서 '구토'의 모티브 통해 히틀러로 대변되는 역사의 야만성을 코카콜라로 대변되는 자본주의의 경박성과 야만성과 연관 지운다(이창복 253). 뮐러는 유년시절을 체험했던 히틀러의 파시즘을 사회주의 붕괴 이후 현재에 체험하는 자본주의와 연결하여 조롱한다. 그리고 셰익스피어의 『리처드 3세』에서 전쟁터에서 말을 잃어 더 이상 도망칠 수 없었던 리처드가 외쳤던 "왕국을 줄 테니 말 한필을 달라!"(A kingdom for a horse!)는 대사를 뮐러는 "왕국을 내놓을 테니 살인자를 달라"는 대사로 비틀어 제시한다. 리처드는 형제들과 조카들을 죽이고 왕의 자리에 올랐던 폭력적이고 야만적인 인물이다. 그러나 그조차도 자신의 목숨을 구걸한다. 뮐러는 셰익스피어의 대사를 비틀어 비틀린 야만의 역사를 조롱하고 이를 제 자리에 돌려놓아야하는 지식인의 각성을 촉구한다. 그리고 이런 조롱과 구역질은 자신에 대한 반성과 검열로 이어진다.

뮐러는 해외여행이 통제된 동독에서 자신이 누리고 있는 해외여행의 특권에 양심의 가책을 느끼고 구역질을 느낀다. "공항의 고독 속에서/ 나는 숨을 내쉰다 나는/ 특권을 받은 자 나의 구역질은/ 담장/ 가시철조망 감옥으로 방어된 하나의 특권"(*HM* 37). 특권을 누리는 자신에 대한 뮐러의 자기 검열이다. 이 자기 검열은 작가의 사진을 찢는 햄릿연기자의 행동으로 이어진다.

> (작가의 사진이 영사된다.)
> 난 이제 먹고 마시고 숨을 쉬지 않을 것이다. 여자를 남자를 아이를 그리고 동물을 사랑하지 않겠다. 나는 이제 죽지 않겠다. 나는 이제 죽이지 않겠다. (작가의 사진을 찢는다.) (*HM* 37-38)

여기서 햄릿연기자는 작가인 뮐러 자신이다. 작가의 사진을 찢는 햄릿연기자의 행동은 다름 아닌 작가로서의 "자기도피"와 역할 거부, 그리고 이에 대한 비판과 "자기부정"을 암시하는 상징적 몸짓이다(윤시향 241). 작가인 자신에 대한 성찰이 자기부정으로 진행된 것이다. 작가로서의 책임에서 해방되고 싶은 욕망은 이제 "고통도 없고 생각도 없는 기계이고 싶다"(*HM* 38)는 선언으로 이어진다. 자신에 대한 환멸이 자기부정으로 이어진 것이다. 그러나 이 선언에 이어 소리 없이 켜져 있던 3대의 TV "화면이 어두워지고, 냉장고에서는 피가 흘러나온다"(*HM* 38). 사람들이 TV 앞에 앉아 기계처럼 생각 없이 반응하도록 하는 자본주의의 종식과 새로운 피의 혁명을 예고하는 상징적 장면이다. 여기서 주시할 것은 냉장고 안에 있던 마르크스, 레닌, 마오쩌둥이 세 명의 나체 여인으로 분장하고 등장하여 각자의 언어로 "모든 관계를 전복시키는 게 필요하다"(*HM* 38)고 외친다는 점이다. 혁명의 필요성을 강조하는 말이다. 자신을 부정하고 자신의 역할을 거부했던 햄릿연기자는 이제 다시 가면을 착용하고 햄릿 왕자의 짐을 짊어진다.

> (햄릿연기자는 의상과 가면을 착용한다.)
> 햄릿 덴마크의 왕자 벌레 먹은 자리 비틀 거리면서
> 구멍에서 구멍으로 마지막 구멍에 이르기까지 마지못해서
> 등 뒤에는 그를 만든 유령이
> 산욕 중인 오필리어의 살처럼 푸르게 나타나고
> 그리고 수탉이 세 번 울기 직전
> 바보가 철학자의 광대 옷을 찢는다
> 한 마리 살찐 사냥개가 탱크 안으로 기어든다
> (갑옷 속으로 들어간다. 도끼로 마르크스, 레닌, 마오쩌뚱의 머리를 쪼갠다. 눈. 빙하기) (*HM* 39)

행동하기를 망설였지만 마침내 덴마크 왕자로서의 공적인 책임을 인

식하고 클로디어스가 어지럽혀 놓은 무질서한 세상을 바로잡기를 결심한 셰익스피어의 햄릿처럼, 의상과 가면을 다시 착용한, 즉 역을 다시 맡은 뮐러의 햄릿연기자도 역사적 책임을 통감하고 역사 변혁에 동참하리라는 것을 기대하게 만든다. 그러나 이 기대는 무너진다. 뮐러의 햄릿은 역사 변혁을 거부하는 "한 마리의 살찐 사냥개"가 되어 탱크 안으로 기어들어 혁명을 진압하려는 세력에 동참하고 도끼로 마르크스, 레닌, 마오쩌뚱의 머리를 쪼개어 역사의 변혁을 무산시키는 세력에 동참한다. "수탉이 세 번 울기 직전"의 이 행동은 다름 아닌 "혁명에 대한 배반"과 미래의 역사 변혁에 대한 "희망의 상실"을 상징한다(윤시향 231). 혁명하기 위해 냉장고에서 나왔던 마르크스, 레닌, 마오쩌뚱은 도끼로 머리를 맞아 사라지기 때문이다. 역사 주체들의 배신으로 인해 역사의 바퀴가 앞으로 굴러가지 못하고 모든 것이 얼어붙어 정지한 빙하기로 퇴행한 것이다. 현재는 과거와 미래를 연결하는 고리로 작용하지 못하고 역사는 과거로 회귀하여 정체되어 있다. 이상적 사회주의의 미래는 요원하다. 이준서의 주장을 따르면 햄릿이 선택할 수 있는 대안은 다음 세 가지이다(111). 첫째, 자신의 역할이 끝났음을 인정하고 "나불나불" 헛소리나 지껄이면서 과거의 존재로 살아가는 것('가족앨범'), 둘째 앞으로 다가올 "인류의 재앙을 막기 위해 스탈린주의적 권력"에 협조하는 것('스케르초'), 셋째 생각하기를 정지하고 기존의 정치 대안세력에 합류하는 것('부다의 페스트 그린란드를 둘러싼 싸움'). 햄릿은 역사의 변혁에 동참하려고 했지만 결국 모두 실패한다. 그리하여 생각하기를 멈추고 "기계"가 되어 혁명을 배반한다. 빙하기로 접어든 실패한 남성의 역사변혁은 이제 여성인 오필리어의 몫으로 남겨진다.

5장 "섬뜩한 갑옷을 입고/ 몇 세기를/ 미칠 듯 기다리면서"를 시작하는 지문은 다음과 같다. "심연. 오필리어는 휠체어에. 물고기들 폐허의 잔해 시체 그리고 시체의 토막들이 떠다닌다"(*HM* 40). 불구의 몸으로 침묵하고 있는 오필리어는 폐허의 잔해들만 둥둥 떠다니는 역사의 "심연" 속에서 "섬뜩한 갑옷을 입고" 새로운 시대를 "미칠 듯이 기다린다." 이제 오필리어는 침묵을 깨고 복수의 화신인 엘렉트라의 목소리로 다음과 같이 외친다.

> 여기 엘렉트라가 말한다. 암흑의 심장 속에서, 고문대의 태양 아래. 세상의 대도시들에게. 희생자 이름으로. 난 내가 받아들였던 모든 정자들을 뱉어낸다. 난 내 가슴의 젖을 죽음의 독으로 바꾼다. 난 내가 낳은 세상을 거둬들인다. 난 내가 낳은 세상을 나의 허벅지 사이에서 질식시킨다. 그리고 그걸 내 질 속에 묻어버린다. 정복의 행복을 무너뜨려. 증오 경멸 폭동 죽음 만세. 그녀가 도살자의 칼을 가지고 너희의 침실을 가로질러 가면 너희는 진실을 알게 될 것이다. (남자들 퇴장. 오필리어는 무대에 남아 있다. 하얀 붕대로 포장되어 움직임 없이…) (*HM* 40-41)

신화에서 엘렉트라(Electra)는 아버지 아가멤논(Agamemnon)을 살해한 어머니 클리템네스트라(Klytemnestra)와 그녀의 정부(情夫)인 아이기스토스(Aegisthus)를 증오하고 동생인 오레스테스(Orestes)와 함께 그들을 살해하여 아버지의 죽음을 복수하는 인물이다. 그러나 신화에서와는 달리 그녀는 여성 고유의 능력인 출산 행위를 거부하고 이를 통해 폭력의 역사에 복수한다. 그녀는 셰익스피어의 레이디 맥베스(Lady Macbeth)처럼 "가슴의 젖을 죽음의 독"으로 바꾸고 생명을 잉태하는 능력을 스스로 거부함으로써 남성 중심의 폭력의 역사에 저항한다. 절망에 찬 그녀의 외침은 절망으로 끝나지 않는다. "역사의 존속을 원초적으로 거부하는 극단적 파괴의 양상"을 띠는 이러한 생명 잉태와 출산의 거부는 새로운 역사발전의 가능성을 모색하는 창조적 폭력이다(이창복 258). 5장에서 오필리어는 햄릿이 실패한 곳에서 성공한다. 정지한 역사와 억압의 역사에 대항하려는 그녀의 혁명적 외침은, 전적으로 낙관적이진 않지만, 적어도 혁명의 구체적 방향을 지시하고 있기 때문이다(Richardson 92). 그러나 새로운 역사 발전과 미래에 대한 희망은 요원하다. "증오, 경멸, 폭동, 죽음 만세"라는 오필리어의 외침은 부패한 역사에 대한 파괴와 증오를 강력하게 드러내는 외침이다. 오필리어는 감금되었던 "거대한 방"을 파괴하고 탈출하여 시계를 파묻어 억압의 역사 흐름을 정지시키고, "자살한 여성"에서 극단적인 선동의 목소리로 외치면서 생명을 정지시키고 "살해하는 여성"으로 변모한다(윤시향 237). 엘렉트라의 목소리로 파괴를 선동하고 뒤틀린 부패의 역사를 파괴하기 위해 "도살자의 칼을 가지고" 침실을 가로질러 가는 오필리어는 두려움을 자아낸다.

연극 전체의 마지막 지문("오필리어는 무대에 남아 있다. 흰 붕대로 하얗게 포장되어 움직임 없이")은 더 이상의 외침이나 움직임 없이 홀로 남은 오필리어의 모습을 통해 침묵의 심연으로 빠져드는 서구 역사의 진행, 좀 더 구체적으로는 정체된 동독의 역사를 투사한다. 이 침묵은 역사 변혁에 대한 체념에서 오는 침묵이 아니다. 강력한 항의의 목소리를 역설적으로 드러내는 "소리 없는 아우성"이다(김창우 41). 지식인들의 침묵은 미칠 것 같은 현실에서 새로운 희망의 역사 진행을 "미칠 듯이 기다리는" 심정을 드러내고 "국가 권력에 의해 침묵을 강요당하는 동독의 현실에 대한 부정의 표현"이다. 뮐러는 의도적으로 부정적인 것을 드러내어 그것을 부정하고 파괴하도록 함으로써 "부정의 미학"과 "파괴의 미학"을 실천한다. 이를 통해 관객들에게 충격을 주면서 그들이 생산적인 사고를 하도록 유도한다. "공포와 경악만이 관객의 고착된 사유구조와 가치관"을 부술 수 있다고 믿는 뮐러는 『햄릿기계』에서 낡은 것의 부정과 파괴를 통해 이상적인 새로운 "역사발전에 대한 희망"을 역설적으로 드러낸다(윤시향 239, 이창복 260-61). 그럼에도 불구하고 『햄릿기계』에 반영된 역사 진행과 변혁에 대한 뮐러의 인식은 비관적이다. 역사의 수레바퀴가 굴러 앞으로 나아가지 못하고 뒤로 굴러 역사는 "빙하기"로 들어간다.

뮐러가 바라보는 역사는 단절과 정지의 반복이다. 『햄릿기계』에는 폭력의 역사가 반복된다는 뮐러 회의적 시각이 드러나 있다. 뮐러에게 사회주의는 버릴 수 없는 이상이지만, 그 이상은 석화되어 더 이상 희망이 없는 현실로 되어 버렸다. 뮐러는 『햄릿기계』에서 폐허가 된 유럽을 절망적으로 바라보면서 의미 없는 말이나 나불대는 그리고 자기 환멸을 느끼는 지식인의 자화상을 그려낸다. 뮐러는 현대 유럽, 좀 더 구체적으로는 공산주의에서 체재에서 민주주의 체재로 이행 중이던 동독에서 자신이 느끼는 비관적 인식과 절망을 인과관계가 없는 파편화된 플롯 구성, 의미가 통하지 않는 비논리적 독백을 반복하는 인물을 통해 드러낸다. 끔찍스런 인물들의 형상화와 경악을 자아내는 그들의 대사는 충격적이다. 사건의 진행은 파편화된 이미지에 의존한다. 뮐러는 금기시된 수많은 것들을 제시하면서 실패한 역사를 패러디하고 조롱한다. 뮐러는 준엄한 자기 검열과 비판, 자기 부정과 혐오, 그리고 혹독한 자기 고발과 조롱을 통해 좌절한 무기력한 지식인의 모습을 담아낸다.

뮐러는 폭력과 부패를 반복하는 역사를 비판하고 조롱하고 해체하려는 것만큼이나, 역사의 진행 과정에서 자신의 역할을 피하는 무기력한 지식인을 비판하고 조롱한다. 그러나 이는 다름 아닌 지식인으로서 그리고 작가로서 자신의 책임을 다하지 못한 뮐러 자신에 대한 비판이며 조롱이다. 셰익스피어의 햄릿은 감당하기 힘든 짐에 짓눌려 갈등하고 좌절한 인물이며 모든 일을 지나치게 사유하여 행동하지 못하는 인물이다. 뮐러는 『햄릿』에 기대어 우유부단한 지식인의 초상을 그려낸다.

그러나 그는 햄릿의 이런 이미지만 차용하고 원작의 다른 모든 것을 해체하여 자신만의 언어로 작품을 재구성한다. 뮐러의 『햄릿기계』는 주인공의 이미지를 차용하고 있음에도 불구하고 원전의 대부분이 해체되고 현재에 재맥락화된 거의 『햄릿』의 '새로 쓰기'에 가까운 작품이다.

인용문헌

김창우. “하이너 뮐러의 『햄릿기계』에 나타난 햄릿신화의 파괴.” 『독일어문학』 50 (2010): 25-46.

뮐러, 하이네. 『햄릿기계』. 『뮐러 희곡선』. 정민영 역 (서울: 지식을만드는지식, 2013), 25-41.

상정아. “문화유물론으로 읽는 셰익스피어 II-하이너 뮐러의 『햄릿머신』을 중심으로.” 『드라마연구』 36 (2012): 105-31.

손양근. “하이너 뮐러의 희곡 『햄릿기계』 연구.” 『독일언어문학』 3 (1995): 220-41.

심재민. “해체와 몸의 관점에서 본 하이너 뮐러의 『햄릿기계』와 로버트 윌슨의 연출.” 『헤세연구』 18 (2007): 317-46.

윤시향. “『햄릿기계』.” 『하이너 뮐러의 연극 세계』. 한국브레히트학회 편. 서울: 연극과인간, 2006. 223-44.

이영임. “다매체 시대 문학의 문화상품화 전략과 검열 및 자기검열-하이너 뮐러의 『햄릿머신』을 중심으로.” 『괴테연구』 18 (2006): 245-59.

이준서. “브레히트와 하이너 뮐러의 햄릿관 비교.” 『브레히트와 현대연극』 8 (2000): 97-121.

이진경. “욕망, 기계, 기관 없는 신체.” http://www.nomadist.org/xe/seminar/415939.

이창복. 『하이너 뮐러 문학의 이해』. 서울: 한국외국어대학교 출판부, 2001.

정민영. 『햄릿기계』. 『뮐러 희곡선』. 정민영 역. 서울: 지식을만드는지식, 2013. 137-46.

찹케, 라인하르트. 『하이네 뮐러 평전』. 정민영 역. 서울: 연극과인간, 2001.

Barker, Stephen. "Hamlet the Difference Machine." *Comparative Drama* 46.3 (2012): 401-23.

Brecht, Bertolt. *Brecht on Theatre: The Development of an Aesthetic*. Ed. & Trans. John Willett. London: Methuen, 1974.

Deleuze, Gilles, and Felix Guattari. *Anti-Oedipus: Capitalism and Schizophrenia*. Vol.1. Trans. Robert Urley, Mark Seem, and Helen R. Lane. Minneapolis: U of Minnesota P, 1983.

Foster, Hal. "Death in America." *October* 75 (1996): 36-59.

Halpern, Richard. *Shakespeare among Moderns*. Ithaca: Cornell UP, 1997.

Kalb, Jonathan. *The Theater of Heiner Müller*. Cambridge: Cambridge UP, 2001.

Müller, Heiner. *Gesammelte Irrtümer*. Frankfurt am Main: Verlag der Autoren, 1986.

Richardson, Michael D. "Allegories and Ends: Heiner Müller's *Hamletmachine*." *New German Critique* 98 (2006): 77-100.

Shakespeare, William. *The Tragedy of Hamlet*. The Riverside Shakespeare. Ed. G. B. Evans. Boston: Houghton Mifflin, 1974.

Swenson, Gene. "What is Pop Art?" Interview with Gene Swenson. *Art News* 62.7 (1963): 24-27.

Teraoka, Akiko A. *The Silence of Entropy or Universal Discourse*. Frankfurt. a.M. 1985.

03

폴라 보겔의 『데스데모나: 손수건에 대한 극』

보겔은 원작에서 수동적 상태로 남아 있던 여성들의 이야기를 적극적으로 담아낸다. 여성의 섹슈얼리티를 여과 없이 드러내고 발산하게 함으로써 가부장제에 균열을 가할 뿐만 아니라 여성의 정조에 집착하는 남성들을 조롱하고 위협한다. 그리하여 보겔은 자신의 몸을 스스로 통제하고 즐기는 여성 인물을 통해 남성중심 담론을 해체하려는 강한 정치성을 드러낸다.

03

폴라 보겔의 『데스데모나: 손수건에 대한 극』

미국의 여성 극작가 폴라 보겔(Paula Vogel)의 『데스데모나: 손수건에 대한 극』(*Desdemona: A Play about a Handkerchief*)은 셰익스피어의 『오셀로』(*Othello*)를 페미니스트 관점에서 다시 쓴 작품이다. 셰익스피어의 『오셀로』는 인종 문제가 남성과 여성의 갈등 구조와 엮이면서 근대 초기 가부장제 문화의 복합적인 긴장 관계를 드러내는 텍스트이다. 이아고(Iago)가 오셀로(Othello)를 마음대로 조종하여 파국으로 치닫게 할 수 있었던 근본적인 원인은 여성에 대한 오셀로의 의심이고, 이는 오셀로의 인종적 정체성에 기반을 두고 있다. 오셀로가 백인이었다면 인종적 열등감을 자극하면서 파고드는 이아고의 계략이 그리 쉽게 성공하지는 못했을 것이기 때문이다.

『오셀로』는 젠더의 문제와 인종의 문제가 복합적으로 드러난 텍스트이다. 그럼에도 불구하고 최근의 『오셀로』 각색과 공연은 대부분 오셀로의 인종적 정체성에 초점을 맞추고 있고 논의의 중심에는 여전히 오셀로가 자리 잡고 있다. 흑인 여성 작가인 씨어즈(Djanet Sears)의 『할렘 듀엣』(*Harlem Duet*)과 우간다 출신인 칼린(Murray Carlin)의 『지금은 안 돼, 사랑스런 데스데모나』(*Not now, sweet Desdemona*)는 이런 경향을 대표하는 작품이다. 그러나 보겔이 페미니스트적 관점에서 다시 쓰기를 하면서 주목하는 것은 인종의 차이가 아니라 남녀의 차이이고 여성에 가해진 가부장제의 폭력이다. 성의 문제에 관한한 백인이든 흑인이든 모든 남성은 동일한 관점을 갖고 있다고 판단하기 때문이다. 보겔이 주시하는 것은 남성 중심 가부장제의 여성 억압과 재현이다. 그리하여 보겔은 젠더 문제를 전면에 내세우면서 여성의 정조에 대한 남성의 집착을 패러디를 통해 조롱한다.

1993년에 뉴욕에서 공연된 보겔의 드라마 『데스데모나』[1]는 데스데모나(Desdemona)를 중심인물로 삼고 있다. 보겔은 오셀로를 중심으로 한 이아고와 데스데모나의 이야기가 아니라, 데스데모나를 중심으로 한 비앙카(Bianca)와 에밀리아(Emilia)의 이야기를 페미니스트적인 시각으로 재현한다. 여성들의 이야기를 통해 여성을 억압하는 가부장제 담론을 비판하면서 소외되어 온 여성의 목소리를 적극적으로 키워 읽으려는 정치적 의도에서이다. 보겔의 다시쓰기에서 주목할 점은 '손수건'이란 모티프의 변용, 패러디가 담고 있는 조롱, 인물의 구성, 여성 재현 방식, 특히 데스데모나 재현 방식에 내포된 정치성이다.

보겔은 데스데모나와 에밀리아, 그리고 비앙카만의 대사로 구성된

1_ 보겔의 『데스데모나: 손수건에 대한 극』(*Desdemona: A Play about a Handkerchief*)를 『데스데모나』로 약칭하며 작품 인용 시에는 *Des*로 명기하고 다음을 따른다. Paula Vogel, *Desdemona: A Play about a Handkerchief*, *in Adaptations of Shakespeare*, eds. D. Fischlin and M. Fortier (New York: Routledge, 2000).

이야기로 『데스데모나』를 재구성한다. 남성 중심의 원전의 구속에서 벗어난 여성들만의 내러티브로 구성된 텍스트를 통해 억압된 '허스토리'를 복원하고 "욕망의 주체로서의 여성의 모습"을 부각시키기가 용이하다고 판단했기 때문이다(김문기 78). 또한 보겔은 『데스데모나』의 배경을 전쟁터가 아니라 여성들의 활동 공간인 싸이프러스(Cyprus) 성의 내실로 설정함으로써 남성 중심의 이야기를 여성 중심의 이야기로 변모시킨다.

보겔은 원작에서 수동적 상태로 남아 있던 여성들의 이야기를 적극적으로 담아낸다. 나아가 여성의 섹슈얼리티를 여과 없이 드러내고 발산하게 함으로써 가부장제에 균열을 가할 뿐만 아니라 여성의 정조에 집착하는 남성들을 조롱하고 위협한다. 그리하여 보겔은 자신의 몸을 스스로 통제하고 즐기는 여성 인물을 통해 남성중심 담론을 해체하려는 강한 정치성을 드러낸다. 『오셀로』에 대한 보겔의 다시쓰기는 여성 억압과 복종을 당연시하는 가부장적 정전에 대한 도전이고 여성의 정조를 이상화하는 남성 중심 담론에 대항하는 담론이다. 보겔에게 여성은 가부장제 이념에 묶인 수동적 존재가 아니라 자신의 욕망을 자유롭게 드러내는 적극적인 주체이다(김문기 67-68, Savran xv).

셰익스피어의 『오셀로』에서 손수건은 여성의 정절과 관련된 중요한 상징이다. 그러나 보겔은 이 손수건을 여성의 순결에 과도하게 집착하는 남성들을 비웃는 도구로 사용한다. 그리고 정전과 남성을 조롱하는 주요 기법은 패러디이다. 그토록 중요하게 간주되어 오던 손수건을 코를 풀어 닦는 정도의 물건으로 격하시키고 있기 때문이다. 폴라 보겔은 "손수건에 대한 극"이라는 타이틀을 극의 부제로 달고 있다. '손수건'을 여성의 섹슈얼리티에 관한 남성의 집착과 불안을 드러내는 도구로 사용하겠다는 의도를 부제를 통해 드러낸 셈이다. 보겔의 '손수건'이 함의하는 뜻을 논의하기 전에 먼저 원전에서 손수건이 어떤 의미로

형상화되고 있는가를 논의하는 것이 순서일 것이다. 셰익스피어의 『오셀로』에서 31번이나 언급되고 있는 손수건이란 모티프는 오셀로와 데스데모나 관계와 성격, 그리고 사랑이라는 주제를 부각시키는 중요한 장치이고, 손수건의 상실과 소유가 이들 사이의 갈등 양상을 해석하는 단초로 작용하고 있기 때문이다. 또한 손수건은 흑인 남성 오셀로와 백인 여성 데스데모나를 결합시키는 동시에 그들 관계의 균열을 드러내는 상징으로 작용하고 있기 때문이다.

『오셀로』에서 손수건이 처음 등장하는 곳은 머리가 아프다는 오셀로에게 손수건으로 이마를 동여매 주겠다는 데스데모나를 뿌리치는 장면인 3막 3장이다. 이아고의 계략에 속아 데스데모나를 의심하기 시작하는 오셀로는 이마를 동여매기에는 "이 손수건은 너무 작다"(Your napkin is too little)(*Oth* 3.2.286)[2]고 하면서 손수건을 뿌리치고, 데스데모나는 그것을 떨어뜨린다. 후에 손수건의 분실을 데스데모나의 정조 상실과 연관 지우면서 그녀를 비난하는 오셀로가 여기서는 손수건을 경시하고 데스데모나가 무심코 떨어뜨리도록 방조하고 있는 것이다. 그런 오셀로에게 캐시오(Cassio)의 수중에 들어간 손수건은 너무나 명백한 부정의 증거물로 제시된다.

다음 장면인 3막 4장에서, 오셀로는 데스데모나에게 손수건의 내력을 이야기한다. '손수건'이 단순한 물건이 아님을 말하고 그녀에게 소중히 간직할 것을 당부한다. 그러나 이는 이미 데스데모나가 손수건을 잃어버린 시점이다. 데스데모나가 손수건에 대한 신비한 내력을 알고 있었더라면, 좀 더 주의를 기울여 에밀리아가 그것을 줍도록 내버려

2_ 셰익스피어의 『오셀로』 인용은 다음을 따르며 *Oth*로 명기한다. *The Tragedy of Othello*, The Riverside Shakespeare, ed. G. B. Evans (Boston: Houghton Mifflin, 1974).

두지는 않았을지도 모른다(권진영 67). 어쨌든 오셀로는 이 손수건을 뿌리치고 데스데모나는 오셀로에게 마음을 쓰느라 그 손수건을 떨어뜨린 사실조차 알지 못한다. 스스로 가치를 부여한 손수건을 뿌리치는 오셀로의 제스처는 상징적 차원에서 둘의 사랑에 균열이 시작되었음을 드러낸다.

비평가들 사이에서 손수건이 내포하는 의미와 기능에 관해 일치된 결론이 내려지진 않았지만, 손수건이 극에서 무엇인가를 지시하는 중요한 기표로 사용되고 있음은 널리 인정되고 있는 사실이다. 손수건이 극의 전개에 사소한 것이라는 라이머(Thomas Rymer)의 평에도 불구하고, 『오셀로』에 관한 현대 비평에서 가장 널리 통용되는 주장은 손수건이 진실하고 고귀한 사랑을 상징한다는 것이다(Hodgson 313). 윌슨 나잇(G. Wilson Knight)은 손수건을 "고결함의 상징"이라고 간주하며(109), 헤일먼(Robert Heilman)은 "사랑의 징표"가 될 수 있는 성물(聖物)로 간주한다(212). G. R. 엘리엇(Elliott)에게 손수건은 "사랑의 결속"을 의미하는 동시에 오셀로의 성격과 현재의 심리 상태를 보여주는 상징물로 작용한다(127, 147-51).

보겔의 『데스데모나』에서 손수건은 이제 고결한 사랑이나 정조의 징표가 아니라 코를 닦는 보잘 것 없는 물건으로 전락한다. 보겔은 손수건을 통해 여성의 순결에 집착하는 남성과 가부장제 이념을 비판한다. 『데스데모나』 도입부에서 데스데모나는 손수건을 찾느라고 부산하고 에밀리아는 이를 야유한다.

> 에밀리아: 다른 사람의 손수건과 마찬가지로 그 위에 작고 우아한 딸기무늬 수가 놓인 손수건 말이죠? 누가 코를 닦으려고 멋진 린네르 한 장에 아름다운 수를 놓겠어요?
>
> 데스데모나: 여기 어딘가 있을 거야-

에밀리아: 아씨가 코를 풀어 놓아 무거워지고 축축해진 손수건을 누가 예쁜 스티치를 보겠다고 그런 망할 것을 펴보겠어요?

데스데모나: 에밀리아—네 … 네 물건들과 섞인 건 아니겠지?

에밀리아: 저 또한 수수하지만 촉감이 좋은 천을 갖고 있는데, 왜 제가 아씨 손수건을 필요로 하겠어요?

EMILIA Like anybody's handkerchief, savin' it has those dainty little strawberries on it. I never could be after embroideri' a piece of linen with fancy work to wipe up the nose—

DES It's got to be here somewhere

EMILIA After you blow your nose in it, an' it's all heavy and wet, who's going to open the damn thing and look at the pretty stitches?

DES Emilia, are you sure it didn't get 'mixed up' somehow with your … your things?

EMILIA And why should I be needin' your handkerchief when I'm wearing a plain, soft shift which works just as well? And falling that, the good Lord gave me sleeves…. (*Des* 236)

코를 풀어 축축해진 하잘 것 없는 손수건을 누가 펴보고 가져가겠느냐는 에밀리아의 조롱과 야유는 여성의 정조에 집착하는 남성과 가부장제에 대한 비판이다. 손수건을 정조의 상징이 아니라 코를 닦아내는 하잘 것 없는 물건으로 희화하고 조롱했던 보겔은 손수건을 찾는 와중에 신혼 첫날 밤 처녀성을 위장하기 위해 침대보에 묻혔던 암탉의 피를 지우느라고 부산을 떨고 있는 데스데모나와 에밀리아를 보여준다. 여기서 보겔은 남성들이 집착하는 여성의 처녀성이 암탉의 피를 바름으로써 즉 '가장'을 통해 위장될 수 있다는 것을 보여주면서 여성의 순결에 대한 남성의 집착을 조롱한다(김문기 73). 손수건으로 상징되는 여성의 정조에 대한 남성의 과도한 집착과 여성의 섹슈얼리티에 대한 남성의 불안은 창녀처럼 재현된 데스데모나의 일탈을 통해 다시 한 번 희화된다.

보겔의 작품이 보여주는 패러디의 정도가 어느 정도 심한가는 원전에서 형상화된 손수건의 의미와 그 중요성을 대비해보면 좀 더 확연하게 드러난다. 『오셀로』의 4막 1장에서 오셀로는 손수건이라는 기표에 사랑이라는 기의를 부여하면서, 그것을 데스데모나의 정절과 부정을 가늠하는 잣대로 간주한다. 아내의 정조를 의심하기 시작하는 오셀로와 이아고는 다음과 같은 대사를 나눈다. "이아고: 하지만 만약 제가 제 아내에게 손수건을 준다면 … 오셀로: 그럼 어쩔 것인가? 이아고: 그럼 그건 아내 게 되죠, 장군님. 제 것이니까요. 아내는 그걸 어떤 사내에게 줄 수도 있겠죠. 오셀로: 아내라면 정조를 지켜야 할 것이 아닌가? 그것을 아무에게나 주어도 좋단 말인가? 이아고: 정조라는 것이 어디 눈에 보이는 겁니까?"(*Oth* 4.1.10-16).

오셀로와 이아고에게 정조의 유무는 곧 손수건의 유무에 달려 있다. 이아고는 정조가 눈에 보이지 않기 때문에 잃어버리고도 있는 척 꾸미기만 하면 된다고 말한다. 손수건 자체를 정조와 동일시하는 오셀로에게 캐시오의 수중에 손수건이 있다는 것은 곧 데스데모나의 부정과 불륜을 의미한다. 손수건의 상실은 진실과 허구를 구분하지 못하는 오셀로라는 남성의 상상 속에서 데스데모나의 부정을 증명하는 담보로 작용한다(Neely 230). 그러나 이는 오셀로의 상상 속에서만 가능할 뿐, 데스데모나는 어느 한 순간도 순결을 상실한 적이 없다.

손수건이 고귀한 사랑을 상징하고 데스데모나의 정조 유무를 드러내고 있다는 주장은 손수건의 상징적 의미가 극이 전개되어감에 따라 변화하고 있다는 점을 인지하지 못한 것에 연유한다. 손수건 분실은 극에서 갈등을 고조시키고, 오셀로로 하여금 데스데모나의 부정을 비난하도록 하는 장치이다. 오셀로는 다음과 같이 손수건의 신비로운 내력을 이야기하면서 손수건을 잘 간직할 것을 부탁한다.

그녀는 어머니에게 말하길, 그 손수건을 지니고 있는 동안은
사랑스런 여인으로 아버지의 사랑을 독차지 할 수 있지만,
만약 그것을 잃어버린다든지 남에게 주는 경우엔,
아버지는 어머니를 보기 싫어하게 될 것이며,
아버지의 마음은 새로운 사랑을 찾게 될 것이라고 하였소.
어머니는 돌아가시면서 그것을 나에게 주시고는
다행히 내가 아내를 맞이하게 되거든
그걸 그 사람에게 주라고 하셨소. 그래서 당신에게 그걸 준 것이니,
늘 잘 간직하고, 당신의 귀한 눈처럼 소중하게 다루도록 하시오.
그것을 잃어버리거나 다른 사람에게 주게 되면
그 어떤 것과도 비교할 수 없는 커다란 재난을 부르게 될 것이오.

She told her, while she kept it,
'Twould make her amiable and subdue my father
Entirely to her love; but if she lost it,
Or made a gift of it, my father's eye
Should hold her loathed and his spirits should hunt
After new fancies. She, dying, gave it me,
And bid me when my fate would have me wiv'd,
To give it her. I did so, and take heed on't,
Make it a darling, like your precious eye.

To lose't or give't away were such perdition
As nothing else could match. (*Oth* 3.4.58-68)

손수건은 오셀로의 어머니라는 개인에게 주어진 것이 아니라 오셀로 아버지의 아내라는 여성에게 주어졌던 것이며, 이는 또 다시 남성인 오셀로를 통해 데스데모나라는 여성에게 주어진다. 여기서 오셀로는 손수건에 여성의 정조라는 기의를 부여하며, 그 통제가 남성에게서 남성에게 아버지에게서 아들로 이어지고 있음을 강조하고 있다(Snow 404, Neely 228). 손수건이 지닌 마술의 힘은 그것을 지니고 있는 한 남자를 사랑에 굴복시킬 수 있지만, 그것을 잃거나 남에게 건네주는 경우에는 남자의 사랑을 잃게 될 것이라고 오셀로는 경고하고 있다.

데스데모나가 손수건을 소유하고 있을 때나 상실했을 때나 그녀의 정조에는 변함이 없음에도 불구하고 오셀로는 그녀가 손수건을 지니고 있을 때는 정숙한 여인으로, 상실했을 때는 부정한 여인으로 그녀에 대한 평을 달리한다. 오셀로에게 있어 손수건의 유무는 데스데모나에 대한 그의 심중의 변화와 일치하지만, 손수건의 유무에 따라 달라지는 것은 데스데모나의 정조가 아니라 그 정조에 대한 오셀로의 평가라고 볼 수 있다. 손수건의 소유와 상실에 따라 데스데모나에 대한 오셀로의 평이 달라지는 것은 그가 그녀에게 부여하는 호칭의 변화에 확연히 드러난다(Hodgson 315-16). 데스데모나가 손수건을 지니고 있을 때 그녀를 두고 오셀로는 "성스런 데스데모나"(1.2.25)라고 부르며, 이아고는 "아름답고 현명하며 재색을 겸비한"(2.1.128) 여인이라고 부르며, 캐시오는 "지극히 정숙한"(2.3.22) 분이라고 말한다. 그러므로 데스데모나가 분실하기 전의 손수건은 미덕과 정절의 상징이다.

그러나 데스데모나가 3막 3장에서 손수건을 분실하고부터 데스데모나의 호칭은 달라진다. 이 후 오셀로는 데스데모나를 "음탕한 계집,"

"하얀 악마," "천하의 매춘부," "사악한 베니스의 창녀"라고 부르면서 비난한다. 손수건을 여성의 정조와 관련시키는 인물은 오셀로만이 아니다. 핫슨(Hodgson)의 지적처럼 세 명의 여성 등장인물들-데스데모나, 에밀리아, 비앙카-도 손수건을 정조 내지는 자신의 평판과 연관지어 생각한다(317). 4막 2장에서 데스데모나는 "생각으로나 실제 행동으로나" 오셀로를 배반한 적이 없지만, 손수건의 상실로 인해 오셀로에게 부정한 여자로 보일까 걱정한다. 이아고는 캐시오의 침실에 손수건을 떨어뜨리고 캐시오는 이 손수건이 누구의 것인지 알지 못한 채 이를 비앙카에게 준다. 그리하여 오셀로와 캐시오는 이아고의 덫에 걸리게 된다. 손수건의 상실은 곧 오셀로에게 데스데모나의 정조 상실로 표상되면서 극을 비극적 파국으로 치닫게 하는 동인으로 작용한다.

셰익스피어의 데스데모나는 후반부에 들어 소극적인 모습으로 변하지만, 아버지의 허락 없이 오셀로와 비밀리에 결혼하고 오셀로와 함께 전쟁터로 갈 수 있도록 허락을 구하는 초반부에서 대단히 적극적인 성격을 드러낸다. 오셀로와의 관계에서도 도리어 오셀로보다 적극적인 모습을 드러내는 초반부에서는 후반부에서 데스데모나가 드러내는 침묵과 복종의 모습을 볼 수 없다. 메리 베스 로즈(Mary Beth Rose)가 지적하듯 초반부의 데스데모나는 "군인 같은 아내"처럼 적극적이고 대담하다(137). 보겔이 주시하는 것은 바로 이러한 데스데모나의 모습이다. 보겔의 데스데모나는 더 이상 침묵하거나 일방적으로 복종하지 않는다. 도리어 그녀는 성적 일탈을 통해 가부장제의 모순과 여성 억압을 드러내고 조롱한다. 남성들이 그토록 두려워하는 성적인 위반과 일탈을 통해 여성지배라는 남성들의 환상을 무참하게 깨뜨리는 존재이고, 데스데모나는 자신의 몸과 섹슈얼리티를 이를 위한 도구로 사용한다.

보겔의 데스데모나는 남성에게 복종하고 남성의 눈치를 살피는 순진하고 소극적인 여성이 아니라 자신의 섹슈얼리티를 거침없이 드러내고 즐기는 적극적인 여성이다. 보겔은 데스데모나를 원전과는 반대의 이미지를 지닌 인물로 형상화하고 있는 것이다. 즉 보겔은 원전에서 비난하는 여성의 모습을 재현하여 원전이 담고 있는 남성 중심 담론을 조롱한다. 『오셀로』 1막 3장에서 데스데모나는 다음과 같이 말한다. "아버님, 저의 의무는 두 갈래로 나뉘어져 있습니다. 아버님은 절 낳아 주시고 길러주신 은혜를 베푸셨습니다. 저를 낳고 길러주신 은혜 때문에 저는 아버님을 공경할 것을 배웠습니다. 아버님은 제가 딸로서의 의무를 다해야 할 저의 군주십니다. … 아내로서 남편인 오셀로님을 군주로 받들어 정성껏 섬기려 합니다"(*Oth* 1.3.180-89).

아버지와 남편을 자신이 "정성껏 섬겨야 하는"군주라고 말하는 데스데모나의 대사에는 당대의 가부장제가 요구하는 여성의 모습과 가부장제 아래 억압된 여성의 정체성이 잘 드러나 있다. 여기서 여성은 스스로 존재하는 것이 아니라 어린 시절에는 딸로, 결혼 후에는 아내로, 자식이 장성하면 아들의 어머니로 존재하는 부차적인 존재이다. 그러나 보겔의 데스데모나는 셰익스피어의 데스데모나와는 판이하게 다른 인물이다. 보겔의 데스데모나는 순진하고 복종하는 것과는 거리가 먼 자신의 의지에 따라 행동하는 적극적인 여성이다. 자신의 욕망을 드러내고 즐기는데 적극적이며, 자신에 대한 구속과 억압을 인정하지 않는 적극적인 여성이다. 성을 즐기다 못해 음란하며 지나친 성적 농담과 행위도 마다하지 않는 인물이다.

셰익스피어의 『오셀로』에서 데스데모나는 남성들에 의해 천사와 창녀라는 이미지가 동시에 주어진다. 캐시오는 그녀를 천사처럼 이상화하여 항상 극찬한다. 오셀로 역시 그녀의 정조를 의심하기 전까지는 그녀를 천사처럼 생각한다. 그러나 이아고의 계략에 빠진 후 오셀로는 데스데모나의 '가상적' 불륜을 계속 비난하며, 그녀를 두고 '창녀'나 '갈보'라는 표현을 함부로 내뱉는다. 이아고의 눈에는 데스데모나를 포함해서 베니스의 모든 여성은 음탕한 '창녀'이다. 모든 여성을 성적 대상으로 비하하고, 여성들을 창녀로 비난하는 이아고의 담론은 물론 야비한 형태의 여성차별이다(Wayne 163).

이아고와 오셀로는 데스데모나를 '창녀'라고 부르면서 끊임없이 여성혐오 담론을 구사한다. 남성에 대한 불복종과 여성의 정욕은 바로 가부장제가 규정한 여성의 행동 지침을 위반하는 것이며, 이는 곧 혐오 담론으로 이어진다. 손수건을 분실한 후 데스데모나는 오셀로의 손에 죽기까지 어느 한 순간도 자신에게 근거 없이 주어지는 비난과 조소와 억압에 저항해본 적이 없는 너무나 수동적이고 무기력한 여성이다. 즉 남성의 근거 없는 비난고 오해로부터 자신을 지켜낼 적극성이 결여된 여성으로 재현되고 있다.

그러나 보겔의 데스데모나는 너무나 적극적으로 자신의 의지를 드러내는 여성이다. 보겔은 가부장제의 여성혐오담론이 주어지는 바로 그곳에서 데스데모나의 모습을 형상화한다. 보겔의 데스데모나는 원전에서 그토록 비난하는 '창녀'의 모습으로 재현되고 있기 때문이다. 그러나 보겔의 데스데모나는 자발적인 창녀이다. 강요에 의해서가 아니라 스스로 창녀가 되어 섹슈얼리티를 발산한다는 말이다. 이는 아마 가부장제의 억압과 모순에 대한 보복일 것이다. 데스데모나의 음란한 성적 행위가 비난을 피해갈순 없지만, 가부장제의 억압에 대한 대항 수단으로 사용되고 있다면 나름의 의미를 지닌 행동일 수도 있을 것이다. 원전에서 오셀로의 근거 없는 의심과 질투가 비극적 파국을 자초했다면, 보겔의 데스데모나는 이 의심을 구체화함으로써 정전을 해체하고 희화한다. 보겔의 데스데모나는 다음 대사에서 에밀리아에게 일상적인 가정사에서 느끼는 구속과 지루함을 표현하면서 "결혼한 여자들이 결코 알 수 없는 그런 세상," 즉 성적 일탈의 세계를 꿈꾼다.

에밀리아: 세상을 다 준다고 해도 저는 결코 남편을 배신하지 않겠어요. 절대로.

데스데모나: 그리 조그만 악행은 충분히 감춰 줄 정도로 세상은 커.

에밀리아: 고맙습니다. 그러나 제 세상은 그렇지 않아요. 내가 사는 세상은 단정하고 깔끔해요. 그리고 그렇게 유지하고 싶어요.

데스데모나: 아, 세상에! 내가 보장하지. 우리가 사는 세상은 좁고도 작아. 하지만 다른 세상도 있지 — 우리 결혼한 여자들은 절대로 알 수 없는 그런 세상들이 있어.

EMILIA I would never cheat-never-not for all the world I wouldn't.

DES The world's a huge thing for so small a vice.

EMILIA Not my world, thank you. Mine's tidy and neat and I aim to keep it that way.

DES Oh, the world! Our world's narrow and small, I'll grant you; but there are other worlds-worlds that we married women never get to see. (*Des* 242)

데스데모나는 여성이 태어나서 죽을 때까지 평생 동안 감옥과 같은 구속의 벽을 넘지 못한 채 살아간다고 느끼면서, 담장 넘어 새로운 세상을 보기를 원한다. 데스데모나는 에밀리아에게 남편을 배신하고 새로운 세상을 경험하라고 부추긴다. 나아가 여성들이 가부장제라는 높은 벽 속에 갇혀 아무 것도 보지 못하는 봉사로 전락했다는 말을 통해 데스데모나는 지금까지 경험하지 못했던 새로운 세상에 대한 동경을 강하게 드러낸다. 데스데모나가 부정을 부추기고 에밀리아가 이를 거부하는 위의 대사는 다음의 원전 4막 3장의 내용을 패러디한 것이다.

"음탕한 짓을 하면서, 남편을 속이는 여자들"이 있다는 걸 의아하게 여기는 데스데모나에게 에밀리아의 대답은 걸작이다.

데스데모나: 온 세상을 다 준다면 넌 그런 짓을 할 수 있겠니?
에밀리아: 그럼 마님께서는 안하시겠어요?
데스데모나: 달에게 맹세하지만, 절대로 아니야.
에밀리아: 저도 달빛 아래선 하지 않아요.
하지만 어두운 데서라면 그럴 수도 있어요.
데스데모나: 온 세상을 다 준다면 그런 짓을 할 수 있다고?
에밀리아: 세상이 얼마나 큽니까?
조그만 죄를 저지르고, 그리 큰 대가를 받을 수만 있다면야…
데스데모나: 넌 절대로 그럴 리가 없다고 생각해.
에밀리아: 전 분명히 할 수 있다고 생각해요. 하고나서 안한 것처럼 시치미를 떼면 되죠.

Des. Wouldst thou do such a deed for all the world?
Emil. Why, would not you?
Des. No, by this heavenly light!
Emil. Nor I neither by this heavenly light;
I might do 't as well i' the dark.
Des. Wouldst thou do such a deed for all the world?
Emil. The world's a huge thing; it is a great price
For a small vice.
Des. [Good] troth, I think thou wouldst not.
Emil. [By my] troth, I think I should, and undo't when I had done. (*Oth* 4.3.64-72)

데스데모나는 "온 세상을 다 줘도" 남편을 배반하는 일을 절대 할 수 없다고 하고, 에밀리아는 조그만 죄를 저지르고, 온 세상을 얻는 큰 대가를 받을 수 있다면 부정을 저지를 수 있다고 답한다. 부정을 저지르고 나서 시치미를 떼면 된다고 생각하기 때문이다. 셰익스피어의 『오셀로』에서 에밀리아는 가장 현실적이고 적극적인 여성이다. 보겔은 데스데모나에게 원전의 이러한 에밀리아의 모습을 투사하면서 적극성을 부여하고, 두 여성의 전도된 관계를 통해 원전을 패러디한다. 이어지는 대사에서 에밀리아는 "온 세상을 다 주고, 남편을 왕으로 만들어 준다는데, 어느 누가 서방질을 마다하겠느냐"(4.3.75-77)고 반문하면서 그럴 수만 있다면, 지옥 불에라도 뛰어 들겠다고 말하고, 데스데모나는 거듭 "온 세상을 다 준다고 해도 그런 나쁜 짓"을 할 수 없다고 답한다. 부정을 강력하게 거부하는 데스데모나에게 에밀리아는 다음과 같이 남성들을 비난한다. "하지만 아내가 잘못을 저지르는 건 다 남편 탓입니다. 남편이라는 사람이 남편 구실은 제대로 하지 못하면서 제 아내에게 줘야 할 보물을 다른 계집 무릎 사이에 퍼붓고, 터무니없는 질투에 사로잡혀 길길이 날뛰지요. … 남편들이 알게 해야 합니다. 아내들도 그들처럼 감각이 있다는 걸 말입니다. 우린들 그들처럼 눈이 없습니까, 코가 없습니까?"(*Oth* 4.3.86-94).

에밀리아의 주장을 따르면 "아내가 잘못을 저지르는 건 다 남편 탓"이고 남성들은 "남편 구실은 제대로 하지 못하면서" 아내를 버리고 "이 계집 저 계집으로 갈아타면서" 바람을 핀다. 그러니 여성들도 바람을 피워 여성들도 "단맛 신맛을 느낄 수 있는" 존재라는 것을 보여주면서 바람피우는 남성들에게 복수해야한다고 역설한다. 보겔의 데스데모나는 이러한 에밀리아의 말을 구체적으로 실천한다. 그녀 또한 남성들처럼 바람을 피우고 성적 쾌락을 맛보면서 가부장제 사회에 대항하여 복수하기 때문이다. 보겔의 데스데모나는 에밀리아의 말처럼 남성들이 "못된 짓하는 걸 보고 배워, 여자들도 못된 짓을 한다는 걸"(*Oth* 4.3.103) 보여주면서 복수한다. 보겔의 『데스데모나』에서 에밀리아는 원전의 데스데모나의 모습으로 재현된다. 데스데모나와 에밀리아의 성격이 바뀐 것이다. 여성들이 알 수 없는 그런 멋진 세상이 있고 그런 세상을 경험하자는 데스데모나의 말에 에밀리아는 정색을 한다.

> 에밀리아: 아멘— 덧붙이는데, 전 그 세계를 볼 필요 없어요.
> 데스데모나: 네가 세상을 한 번도 본 적이 없다면, 어떻게 알 수 있어? 우리 여자들은 휘장에 덮여 있어. 태어나서 결혼하고 죽을 때까지…. 우리 고상하고 점잖은 집 부인들은 린네르에 둘러싸이고 레이스로 눈이 가려지고, 휘장에 둘러싸여 있어. … 이 담장들이 바로 휘장이야.

> EMILIA Amen— and don't need to see, I should add.
> DES If you've never seen the world, how would you know? Women are clad in purdah, we decent, respectable matrons, from the cradle to the altar to the shroud... bridled with linen, blinded with lace... These very walls are purdah. (*Des* 242)

보겔의 데스데모나에게 남성 중심의 가부장제 사회는 그들의 눈과 욕망을 가리는 휘장이고 벽이다. 데스데모나는 이러한 벽으로 둘러싸인 감옥에서 탈출하여 새로운 세계를 동경한다. 데스데모나가 피부색이 다른 무어인 오셀로를 선택한 것도 새로운 세상에 대한 동경의 일환이다. 데스데모나는 무어인인 오셀로를 자신의 남편으로 택한 동기를 다음과 같이 밝힌다.

> 내 남편을 처음 보았던 날을 기억해. 그의 피부를 보자말자, 아, 얼마나 전율을 느꼈던지. 아, 피부색깔이 다른 남자! 다른 세상, 다른 행성으로부터 온 사람으로 생각했지. 만약 내가 이 낯선 흑인과 결혼하면, 난 사람들이 속삭이는 비밀 이야기를 뒤에 남겨두고 좁은 베니스를 떠날 수 있다고 생각했어—여기서 탈출해 딴 세상을 볼 수 있을 것이라고 생각했어. (휴지) 하지만 그도 이국적 외모 아래 감춰진 도자기처럼 하얀 베니스인일 뿐이야.

> I remember the first time I saw my husband and I caught a glimpse of his skin, and, ho how I thrilled. I thought— aha!— a man of a different color. From another world and planet. I thought, If I marry this strange dark man, I can leave this narrow little Venice with its whispering piazzas behind—I can escape and see other worlds. (Pause) But under the exotic facade was a porcelain white Venetian. (*Des* 242)

위의 대사를 보면 데스데모나는 더 이상 원전의 순진한 데스데모나가 아니다. 보겔의 데스데모나가 오셀로를 남편으로 삼은 이유는 피부색이 다른 이방인 오셀로가 자신에게 새로운 세상을 경험할 수 있는 기대를 제공하고 자신을 답답한 베니스 사회에서 구출해줄 수 있을 것이라는 기대 때문이었다. 새로운 세상에 대한 호기심과 기대가 오셀로를 택하도록 했다는 말이다. 여기서 새로운 세상이란 다름 아닌 여성의 순결과 복종을 강요하는 베니스의 가부장제 사회와는 다른 자유로운 세상이다. 그러나 데스데모나의 호기심과 기대는 여기서 그치지 않는다. 데스데모나의 욕망 충족을 위해 오셀로만으로는 충분하지 않기 때문이다. 피부색이 다른 이국적인 외모를 가진 오셀로 역시 다른 베니스 남자들과 다를 바 없는 "도자기처럼 하얀 베니스인"일 뿐이다. 피부색은 달라도 그의 남성 중심적 사고는 다른 베니스 남성들과 크게 다르지 않다는 말이다.[3] 그리하여 데스데모나는 자신이 갈구하는 '새로운 세상'을 경험하기 위해 비앙카가 운영하는 사창가를 방문하기로 결심한다.

보겔의 작품에서 데스데모나의 변모는 놀랍다. 데스데모나는 원전에서 남성들이 자신을 비난하는 바로 그곳에서 역설적으로 자신을 드러낸다. 데스데모나는 따분한 일상에서 벗어나기 위해 비앙카가 운영하는 사창가에서 신분을 숨긴 채 다양한 남성들과 잠자리를 같이 하면서 섹슈얼리티를 발산한다. 셰익스피어의 『오셀로』에서 캐시오의 정부인 비앙카를 사창가의 포주로 재현하는 것도 흥미롭지만, 순결한 여성의 화신이었던 데스데모나를 사창가에서 몸을 파는 창녀로 재현한 것은 매우 충격적인 변형이다(Novy 8). 뿐만 아니라 보겔은 데스데모나가 사창가에서 창녀 행세를 하기 전부터 루도비코(Ludovico)와 불륜행각을 벌인 인물로 재현한다. 그런데 왜 보겔은 『오셀로』 다시쓰기에서 데스데모나를 창녀로 재현하고 불륜행각을 서슴지 않는 음란한 여성으로 재현하는 것일까? 이를 통해 노리는 효과가 무엇일까? 김희진의 언급을 따르면 데스데모나의 창녀 노릇은 "여성의 성적인 욕망을 적극적으로 표현하는 방식이면서 동시에 여성에게 가해진 제한을 벗어나는 나름의 방식"이다(406). 데스데모나에게 사창가는 여성에게 주어진 구속과 제한으로부터 자유로울 수 있는 상징적 공간이며 새로운 세상

3_ 룸바(Ania Loomba)는 『오셀로』를 "흑인과 백인 사이의 갈등이나, 혹은 여성과 남성사이의 갈등" 구조가 아니라 인종주의와 가부장제의 복합적인 구조 속에서 논의해야 한다고 주장한다(49). 그러나 보겔의 작품에서 인종적 정체성은 그리 크게 부각되지 않는다. 그리고 피부색의 차이가 이 작품의 비극에 관여하는 것은 아니다.

이다. 데스데모나의 행동이 매춘이란 극단적인 형태로 표출되긴 하지만, 이는 여성을 억압하는 가부장제 담론에 대한 저항의 일환으로 간주될 수 있을 것이다.

아버지의 허락 없이 비밀리에 이방인과 결혼했던 대담한 여성이었지만, 희생자로 전락했던 셰익스피어의 데스데모나와는 달리 보겔의 데스데모나는 대담하게 자신의 욕망을 실천하면서 주어진 제약과 구속으로부터 벗어나려는 도발적인 인물이다. 오셀로와의 관계를 통해 새로운 세상에 대한 동경이 충족되지 않자, 데스데모나는 보다 도발적인 방법을 택한다. 스스로 창녀가 되어 다양한 남자와 성적인 관계를 맺음으로써 새로운 세상을 경험하려고 시도하기 때문이다. 보겔은 이를 통해 셰익스피어의 『오셀로』에서 "표현될 기회를 갖지 못했던 여성의 성적인 욕망"을 적극적으로 드러낼 뿐만 아니라, 여성을 창녀로 규정하고 혐오감을 드러내면서도 여성의 성을 사고파는 교환의 대상으로 삼았던 근대 초기 남성들의 욕망을 폭로하고 가부장제의 모순을 들춰낸다(김희진 407-08, Singh 11).

원전에서 오셀로는 데스데모나와 캐시오의 관계를 의심하지만 둘은 결코 의심받을 행동을 한 적이 없다. 데스데모나의 무고를 강조하고 이들의 관계를 의심하는 오셀로를 조롱이라도 하듯 보겔은 창녀로 행세하는 데스데모나가 성적인 관계를 갖지 않은 유일한 남성으로 캐시오를 남겨둔다.

데스데모나: 그가 곧 돌아 와 나에게 시끄럽게 떠들어 댈 거야. 그는 최근에 영 기분이 좋지 않았어. … 머리가 아프다고, 손수건이 어디 있느냐고 떠들면서 비난하겠지. 특히 마이클 캐시오를!

에밀리아: 당신이 성적인 관계를 갖지 않은 유일한 남자죠.

데스데모나: 그를 원하지도 않아. 까다로운 프로렌스 사내지. 내시를

부러워하는 오쟁이 진 남편이나 되게 그냥 둬.

DES He'll be back soon, and clamoring for me. He's been in rotten mood lately … Headaches, handkerchiefs, accusationsand of all people to accuse—Michael Cassio!

EMILIA The only one you haven't had—

DES And I don't want him, either. A prissy Florentine, that one is. Leave it to a cuckold to be jealous of a eunuch— (*Des* 238)

오셀로의 질투심에 불을 붙인 캐시오도 그리고 손수건을 내놓으라고 안달인 오셀로도 데스데모나에게는 성적 매력을 느낄 수 없는 "내시"이거나 '오쟁이 진 남편'일 뿐이다. 보겔의 텍스트에서 캐시오를 제외한 모든 남성들은 사창가를 찾아가 성을 매매한다. 여성의 부정과 정조에 집착하면서도 여성의 성을 매매하는 이율배반적인 행동을 보이는 것이다. 데스데모나는 비앙카를 "자유로운 여성"으로 보고 그녀와 자신에게 공통점이 있다고 생각한다. 그것은 다름 아닌 "세상을 알려는 욕망"(desire to know the world)이다. 데스데모나는 그녀의 세계를 동경하고 비앙카가 운영하는 사창가에서 새로운 세상을 꿈꾼다.

나는 비앙카가 운영하는 사창가의 어두운 방에 누워 있는 거야. 수많은 밤의 정사로 얼룩지고 찢긴 침대보에 눕는 거지. 그럼 남자들이 그 칠흑처럼 어두운 방으로 들어 와. 온갖 크기, 온갖 냄새, 온갖 모양의 남자들이. 그리고 그 남자들은 내게 자신들 씨를 뿌리지, 에밀리아. — 천개의 나라에서, 여러 세대에 걸친 조상에게서 내려온, 온 지구 표면을 덮을 수 있는 혈통을 가지고 있는 씨를 뿌린다는 말이야. 그럼 난 단지 거기 어둠 속에 누워 모든 것을 나에게 받아들이면 돼. 나는 눈을 감지. 그리고 암흑과 같은 마음 상태에서—아, 얼마나 멋진 여행을 할까!

I lie in the blackness of the room at her establishment … on sheets that are stained and torn by countless nights. And the men come into that pitch-black room—men of different sizes and smells and shapes. … And they spill their seed into me, Emilia—seed from a thousand lands, passed down through generations of ancestors, with genealogies that cover the surface of the globe. And I simply lie still there in the darkness, taking them all into me. I close my eyes and in the dark of my mind—oh, how I travel! (*Des* 242-243)

남성들과의 성교를 대한 데스데모나의 거침없는 묘사는 도발적이고 충격적이다. 셰익스피어의 데스데모나에게는 상상조차 할 수 없는 음란한 언어를 통해 보겔은 원전의 데스데모나를 해체하고, 여성의 섹슈얼리티를 거침없이 드러내는 인물로 재현한다. 데스데모나는 사창가에서의 경험을 통해 자신이 갈구하던 새로운 세상을 보게 되는데, 우스꽝스런 것은 오셀로가 이 사창가에서 돈을 주고 데스데모나와 잠자리를 나눈다는 점이다. 자신과 성 관계를 맺은 여성이 아내인 줄 모르고 한 짓이지만, 보겔은 이를 통해 여성의 정조에 집착하고 여성의 성을 통제하려는 남성들을 희화적으로 드러낸다. 어두운 방의 침대에 누워 있으면 오셀로가 데스데모나를 알아보지 못할 것이라는 비앙카의 말을 받아 데스데모나는 "집에서 공짜로 할 수 있는 일을 돈 주고 했다는 걸 알면 미쳐 날뛸 것"(*Des* 248)이라고 조롱한다. 오셀로의 이런 행동이 한 방에 같이 있던 세 여성들의 웃음거리가 되었음은 두말할 나위가 없다. 이처럼 보겔은 여성의 정조에 대한 남성의 집착을 조롱하고 자유분방한 "여성을 창녀로 규정하는 가부장적 담론이 안고 있는 모순"을 비판한다(김희진 408).

데스데모나의 도발은 사창가에서 남성을 상대로 벌이는 성관계에서 멈추지 않는다. 새로운 세상에 대한 동경은 성적 호기심으로 이어져 지금까지 경험하지 못했던 새로운 성행위로 나아간다. 이는 다름 아닌 비앙카와 벌이는 가학 피학성 변태 행위이다. "엘 앤 비(L and B)"가 뭐냐고 묻는 데스데모나에게 비앙카는 상대가 나를 매질하고 내가 상대를 때리면서 상대가 원하는 체위대로 해주는 가학 피학성 변태 성교라고 설명한다(*Des* 248). 데스데모나는 매질을 수반하는 일탈적인 성행위에 수반될 고통이 두렵다.

> 데스데모나: 그게 아프지 않아?
>
> 비앙카: 아니요. 그렇게 아픈 건 아니어요. 톡 쏘는 정도여요. 하지만 그럴듯하게 가장하는 데 모든 게 달려있어요. (뭔 뜻인지 알아챈 것 같은 데스데모나를 바라보면서) 당신이 원하면 보여드릴게요. 이리 와 봐요. 아무런 고통도 없을 겁니다.
>
> 데스데모나: 좋아 … 그래 좋아. 비앙카, 그걸 나에게 보여 줘.

> DES Doesn't … doesn't it hurt!
>
> BIANCA Naw, not usual. It's stingy-like, but it's all fakement. (*Looking into DESDEMONA's eyes, gets on idea*) Aw c'n show you if you like … C'mon, it won't hurt you none—
>
> DES Well … yes, all right, Bianca, show me. (*Des* 249)

비앙카는 고통스러운 것처럼 그럴듯하게 "가장하는 것에 모든 것이 달려있다"고 하면서 매질을 두려워하는 데스데모나를 안심시킨다. 고통을 '가장'하여 신음소리를 내고 이를 통해 상대가 성적 극치를 느낄 수 있도록 하는 것이 "가학 피학 음란 행위의 핵심"이라고 설명하고 있는 것이다. 그리하여 데스데모나는 비앙카와 이 변태 성행위를 실연하면서 고통을 가장하고 신음소리를 내는 '가장'의 기술을 터득하고 이를 통해 새로운 쾌락을 느낀다. 이 가학 피학성 변태 행위의 충격적 장면은 레즈비언적 에로티시즘을 함의하면서 정숙한 여인을 이상으로 삼고 여성의 섹슈얼리티를 통제하려는 가부장제에 심각한 위협을 야기한다(김문기 73-74). 이를 통해 보겔은 셰익스피어의 데스데모나를 해체하고 자신의 성적 욕망을 여과 없이 발산하는 발칙한 데스데모나를 창조한다. 그럼 새로운 데스데모나의 결말은 어떻게 처리되고 있는 것일까? 이 적극적인 데스데모나가 자신의 운명을 스스로 통제하며 죽음을 피해 갈 수 있을까?

셰익스피어의 『오셀로』에서 이아고는 오셀로의 질투를 유발하기 위해 캐시오의 침실에 손수건을 떨어뜨리고 캐시오는 비앙카에게 그 손수건에 수놓인 무늬를 본떠 달라고 부탁한다. 손수건이 실제 창녀로 등장하는 비앙카의 손으로 넘어가게 되는 것이다. 그리하여 오셀로의 환상 속에서 매춘부로 간주되는 데스데모나의 이미지가 실제 매춘부로 등장하는 비앙카를 통해 반향된다(Mack 30). 손수건을 캐시오와 정을 통한 어느 부정한 여인의 소지품으로 간주하는 비앙카에게 그 정사의 증거물로 작용하는 손수건의 수를 본떠 달라는 캐시오의 부탁에 화를 내는 것은 당연한 일이다. "어느 음탕한 매춘부의 선물인 것 같은데, 나더러 그 손수건의 무늬를 본떠 달라고요? 여기 있어요. 그 손수건을 누구에게 받은 것인지 모르지만, 그 바람둥이 여자에게 돌려주세요. 난 절대로 그 손수건의 무늬를 본뜨지 않겠어요"(*Oth* 150-55).

아이러니컬하게도 창녀인 비앙카가 그 손수건을 어느 음탕한 "매춘부"의 것으로 생각해 손수건을 본뜨는 것을 거부할 때, 그 손수건의 주인인 데스데모나의 명예는 가상적인 차원이긴 하지만 치명적으로 손상된다. 사실과는 거리가 멀긴 하지만, 비앙카의 이야기 속에서 데스데모나는 음탕하고 부정한 여인으로 전락한다. 몇 사람의 손을 거쳐 비앙카의 손에 이르자 손수건은 본래의 이미지를 벗어나 부정의 증표로 작용하게 된 것이다.

보겔의 『데스데모나』 결말부 장면 27에서 손수건에 대한 이야기는 다시 반복된다. 자신의 손수건을 비앙카가 가지고 있는 것을 본 데스데모나는 이것을 돌려달라고 요구한다. 그러나 비앙카는 수가 놓인 손수건을 캐시오가 자신에게 준 선물이라고 하면서 이를 거부한다.

데스데모나: 하느님, 감사합니다. 비앙카, 네가 그 손수건을 발견했어. 이제 안심이야. (멈춘다) 하지만 내 손수건으로 뭘 하는 거니?

에밀리아: (그녀 자신에게 방백) 오, 하느님, 이아고가 그걸 캐시오에게 주다니!

비앙카: (의아해서) '당신'의 손수건이라니요? '당신' 거라고? (위협적인 목소리로) 캐시오가 당신 손-수-건을 가지고 뭔 짓을 하는 거야?

데스데모나: 그게 바로 내가 알고 싶은 거야 - 에밀리아!

비앙카: (위협적으로) 알았어. 그래서 당신이 매주 한 번씩 캐시오를 내가 시중들도록 한 거지? (앞으로 달려 나가면서) 날 속인 바람둥이 년 — 날 캐시오를 몰래 들여다보는데 이용하다니 — 몰래 엿보는 년 놈을 죽여 버릴 거야 — (비앙카, 칼을 들고 데스데모나에게 돌진하고, 에밀리아도 달린다.)

에밀리아: 비앙카가 칼을 들고 있어요!

데스데모나: 비앙카, 네 말 좀 들어봐.

DES Oh, thank God, Bianca, you've found it. I'm saved. (*Stop*) But what — whatever are you doing with my handkerchief?

EMILA (*To herself*) Oh, Jesus, he gave it to Cassio!

BIANCA (*Blank*) Your handkerchief? *Yours*? (*Dangerously*) What's Cassio doin' wi' your hand-ker-chief?

DES That's precisely what I want to find out — Emilia!

BIANCA (*Fierce*) Aw bet. So — you was goin' t 'elp me out once a week fer Cassio? (*advancing*) You cheatin' hussy — Aw'll pop yer peepers out — (*BIANCA lunges for DESDEMONA; EMILIA runs.*)

EMLIA She's got a KNIFE! —

DES Listen BIANCA — (*Des* 250-51)

데스데모나와 비앙카는 서로가 서로를 때리는 변태 성행위를 실연하면서 돈독한 관계를 유지했지만, 비앙카는 손수건을 두고 데스데모나와 캐시오의 관계를 오해하면서 데스데모나에게 격렬하게 달려든다. 사실 캐시오는 데스데모나가 사창가에서 상대하지 않았던 유일한 남성이다. 병을 깨서 데스데모나에게 달려들던 비앙카는 데스데모나의 변명을 받아들이고 울면서 조용히 앉아, 손수건으로 콧물을 닦는다. 그러고는 손수건을 데스데모나에게 돌려준다. 코를 푸는 도구로 전락한 손수건의 이미지는 이미 초반부에서 등장한 바 있다. 여기서도 손수건의 행방은 인물들 사이의 갈등을 불러일으키는 도구로 작용하지만 결국은 코를 닦는 수건으로 희화된다. 그리하여 원전에서 오셀로가 그토록 의미를 부여했던 손수건은 하잘 것 없는 물건으로 전락한다.

셰익스피어의 『오셀로』에서 에밀리아는 손수건을 훔쳐 이아고에게 건네줌으로써 데스데모나의 비극적 파국에 관여했던 인물이다. 후에 손수건에 대한 진실을 밝혔지만 이미 데스데모나는 오셀로에게 교살된 후이다. 그러나 보겔의 『데스데모나』에서는 손수건에 대한 진실이 좀 더 일찍 밝혀진다. 결말부로 진행되면서 데스데모나와 에밀리아의 유대 관계는 더욱 강해진다. 에밀리아는 다음과 같이 말하면서 데스데모나가 로도비코의 도움으로 섬에서 탈출할 때 그녀와 함께 떠나고 싶어 한다. "남자들의 머릿속에 여자는 자리 잡고 있지 않아요…. 그것이 아픈 진실 이예요"(*Des* 252). 그러나 데스데모나는 함께 탈출할 수 없는 상황을 설명하면서 그녀의 이해를 구한다. 그러자 에밀리아는 자신이 손수건을 훔쳐 이아고에게 전해 준 사실을 밝히고, 오셀로가 데스데모나를 감시해 왔다는 사실을 밝히면서 조심할 것을 당부한다(*Des* 253). 에밀리아는 침실에 들어와 침대보 냄새를 맡는 오셀로를 언급하면서 오셀로가 여전히 그녀를 사랑하고 있다고 말한다.

에밀리아: 그가 침실에 들어와 침대보를 마치 몸처럼 모아 쥐는 겁니다…. 그러고는 그걸 얼굴에 갖다 대고, 마치, 마치 그게 부케인 것처럼 향을 맡았죠. (두 여자가 멈춘다. 두 사람 다 오셀로가 정부의 흔적을 찾으려고 침대보 냄새를 맡고 있었다는 걸 깨닫는다.)

데스데모나: 그것은 사랑이 아니야. 사랑이 아니라고.

EMILIA He was in your chamber room and he gathered up the sheets from your bed, like a body, and … and he held it to 피s face, like, like a bouquet, all breathin' it in — (The two women pause. They both realize OTHELLO's been smelling the sheets for traces of a lover.)

DES That isn't love. It isn't love. (*Des* 253)

오셀로가 여전히 데스데모나를 사랑한다고 언급하는 에밀리아에게 데스데모나는 "그건 사랑이 아니라고" 외치면서 강력하게 부인한다. 데스데모나에게 그것은 집착일 뿐이다. 자신의 정조에 대한 집착일 뿐이다. 둘은 이제 오셀로가 침대 커버의 냄새를 맡는 것은 데스데모나의 냄새가 그리워서가 아니라 정부가 다녀간 흔적을 찾기 위해서라는 것을 깨닫고 경악한다. 자신의 정조에 집착하는 오셀로가 곧 자신을 죽일 것이라는 것을 예감한 데스데모나는 다음날 아침에 탈출할 결심을 굳힌다. 그러고는 에밀리아에게 함께 떠나자고 제의한다. 불안하긴 하지만 데스데모나는 "그가 결코 잠자고 있는 여자를 해치지는 않을 것"(*Des* 253)이라고 기대한다. 그런데 과연 데스데모나가 살아남을 수 있을까?

이 부분을 보겔이 애매하게 남겨 놓긴 해도 우리는 데스데모나가 죽음을 피하지 못하리라는 것을 짐작할 수 있다. 에밀리아가 데스데모나의 머리를 빗겨주면서 백을 세는 순간 이 둘은 얼어붙은 것처럼 동작을 멈추고 갑자기 무대가 어두워지기 때문이다. 결코 낙관적일 수 없는 분위기를 만들면서 극이 끝나고 있는 것이다. 그런데 왜 보겔이 데스데모나가 죽는 결말로 극을 마무리하는가? 왜 원전의 데스데모나를 살려내어 자신의 의지대로 살아가는 여성을 재현하지 않는가? 작품의 결말에는 부정한 여인은 남편에게 반드시 죽어야하는가라는 물음 또한 내포되어 있다. 부정한 여인에 대한 살해의 정당성을 물으면서 극을 마무리하고 있는 것이다. 마지막 장면은 데스데모나가 부정한 여인이든 순결한 여인이든 상관없이 죽을 것이며, 여성에 대한 가부장제의 억압이 현대 사회에서도 멈추지 않는다는 것을 보여주는 결말이다. 여성을 희생양으로 삼는 가부장제 이념이 여전히 진행 중이라는 것을 드러내려는 보겔의 정치성이 내포되어 있는 것이다.

보겔의 다시쓰기에서 주목할 점은 다음과 같다. 첫째, 등장인물의 구성이다. 보겔은 원전의 남성인물들을 무대에 등장시키지 않고 데스데모나, 비앙카, 에밀리아라는 3명의 여성 등장인물들의 이야기로 다시 쓴다. 그리하여 오셀로를 중심으로 한 원전의 구조는 데스데모나를 중심으로 한 여성들의 이야기로 변모한다. 둘째, 데스데모나의 재현 방식이다. 원전에서 데스데모나는 가부장제 아래 남성의 욕망에 희생되는 소극적인 인물이다. 그러나 보겔은 데스데모나를 섹슈얼리티를 거침없이 드러내는 인물로 재현한다. 그리고 성적 일탈의 정도가 도를 지나칠 만큼 적극적이고 위협적이다. 보겔은 남성을 여성에게 속아 넘어가는 우둔한 인물들로 재현한다. 그러나 여성은 여전히 남성의 희생자이다. 셋째, '손수건'이란 모티프의 변용이다. 원전에서 손수건은 여성의 정절과 관련된 중요한 상징으로 쓰이고 있다. 그러나 보겔은 이 손수건을 여성의 정절에 과도하게 집착하는 남성들을 비웃는 도구로 사용하고 있다. 그리고 이를 비웃는 주요 기법은 패러디이다. 그토록 중요하게 간주되어 오던 손수건을 코를 풀어 닦는 정도의 물건으로 격하시키고 있기 때문이다.

보겔의 다시 쓰기가 여성옹호적인 시각을 강력하게 드러내고 있음은 사실이다. 뿐만 아니라 가부장제에 대한 비판을 넘어 성적 욕망을 마음껏 발산하는 새로운 데스데모나를 창조한다. 그러나 순결한 데스데모나를 창녀처럼 놀아나는 여성으로 재현한 보겔의 다시쓰기가 근본적인 관점에서 여성성을 드러내고 옹호하는 글쓰기가 될 수 있을지는 의문이다. 창녀촌을 찾아가 일탈을 꿈꾸는 데스데모나의 행동이 대담하고 충격적이지만, 그녀에게서 근본적인 자각과 변화는 크게 느껴지지 않기 때문이다.

인용문헌

권진영. "『오셀로』에 나타난 '손수건 모티프'의 기능과 의미에 관한 재조명." 『영미어문학』 54 (1998): 63-83.

김문기. "폴라 보겔의 『데스데모나: 손수건에 대한 극』에 나타난 셰익스피어 비극의 페미니스트 각색연구." 『영미어문학』 84 (2007): 63-84.

김희진. "왜 그녀를 창녀라 부르는 거죠?: 새로 쓰는 오셀로, 폴라 보겔의 『데스데모나: 손수건에 대한 극』." *Shakespeare Review* 41.3 (2005): 399-416.

Eillott, G. R. *Flaming Minister*. Durham, N.C.: Duke UP. 1953.

Heilman, R. B. *Magic in the Web*. Lexing: Kentucky UP, 1956.

Hodgson J. A. "Desdemona's Handkerchief as an Emblem of Her Reputation." *TSLL* 19.3 (1977): 313-22.

Knight, G. Willson. *The Wheel of Fire*. London: Methuen, 1949.

Loomba, Ania. *Gender, Race, Renaissance Drama*. Delhi: Oxford UP, 1992.

Mack, Maynard. "The Jacobean Shakespeare: Some Observations on the Construction of the Tragedies." *Jacobean Theatre*. Ed. John Russell Brown. New York: St. Martin's P, 1960.

Novy, Marianne, ed. *Transforming Shakespeare: Contemporary Women's Re-Visions in Literature and Performance*. New York: Palgrave, 1999.

Rose, Mary Beth. *The Expense of Spirit: Love and Sexuality in Renaissance Drama*. Ithaca: Cornell UP, 1988.

Rymer, Thomas. "A Short View of Tragedy (1693)." *Critical Essays of the Seventeenth Century*. Ed. J. E. Spingarn. Bloomington: Indiana

UP, 1957.

Savran, David. "Loose Screws: an Introduction." *The Baltimore Waltz and Other Plays* by Paula Vogel. New York: Theatre Communications Group, 1996. ix-xv.

Shakespeare, William. *The Tragedy of Othello*. The Riverside Shakespeare. Ed. G. B. Evans. Boston: Houghton Mifflin, 1974.

Singh, Jyosta. "The Interventions of History: Narratives of Sexuality." The Weyward Sisters: Shakespeare and Feminist Politics. Eds. Dympna Callaghan et. al. Cambridge: Balckwell, 1994. 7-58.

Vogel, Paula. *Desdemona: A Play about a Handkerchief. Adaptations of Shakespeare — A Critical Anthology of Plays from Seventeenth Century to the Present*. Eds. Daniel Fischlin and Mark Fortier. London: Routledge, 2000. 236-54.

Wayne, Valerie. "Historical Differences: Misogyny and *Othello*." *The Matter of Difference*. Ithaca: Cornell UP, 1991. 153-79.

04

WTG와 파인스타인의 『리어의 딸들』

『리어 왕』은 딸들로 인해 고통 받는 아버지의 이야기이지만, 『리어의 딸들』은 아버지로 인해 고통 받는 딸들의 이야기이다. '전작' 형식을 취하고 있는 『리어의 딸들』은 『리어 왕』의 플롯이 시작되기 전, 리어의 세 딸들의 이야기가 중심이며, 남편에게 착취당하는 어머니의 이야기, 그리고 가부장제라는 제도 아래 억압받는 여성들의 이야기이다.

04

WTG와 파인스타인의 『리어의 딸들』

셰익스피어의 『리어 왕』(*King Lear*)은 1980년대 중반이후 대단히 활발하게 무대 위에 공연되었고 활발한 각색 작업이 진행되었던 작품이다. 1971년 『리어 왕』을 각색하여 『리어』(*Lear*)를 발표한 에드워드 본드(Edward Bond)는 이러한 각색 열풍을 일으킨 장본인이며, 여성연극그룹(Women's Theatre Group: WTG)의 『리어의 딸들』(*Lear's Daughters*)과 하워드 바커(Howard Barker)의 『일곱 리어』(*Seven Lears*)는 본드의 『리어』와 더불어 이러한 각색 열풍의 한가운데 포진한 작품이다. 『리어의 딸들』은 파인스타인(Elaine Feinstein)과 영국의 대표적인 페미니스트 극단인 WTG의 집단창작물로, 셰익스피어의 텍스트에서 침묵했던 여성 인물들의 복원하려는 다시 쓰기이다.[1]

1_ 이 글은 본인의 다음 게재 논문을 고쳐 쓴 글이다. "억압된 목소리의 복원: 『리어의 딸들』," 『영미어문학』 118 (2015).

주시할 점은『리어의 딸들』이 집단 창작 방식을 통한 '전작'(prequel) 형식의 극이라는 점이다. 파인스타인이 먼저 대본을 작성하고, 그 대본을 WTG 단원들이 워크샵과 리허설을 통해 수정하는 과정을 통해『리어의 딸들』이란 대본이 완성되었다(Goodman, *Contemporary* 97). 집단창작은 글을 쓰는 과정에서 절대 저자의 개념에 도전하는 혁신적인 방식이다. 집단창작이란 형식 자체가 저자의 절대적 권위를 강조하고 작품의 보편성을 강조하면서 신비화를 조장하는 보수적 글쓰기와 비평에 대한 반발이다. WTG는 대본을 공동으로 작성하고 여성배우만으로 연출하는 등 실험적인 시도를 계속했고, 워크숍을 통한 즉흥연기 방식을 도입하고, 소외 계층과 인종의 문제, 그리고 억압된 여성의 목소리를 무대 위에 재현하기 위해 지속적인 노력을 기울여 왔던 혁신적인 극단이다(Fischlin 215-16, Itzin 230).

WTG는 확고부동한 지위를 갖고 있는 셰익스피어의 정전을 다시 쓰면서, 원전이 감춰둔 혹은 비워둔 부분을 예민하게 의식한다. 이는 다름 아닌 딸들의 행위 동기이다. 원전은 거네릴(Goneril)과 리건(Regan)을 의심의 여지가 없는 배은망덕한 인물로 제시하고, 리어(Lear)를 그들의 배은망덕으로 인해 고통 받는 인물로 재현한다. 그러나 원전은 왜 거네릴과 리건이 그런 인물이 되었는가를 해명하지 않는다. 원전은 리어의 시각으로 딸들의 모습을 그리고 있을 뿐이다. 그러나『리어의 딸들』은 그 제목에서부터 리어가 아니라 그의 딸들이 이야기의 중심이라는 것을 드러낸다. 이를 위해 WTG는 '전작'의 형식을 택해, 원전의 이야기가 시작되기 전의 이야기를 다룬다. 이 글은『리어의 딸들』의 전작 형식을 주목하면서, 작가가 어떤 방식으로, 왜 그리고 무엇을 위해 셰익스피어의 원전을 다시 쓰고 있는가를 논의하는 글이다.

셰익스피어의 『리어 왕』은 "누가 나를 가장 사랑한다고 말하겠느냐?"(*KL* 1.1.51)[2]라는 리어의 물음과 딸들의 사랑고백으로 시작한다. 그러나 『리어의 딸들』은 리어에 대한 복수를 다짐하는 세 딸들의 대사로 끝이 난다. 『리어 왕』은 딸들로 인해 고통 받는 아버지의 이야기이지만, 『리어의 딸들』은 아버지로 인해 고통 받는 딸들의 이야기이다. '전작' 형식을 취하고 있는 『리어의 딸들』은 『리어 왕』의 플롯이 시작되기 전, 리어의 세 딸들의 이야기가 중심이며, 남편에게 착취당하는 어머니의 이야기, 그리고 가부장제라는 제도 아래 억압받는 여성들의 이야기이다.

『리어 왕』은 리어의 어리석은 행동과 과오가 왕국의 무질서를 초래하는 것을 보여주는 극이다. 그러나 보수적 비평은 혼란과 무질서의 원인을 딸들의 배은망덕에 귀속시키면서, 리어로 대변되는 가부장적 질서의 와해가 국가적 우주적 무질서로 이어지고 있다고 주장한다. 그러나 이는 셰익스피어의 『리어 왕』이 가부장제를 승인하고 그 가부장제의 질서를 흔드는 여성들에 대한 혐오를 극단적으로 드러내는 남성중심의 텍스트라는 점을 간과한 평가이다. 리어 왕은 1막 4장에서 자신을 박대하는 거네릴에게 다음과 같은 저주를 퍼붓는다.

> 저 몹쓸 년 자궁에 불임의 기운을 넣으소서!
> 저년의 생식 기관들을 말려버리시고,
> 그 비천한 몸에서 저년을 명예롭게 할 자식이

2_ 이하에서 셰익스피어의 『리어 왕』 인용은 *The Tragedy of King Lear*, The Riverside Shakespeare, ed. G. B. Evans (Boston: Houghton Mifflin, 1974)을 따르며 *KL*로 약칭한다. 『리어의 딸들』(*Lear's Daughters*) 인용은 다음을 따르며 *LD*로 명시하고 페이지를 명시한다. *Lear's Daughters*, in *Adaptations of Shakespeare*, eds. Daniel Fischlin and Mark Fortier (New York: Routledge, 2000).

절대 태어나지 못하게 하소서! 저년이 잉태해야 한다면,
악의에 찬 자식을 만들게 하시고, 나쁜 아이로 자라서,
어미의 뜻을 거스르는 패륜의 고통을 주게 하소서!
젊은 그년 이마에 주름살이 깊이 패도록 하시고
흐르는 눈물로 그년의 뺨에 골을 파게 하시고,
어미로서 누릴 수 있는 모든 노고와 기쁨을
조소와 멸시로 바꾸어, 배은망덕한 자식이
독사 이빨보다 더 날카롭다는 걸
뼈저리게 느끼게 하소서!

Into her womb convey sterility,
Dry up in her the organs of increase,
And from her derogate body never spring
A babe to honour her. If she must teem,
Create her child of spleen, that it may live,
And be a thwart disnatur'd torment to her.
Let it stamp wrinkles in her brow of youth,
With cadent tears fret channels in her cheeks,
Turn all her mother's pains and benefits
To laughter and contempt, that she may feel
How sharper than a serpent's tooth it is
To have a thankless child!—Away, away! (*KL* 1.4.278-89)

리어 왕은 신에게 딸의 "생식 기관"을 말려 자식이 태어나지 못하게 하고, 자식을 낳더라도 그 자식이 "어미의 뜻을 거슬러 패륜의 고통"을 안겨 주게 하라고 빌고 있다. 거네릴이 배은망덕한 자식이라고 하더라

도 그녀에게 퍼붓는 리어의 여성혐오는 도가 지나칠 만큼 격렬하다. 딸들이 당연히 자신의 뜻에 따라야 한다고 생각하는 리어 왕은 전형적인 가부장이다. 그러나 딸들의 배은망덕으로 인해 고통 받으면서 폭풍이 몰아치는 광야에서 절규하는 리어의 모습은 관객들로 하여금 리어에 대한 동정심을 불러일으키고 "딸들의 행위에 타당한 동기를 부여할 수 있는 이성적 사고를 거의 불가능"하게 만든다. 그러므로 셰익스피어의 내러티브는 "페미니스트적 개입을 쉽게 허락하지 않는 닫힌 구조"이다(김문기 633). WTG가 '전작' 형식을 취한 것은 바로 이런 '닫힌 구조'를 열어, 여성들의 경험과 이야기를 통해 딸들의 행위에 대한 동기를 부여하고, 여성의 복종과 종속을 강요하는 남성중심의 가부장제의 부정적 면모를 들춰내기 위한 의도에서이다.

베넷(Susan Bennett)은 『리어의 딸들』이 '전작' 형식을 통해 셰익스피어의 『리어 왕』이라는 "닫힌 텍스트"에서는 시도할 수 없는 새로운 글쓰기를 시도했다고 평가한 바 있다(51). '전작'의 형식은 원작의 구조를 크게 변형시키지 않고 플롯을 전개시킬 수 있는 형식이다. 그리고 이는 '그녀들의 이야기'를 재현하는데 효과적인 틀을 제공한다. '전작' 형식은 원작이 충분히 제시하지 못했던 맥락을 제시하여 인물들의 행동 동기를 보다 분명히 드러낼 수 있는 형식이기 때문이다. 『리어의 딸들』은 '그녀들'의 이야기를 통해 『리어 왕』이 제시하지 못했던 거네릴과 리건의 행동 동기를 해명한다.

굿맨(Lizbeth Goodman)은 WTG의 『리어의 딸들』이 전통적 가족 구조 구성에서 벗어난 "대안적 형태의 가족의 구성"을 제안하고 있다는 점을 주시하여 이 작품을 "셰익스피어의 페미니스트적 재창조에서의 기념비적" 작품으로 평가했고("Women's Alternative" 220), 베넷은 『리어의 딸들』이 "셰익스피어 텍스트 공연에 있어 최초로 새로운 방식"(51)을 보여주었다고 평가했다. 베넷이 말하는 새로운 방식이란 셰익스피어의 신비화를 조장하는 이데올로기에 감춰진 "균열"과 그 이데올로기가 "의도적으로 은폐하는 것에 대하여 도전"하기 위해 WTG가 채택한 과감한 각색과 공연 스타일이다. '전작'이란 형식은 바로 이들이 택한 독특한 형식이며, 도전과 해체의 대상은 셰익스피어의 텍스트가 "확대 재생산해온 가부장적 이데올로기"이다(김문기 630).

공동창작물이란 점과 '전작'의 형식을 취한다는 특징 외에도 『리어의 딸들』은 기존의 극과 차별되는 몇 가지 특징을 보여주고 있다. 특히 두드러진 변형은 인물의 구성이다. 『리어 왕』에서 리어 왕은 중심인물이며, 리어의 세 딸들은 부차적인 인물이다. 리어는 대부분의 장면에서 중심적인 역할을 수행하고, 딸들의 배은망덕에서 비롯된 리어의 고통과 깨달음이 작품의 중심이다. 그러나 『리어의 딸들』에서 중심은 여성 인물들이며, 리어는 부재의 존재로서 무대 위에 등장하지 않는다. 이런 인물 구성은 여성의 경험과 내러티브를 중심으로 작품을 구성하겠다는 작가의 의도를 분명히 드러낸다. 특히 유모는 원작에는 없는 새로운 인물로, 『리어의 딸들』에서 중요한 역할을 수행하는 인물이다. 유모는 원전에는 명시되지 않는 딸들의 이야기를 들려주면서, 이 작품 전체를 이끌어 간다. 세 딸의 어머니인 왕비의 존재는 유모의 이야기를 통해 전달될 뿐이다. 유모는 세 딸들을 키우고 그들의 이야기 전부를 아는 인물이다.

자웅양성(androgynous)의 존재로 등장하는 광대의 존재 또한 특이한 변형이다. 원전에서 광대는 리어를 수행하면서 리어의 우행을 꼬집는 비판자로 혹은 리어가 그 우행을 깨닫게 만드는 선생의 역할을 수행한다. 『리어의 딸들』에서 리어 집안의 하인인 그는 이 극을 진행시키는 사회자인 동시에 극의 내용과 주제를 논평하는 해설가이다. 그런데 특이한 점은 광대의 성정체성이 모호하다는 점이다. 광대의 성정체성은 상황에 따라 유연하게 변화한다. 제 4장에서 남성인지 여성인지를 묻는 코딜리어에게 광대는 "누가 묻느냐에 따라 다르다"(Depends who's asking)(*LD* 221)고 답하면서, "어느 쪽이길 바라느냐? 나에겐 어느 쪽이나 똑같다"(Which would you rather? It's all the same to me)(*LD* 221)고 반응한다. 리어 집안의 하인인 광대는 주인의 요구에 따라 남성이 되기도 하고 여성이 되기도 한다. 그는 역할 연기에 따라 베일을 쓴 왕비가 되기도 하고 리어라는 남성이 되기도 한다. 그의 정체성은 그를 부리는 주인의 뜻에 따라 가변적이다. 남성인지 여성인지 구분되지 않는 광대의 존재는 성의 구분과 차이를 필연적인 것으로 간주했던 가부장제의 전제에 균열을 가한다. 『리어의 딸들』 제 1장에 등장한 광대는 "리어라고 불리는 늙은이가 있었다."고 리어 왕을 소개하고, 다음과 같이 등장인물들을 소개한다.

(세 손가락을 움켜쥔다.)
세 공주들.
(두 손가락을 움켜쥔다.)
하인 둘.
(한 손가락을 움켜쥔다.)
무대 밖의 왕 하나.
(다른 손의 한 손가락을 움켜쥔다.)
사망한 왕비 하나.

(*holds up three fingers*)
Three princesses.
(*holds up two fingers*)
Two servants.
(*holds up one finger*)

One king offstage.

(*holds up one finger on other hand*)

One queen dead. (*LD* 217)

여기서 세 공주들이란 리어의 딸들인 거네릴, 리건, 그리고 코딜리어를 말한다. 하인 둘이란 리어에게 고용되어 봉사한 광대와 유모를 말한다. 광대는 세 딸들과 리어, 그리고 유모와 광대 자신이 끌어가는 극이라는 것을 밝힌다. 그리고는 잠시 생각하더니 세 딸의 어머니와 아버지를 언급한다.

(생각한다.) 혹은

(같은 손가락 동작)

딸 세 명,

어머니 두 명,

아버지 하나,

그리고 광대.

(*thinks*) or

(*same finger business*)

Three daughters,

Two mothers,

One father,

and the Fool. (*LD* 217)

어머니 둘이란 거네릴, 리건, 코딜리어를 낳은 왕비와 그들을 키운 유모이다. 그러나 사망한 왕비는 이미지만을 통해 존재할 뿐 실제로 등장하지 않고 유모가 실제적인 어머니 역할을 수행한다. 리어는 곳곳에서 언급되고 있지만 무대 위에 실제로 등장하지 않는다. 무대 위에는 리어의 세 딸들과 유모와 광대만이 등장할 뿐이다.

『리어의 딸들』 제 1장의 서두에서 광대의 지시에 따라 코딜리어, 리건, 거네릴이 등장하여 다음과 같이 읊조린다. "누가 나를 가장 사랑하는지 말로 해보라"는 리어의 물음에 거네릴, 리건, 코딜리어 순서로 답하는 형식을 거꾸로 만들어 놓은 상황이다. 광대는 이들에게 말하라고 하지는 않는다. 광대의 호명에 따라 등장한 이들 각자는 스스로 다음과 같이 말한다.

> 코딜리어: 난 단어가 좋아. 단어들은 돌처럼 무겁고 단단하고 모두 서로 다르지. 네 혀로 그 모양이나 무게를 느낄 수 있지…. 난 혼자 글을 읽는 걸 배웠어. 내가 스스로 한 최초의 일이지. (…)
>
> 리건: 난 나무 느낌이 좋아. 번개로 인해 부서지고 깨진 나무껍질 느낌, 비바람에 닳아 부드러워진 커브 느낌도…. 내가 그걸 조각하면 마치 나무속에 그 형태가 이미 존재하여 밖으로 나오기만을 기다리다가 내 손의 의지완 별개로 내 칼을 움직여. (…)
>
> 거네릴: 내가 쳐다보면 이 세상은 온통 색깔로 변해. 내가 어렸을 때 서랍을 뒤져서, 물감과 붓을 발견하여 그걸 작은 물병에 담고, 물을 부으면, 그 젖은 붓 아래서 색채가 얼마나 선명히 변하는지를 믿을 수가 없었어.

> CORDELIA. I like words. Words are like stones, heavy and solid and every one different, you can feel their shape and their weight on your tongue…. I learned to read by myself. The first thing I ever did on my own. (…)

REGAN. I love the feel of wood, of bark cracked and mutilated by lightning or curves smooth and worn by wind and rain…. When I carve, it is as if there is a shape lying within the wood already, waiting to be released, moving my knife independent of the hand that holds it. (…)

GONERIL. When I look the world breaks into colours. When I was small-finding paints and brushes in the chest, opening tiny pots and setting them out, taking water-I couldn't believe how the colours sharpened under the wet brush! (*LD* 217-18)

셰익스피어의 원전에는 리어 딸들의 성격에 관한 묘사가 그리 잘 드러나 있지 않다. 그러나 『리어의 딸들』에는 이들의 성격과 이들이 다른 인물들과 맺는 관계가 비교적 자세히 제시되고 있다. 원작에서 결여된 부분을 개작이 보완하고 있는 것이다. 원작에서는 리어에 대한 이들의 행위만이 제시되고 있을 뿐, 이 행위의 근간이 되는 동기나 성장 배경이 제시되어 있지 않다. 다만 어머니가 없는 가운데 세 딸이 자랐다는 것만을 짐작할 수 있을 뿐이다. 그러나 『리어의 딸들』은 딸들의 성장과정과 행동의 기반으로 작용하게 될 성격형성 과정을 '전작'이란 형식을 통해 자세히 제시한다. 그리고 이는 리어에 대한 딸들의 '배은망덕'의 원인이 다름 아닌 리어 자신이라는 사실을 드러낸다.

코딜리어는 "언어"를 좋아하며, 혼자서 "글을 읽는 법"을 배웠고, 혀와 말의 중요성을 알고 있는 인물이다. "아무 할 말이 없다"면서 리어를 분노하게 했던 원전의 그녀와는 사뭇 다른 모습이다. 리건은 "나무의 느낌"과 조각을 좋아하는 인물이다. 거네릴은 "색채"의 신비를 파악하고 그림그리기를 좋아하는 인물이다. 그들은 원전에서처럼 위선적인 말로 아버지를 기만하는 인물이 아니다. 리어의 딸들 각자 뚜렷한 개성을 지닌 개별적인 존재이다. 그러나 그들의 개성과 성격은 리어와의 관계에 따라 변한다.

이 작품은 '전작'의 형식으로 이들과 리어의 관계가 어떠했는지를 제시한다. 전작이란 형식은 중요한 의미를 내포한다. 딸들 행위의 원인이 어디에서 비롯되었는지를 유추할 수 있는 부분이고 행위의 타당성을 제고해 볼 수 있는 근거를 제시하기 때문이다. "세 자매, 유모와 함께" 라는 제목이 붙은 제 2장에서 유모는 리어 가족의 이야기를 세 딸들에게 들려준다.

> 유모(거네릴에게): 공주님이 태어났을 때 왕비님은 왕관을 제외하곤 그 어떤 것도 몸에 걸치지 않으셨지요.
>
> 코딜리어: 아무 것도 입지 않았다고?
>
> 유모: 리어는 거기 계시지 않았어요. 그분은 도서관에서 뭔가를 보고 계셨어요. 공주님은 온 몸이 선홍색 피로 범벅이 되어 머리가 몸 밖으로 쏜살 같이 빠져나왔어요. 왕관이 공주님 몸에 떨어져 온몸을 감싸고.
>
> 거네릴: 그리고 나서는 어떻게 되었지?
>
> 유모: 그러고는 하늘에서 유성이 떨어져 시커먼 하늘에 붉은 자국을 남겼어요. (속삭이며) 그때는 낮 열두시였어요.
>
> 거네릴: 기억나. 분명하게 기억나. 아주 분명하게 내가 태어난 것을 기억해. 음악소리도 들었어.

> NURSE (*to Goneril*): When you were born, the Queen wore nothing but her crown.
>
> CORDELIA. What, nothing?
>
> NURSE. Lear was not there. He was in the library looking at

something. You came out like a dart, head first, then body, all over scarlet, covered in blood. The crown fell off and over you, encircling you, your whole body.

GONERIL. What then?

NURSE. And then a comet rushed through the sky, leaving a red trail in the black. (whispers) And it was twelve o'clock midday.

GONERIL. I remember it. I remember it quite clearly. I remember being born quite clearly. I heard music. (*LD* 218)

이 대사는 어머니인 왕비를 소개하고 거네릴에 대한 리어의 태도를 드러낸다. 유모는 거네릴이 탄생할 때 "유성이 떨어져 검은 하늘에 붉은 자국"을 남겼다는 것을 알려주고, 그녀가 탄생할 때 리어가 그 자리에 없었다는 사실을 알려준다. 비정한 아버지 리어에 대한 거네릴의 서운함이 없을 리가 없었을 것이다. 리건과 코딜리어 역시 자신들의 출생이 궁금하다. 유모는 그들이 탄생할 때의 이야기를 계속한다. 유모는 화산 폭발이 리건 탄생의 전조가 되었고 태풍이 불어 코딜리어의 탄생을 알렸다고 이야기한다. 이 이야기의 신빙성을 알 수 없으나, 리어의 세 딸들은 모두 유모의 이야기를 진실로 받아들인다.

이 작품에서 유모의 존재는 절대적이다. 리어의 딸들 모두를 기른 유모는 그들의 과거를 알고 있는 유일한 존재이며, 내러티브 전체를 끌어가는 중심인물이다. 그녀가 들려주는 각자의 탄생에 관련된 이야기, 그들에 대한 리어의 태도와 관련된 이야기, 그들 어머니의 이야기를 통하여 리어의 딸들은 자신들의 기억을 환기시킨다. 유모의 이야기가 없다면 딸들의 기억 또한 불완전한 기억으로 존재할 수밖에 없었을 것이다. 그러므로 유모는 딸들의 기억을 재구성하고 향후 딸들의 행동에 절대적인 영향력을 행사한다. 그런데 특이한 점은 거네릴과 리건이 태어날 때는 나타나지 않았던 리어는 코딜리어가 태어날 때는 나타났다는 점이다.

무대 위에 그 모습을 드러내지 않지만 광대와 세 딸들의 대화를 통해 제시되는 리어의 모습은 부정적이다. 리어는 무대의 아래층 공간에만 있을 뿐 무대 위에는 결코 등장하지 않는다. 아래층에 있는 리어의 모습도 등장인물들의 대사를 통해서만 전해질 뿐, 아래층은 실제로 연극이 진행되는 공간은 아니다. 여성들의 연기 공간인 무대 위와 부재하는 리어의 공간인 "아래층"의 설정은 이 각색의 특징 중의 하나이다. 무대 위는 셰익스피어의 『리어 왕』 이야기가 시작되기 전, 유모라는 새로운 존재가 등장하여 리어의 세 딸들의 어린 시절의 경험과 이야기를 들려주면서 그들의 경험을 환기 시키는 여성들의 공간이다. 다시 말해 "지워진 여성들의 역사를 복원"하는 공간으로, 리어의 세계를 표방하는 무대 아래층과는 분리된 공간이다. 이 연극은 아래층 공간에서 무슨 일이 진행되고 있는지를 실제로 보여주진 않는다. 그러나 리어의 세계를 상징적으로 구현하는 아래층은 이 작품의 강력한 배경으로 작용한다(김나영 47-48).

제 3장에서 코딜리어는 아래층에 내려갔을 때 리어가 어린 그녀를 테이블 위에 올려놓으면, 스커트 자락을 잡고 빙글빙글 돌면서 꼭두각시 인형처럼 재롱을 떨며 춤을 췄던 기억을 되살린다(*LD* 220). 리건은 아래층에 내려갔을 때, 아버지가 밀랍인형처럼 아무런 표정 없이 앉아있는 어머니를 거친 손길로 애무하는 광경을 목격한다(*LD* 220). 거네릴은 옥좌에 앉아 보았던 경험을 다음과 같이 이야기 한다. "내가 처음 아래층에 내려갔을 때, 나는 그의 옥좌에 앉아보았죠, 어떤지 알고 싶어서요. 그것은 등이 아주 높고, 깎여 있어 불편했어요. 그는 그것을 좋아했죠."(*LD* 220). 리어의 딸들 모두에게 어린 시절 아래층 공간에서의

경험은 리어의 존재에 대한 두려움을 환기시킨다. 비밀스런 이 공간은 리어가 아버지의 이름으로 딸들을 호명하는 두려운 공간이다. 딸들에 대한 리어의 영향력은 여전히 강력하지만, 작가는 리어를 무대 위에 실제로 등장하도록 하지 않는다. 배경으로는 존재하지만 무대 위에는 부재하는 존재로 제시하고 있는 것이다.

『리어의 딸들』은 원작에는 등장하지 않았던 왕비의 존재를 복원하려고 시도한다. 그러나 왕비의 역할은 베일을 쓴 광대에 의해 수행될 뿐이다. 왕비는 이미지를 통해 제시되고 있을 뿐 이 작품에서도 실제로는 무대에 존재하지 않는 부재의 존재이다. 각색이 원전의 모성 부재를 문제 삼고 "부재의 존재"인 어머니를 언급하면서 "극적인 존재감"을 부여하고 있음에도 불구하고 이미지로만 제시되고 있는 어머니의 존재는 여전히 "온전한 존재성"을 확보하지 못한다. 가부장적 리어의 지배 아래 "모성의 힘"을 발휘하지 못하는 허약한 인물로 재현되고 있기 때문이다(김나영 38-39). 이런 양상은 딸과 어머니 사이의 다급한 질문과 공허한 답으로 구성된 제 6장 "자매들과 그들 어머니"(The Sisters and their Mother)에서 잘 드러나고 있다. 이 장면에서 왕비는 직접 등장하지 않고 베일을 쓴 광대가 왕비의 역을 수행한다.

리건: 저 나가도 돼요?
거네릴: 우리는 왜 늘 갇혀 있는 거죠?
코딜리어: 그게 좋으세요?
거네릴: 우리가 어머니와 같이 나가도 돼요?
리건: 우리 나가도 돼요?
코딜리어: 저 물구나무서기 해도 돼요?
리건: 저 나가도 돼요?
코딜리어: 전 물구나무설 수 있어요.

REGAN. Can I go out?

GONERIL. Why are we always shut in?

CORDELIA. Do you like it?

GONERIL. Can we go out with you?

REGAN. Can we go out?

CORDELIA. Can I do a handstand?

REGAN. Can I go out?

CORDELIA. I can stand on my head. (*LD* 222)

거네릴은 어머니 역의 광대에게 자신이 "왜 항상 갇혀 있느냐?"고 묻고, 세 딸들은 모두 다급한 목소리로 "나가도 되는지"를 묻는다. 그들 모두가 리어의 공간에 갇혀 있다고 생각하고 이곳으로부터 탈주를 욕망한다. 그러나 어머니는 "나가도 되느냐?"는 딸들의 반복적인 질문에 아무런 답도 주지 못하는 무기력한 존재이다. 어머니는 리어를 "그분"이라고 지칭하면서 "그분"의 생각을 들려줄 뿐이다. 손더스(Graham Saunders)가 지적하듯이 "꼭두각시 인형"과 같은 이미지로 재현되며 "연극적인 이미지"로만 드러나는 왕비는 WTG의 각색에서도 여전히 존재감을 상실한 어머니고, 리어의 가부장적 사고에 갇혀 아무 것도 하지 못하는 "아무것도 아닌" 존재이다(403).

거네릴: 밖에 나가보신 적이 있나요?

유모: 목소리를 낮춰요.

코딜리어: 어머니도 물구나무설 수 있어요?

거네릴: 나가보신 적 있어요?

광대: (왕비로) 그분은 소리를 지르는 걸 좋아하지 않아.

코딜리어: 아빠를 위해서 어머니가 물구나무를 서나요?

광대: (왕비로) 목소리를 낮춰.

코딜리어: 그것을 좋아하세요?

유모: 그분은 이런 사내애들 같은 태도를 안 좋아 하실 겁니다.

코딜리어: 어머니는 왜 늘 누워 계시나요?

광대: (왕비로) 난 이런 사내아이들 같은 태도를 안 좋아해.

GONERIL. Do you ever go out?

NANNY. Keep your voice down.

CORDELIA. Can you stand on your head?

GONERIL. Do you ever go out?

FOOL. (Queen) He doesn't like shouting.

CORDELIA. Do you stand on your head for Daddy?

FOOL. (Queen) Keep your voice down.

CORDELIA. Do you like it?

NANNY. He won't like these boys' manners.

CORDELIA. Why are you always in bed?

FOOL. (Queen) I don't like these boys' manners. (*LD* 222-23)

"그분"으로 지칭되는 리어는 무대 위에 직접 등장하지 않지만, 리어의 존재감이 크게 느껴지는 장면이다. 무대 위에 등장하지 않는 부재의 존재인 "그분"은 여전히 왕비와 세 딸들에게 지대한 영향력을 행사한다. 왕비 역을 수행하는 광대는 "그분"이 사내들처럼 큰 소리를 지르는 걸 싫어하니 "목소리를 낮추라"고 지시한다. 유모 또한 딸들이 사내처럼 행동하는 것을 "그분"이 싫어한다고 언급한다. 이들 모두는 리어가 무엇을 좋아하고 싫어할지에 촉각을 곤두세우고, 무대 위에 없는 "그분"의 취향을 두고 안절부절못하는 모습을 드러낸다. 그만큼 리어의 존재감이 크다는 말이다.

광대의 언급처럼 이 작품에는 두 명의 어머니가 있다. "세 명의 딸. 두 명의 엄마—사는 엄마, 파는 엄마. 고용하는 엄마, 고용된 엄마"(*LD* 219). 그런데 두 명의 어머니는 각각 다른 방식으로 재현된다. 베일을 쓴 광대의 역할 연기를 통해 이미지로 존재하는 왕비와 공주들에게 그들의 출생과 어린 시절의 이야기를 들려주면서 실제적인 영향력을 행사하는 유모가 공주들의 어머니로 존재한다. 왕비는 그들을 낳은 생모이지만 사망했고 유모는 그들 셋 모두를 길렀다. 딸들의 생모는 이미지로만 존재하고 유모는 실제로 중요한 역할을 수행한다.

원전에는 없는 두 어머니의 존재를 통해 WTG는 가부장제 사회에서 자녀를 출산하고 양육하는 과정에서 "착취당하는 여성의 현실"을 고발한다(김문기 635). 왕비는 아들 후계자를 낳으라는 리어에게 끊임없이 시달리고 착취당하며, 유모는 공주들을 키우느라 노동력을 착취당한다.

코딜리어: 애를 가질 건가요?
유모: 넌 남자아이가 아니야.
거네릴: 왜 그분이 남자 아이를 원하죠?
광대 (왕비): 넌 남자아이가 아니야.
거네릴: 왜 그분이 남자 아이를 원하죠?
광대 (왕비): 넌 남자아이가 아니야.
리건: 왜 그분이 남자 아이를 원하죠?
광대 (왕비): 내가 남자 아이를 원하느냐고? (유모를 쳐다본다)

CORDELIA. Are you going to have a baby?
NANNY. You are not a boy.

GONERIL. Why dos he want a boy?

FOOL. (Queen) You are not a boy.

GONERIL. Why dos he want a boy?

FOOL. (Queen) You are not a boy.

REGAN. Why dos he want a boy?

FOOL. (Queen) Do I want a boy? (*Looks at NANNY*) (*LD* 223)

딸들은 모두 왜 "그분"이 남자 아이를 원하느냐고 묻지만, 왕비는 너희들이 남자 아이가 아니라고 할 뿐 아무런 답을 제시하지 않는다. 그 답은 자명하다. 리어는 자신의 후계자로 남자 아이를 원한다. 이 장면은 후계자로 남아에 집착하는 리어를 드러내면서 남아를 선호하는 가부장제를 공격한다. 딸들의 생모는 무기력하지만 리어에게 고용되어 노동력을 파는 엄마인 유모는 자신을 착취하는 현실을 두고만 보지 않는다. 남아에 집착하는 리어에게 복수하기 위해 리어의 아들과 자신의 딸을 바꿔치기하기 때문이다. 혈통의 순수성을 왜곡하고 질서를 파괴하는 아이 바꿔치기는 또한 가부장제 사회 전체에 대한 복수이다. 이에 대해서는 후에 다시 언급할 것이다.

WTG는 셰익스피어의 『리어 왕』이 무시했던 여성의 존재를 적극적으로 부각시킨다. 『리어의 딸들』은 무대 위에 현존하는 유모라는 존재를 통해 원전의 모성 부재를 보완하는 한편, 무대 위에 부재하는 리어의 존재를 통해 아버지의 부재를 부각시킨다. 그럼에도 불구하고 아버지의 영향력이 배제된 것은 아니다. 리어는 무대 위에 직접 등장하지 않지만, 모든 등장인물들은 "그분"에 대해 신경을 곤두세우기 때문이다. 그러나 원전이 제시하는 리어 중심의 스토리는 세 명의 딸과 유모 중심의 여성 스토리로 변경된다. 원전은 리어가 본 세 딸의 모습을 제시하고 있다면, 각색은 세 딸이 본 리어의 모습이 제시되어 있다. 시각의 중심과 초점이 이동했다는 말이다. 이제 중요한 것은 리어의 시각이 아니라 여성 자신의 시각이다.

여성들의 시각으로 볼 때, 리어는 여전히 가부장적 인물의 전형이다. 그는 남아를 얻기 위해 왕비에게 끊임없는 출산을 요구하면서도 아내가 거네릴과 리건을 낳을 때 나타나지도 않았던 비정한 인물이다. 그는 또한 성적으로 문란한 사람이다. 그는 창녀와 놀아나고 딸들조차도 성적 유희의 대상으로 삼는 파렴치한 인간이다. WTG는 이러한 리어의 성격과 행동을 제시함으로써 딸들의 '배은망덕'이 리어 자신에게서 비롯되고 있음을 드러낸다. 자식의 '배은망덕'의 원인 제공자가 리어라는 점을 강조함으로써 리어에 대한 동정을 약화시키고 거네릴과 리건에 대한 비난을 완화시키고 있는 것이다. 그러므로 『리어의 딸들』은 여성의 시각으로 본 리어 가족의 이야기이다. 리어라는 가부장의 시각으로 쓴 가족의 이야기가 여성의 시각으로 쓴 여성들 중심의 이야기로 변모된 것이다. 이렇게 WTG의 각색은 전작이라는 형식을 통해 원작이 해명하지 못하고 비워두었던 혹은 고의로 은폐했던 부분을 부각시켜 가부장의 부정적 면모를 드러내고 부정적으로 간주되었던 딸들의 행동 동기를 제공한다.

딸들의 결혼을 두고서도 리어는 부정적인 면모를 드러낸다. 거네릴과 리건은 리어의 강요에 따라 사랑하지도 않는 남성들과 결혼한다. 가부장제의 결혼 시장에서 남성들의 이해관계에 따라 남성들의 교환의 대상으로 전락한 것이다. 제 12장 "결혼에 대한 자매들의 토론"(Sisters discuss getting married)에서 거네릴은 "결혼하고 아이를 낳는 것"이 여성의 존재 이유라고 말한다(*LD* 229). 아이를 낳을 수 있는 여성들은 "값나가는 상품"(valuable merchandise)이다. 여성의 순결을 요구하는 가부장제의 요구를 알고 있는 거네릴은 혼전에 임신한 리건에게 낙태하라고 요구한다. 혼전 임신을 나무라는 거네릴에게 리건은 다음과 같이 말한다.

난 어리석지 않아. 하지만 난 돌덩어리가 아니야, 죽은 게 아니야. 언니는 항상 첫 번째였지. 가장 똑똑하고, 가장 잘하고. 코딜리어는 예쁘고, 사랑스럽고, 리어의 귀염둥이야. 그리고 그 중간에 내가 있지. 물고기도 아니고 새도 아니고, 알아? 나는 아무것도 가진 게 없었어. 그건, 그건 나를 위한 거야. 단지 나를 위한 것이야. 나는 늘 두 번째였어. 첫 번째와 세 번째 사이에서, 허나 아무것도 아니었지. 그런데 이제 모든 걸 가졌지. 내가 느끼고 만지고 냄새를 맡을 수 있는 모든 것을, 내가 할 수 있고 그리고 나일 수 있는 모든 걸 말이야. 무엇인가를 시도하고 발견하고, 날 발견하는 모든 걸 말이야, 알겠어?

I'm not stupid, but I'm not stone, not dead. You, you've always been the first, the cleverest, the best, and Cordelia, she's the, the pretty, the lovable, Lear's darling. Then there's me, in the middle, neither fish not fowl, do you see? I've had nothing that's, that's for me, just for me. I've been number two, between one and three, but nothing. So I've taken everything, everything that I can feel or touch or smell or do or be, everything to try and find something, to find me, do you see? (*LD* 229)

자신에게 주어진 역할이 아니라 스스로의 느낌으로 자아를 발견하려는 리건은 첫째인 거네릴과 셋째인 코딜리어 중간에 끼인 희미한 존재로 살아 온 자신을 더 이상 허용할 수 없다. 그리하여 리건은 이제 자신의 뜻에 따라 살고 자신의 느낌과 목소리를 드러내는 주체적인 삶을 살겠다고 선언한다. 그럼에도 불구하고 리건은 결혼식이 진행되는 제

13장에서 거네릴과 한 목소리로 "맹세합니다, 그렇습니다. 그러겠어요." 라고 반복한다. 결혼식을 주제하는 광대는 "사랑하고, 존경하며, 복종하라"고 외치고, 거네릴과 리건, 코딜리어, 유모는 모두 동시에 말하면서 행복한 것처럼 크게 웃는다. 물론 이는 연극이다.

거네릴/리건: 맹세합니다, 그렇습니다. 그러겠어요.
유모: 리어의 승리다.
광대: 사랑하고, 존경하며, 복종하라.
유모: 저긴 나의 자리야. 저기는 내 자리라고.
거네릴/리건: 맹세합니다, 그래요. 그러지요.
코딜리어: 아빠를 위해 돌겠어요.
광대: 이의 있으신 분?
유모: 당신은 말하면 안 돼. 말하면 아니 돼.
거네릴/리건: 맹세합니다, 그래요. 그러지요.

GONERIL / REGAN. I promise, I do, I will.
NANNY. Lear triumphant.
FOOL. To love, honour and obey.
NANNY. That is my place. That is my place.
GONERIL / REGAN. I promise, I do, I will.
CORDELIA. Spin for Daddy.
FOOL. Just cause or impediment?
NANNY. And you mustn't tell. And you mustn't tell.
GONERIL / REGAN. I promise, I do, I will. (*LD* 230)

거네릴과 리건은 한 목소리로 "맹세합니다, 그렇습니다. 그렇게 하겠어요."를 반복한다. 이 말을 두고 유모는 "리어의 승리"라고 외친다. 리어의 뜻에 따라 진행되는 결혼식이니 리어의 승리라고 할만하다. 그러나 관객들은 유모와 세 딸들이 동시에 외쳐대는 소리를 알아들을 수 없다. 이는 딸들의 복종에 명시된 리어의 승리가 이해할 수 없는 공허한 울림이라는 것을 반복적으로 제시하는 장치이다. 다른 소리들과 섞여 제대로 들리지 않는 거네릴과 리건의 맹세는 사랑을 전제로 하지 않은 선언의 무의미성을 부각시킨다. 뒤섞인 혼란스런 대사 속에 거부의 몸짓이 도사리고 있음에도 불구하고 리어의 존재는 여전히 강력하다. 리어가 구현하는 가부장제 사회의 전제와 가치는 여전히 강력하다. 그러나 WTG는 이렇게 강력한 목소리를 지닌 절대적 존재인 리어를 무대위에 등장시키지 않음으로써, 리어가 강요하는 가치가 현실의 무대에서 더 이상 통하지 않는다는 것을 제시한다. 김나영의 지적처럼 "부재하는 리어의 존재감과 존재하는 여성들의 부재를 드러내는 역설의 미학"을 통해 가부장제의 부정적 면모를 드러내는 것이다(47).

딸들의 결혼식 이후 더 이상 유모가 필요하지 않다고 생각한 리어는 유모를 해고한다. 필요에 따라 자신을 이용하고 마침내 내팽개치는 리어에게 유모는 복수를 다짐한다. 그리고 이는 광대에게 유모가 들려주는 이야기에 암시되어 있다. 제 9장에서 유모는 광대에게 피리소리를 이용해 쥐를 잡는 떠돌이 광대에 관한 이야기를 들려주는데, 요약하자면 다음과 같다. 쥐들 때문에 먹을 양식이 부족한 성의 영주는 피리소리를 이용해 쥐를 몰아내는 재주가 있는 떠돌이 광대에게 쥐를 몰아내달라고 부탁한다. 광대는 쥐들을 몰아냈지만 영주는 보상금을 주겠다는 약속을 지키지 않고 그를 쫓아 버린다. 그리하여 분노한 광대는 영주에게 복수하기 위해 마을의 아이들을 피리소리로 유인해, 그들을 곡식뿐만 아니라 건물과 사람의 몸까지를 갉아먹는 쥐로 만든다(*LD* 226). 유모의 대사에 광대의 대사가 계속 끼어드는 가운데 유모는 다음과 같이 이야기 한다.

> 그들이 본 건 애들이 아니라 … 쥐들이었어. 벽을 기어 올라가고, 창문 빈틈을 더듬어 찾고, 두터운 벽과 바닥을 씹어 먹으면서, 그들 이빨을 돌에 갈고 있었어. … 그리고 얼마 지나지 않아, 그들이 사람 몸에서 살을 갉아먹어 모두가 뼈만 남았어.

> [T]he men see not children but … rats. Clambering up the walls, scrabbling through the slits in the windows, chewing their way up through the thick walls and floors, whetting their teeth against the stones. … And soon they have gnawed the flesh from the bodies and leaving every one bare. (*LD* 226)

떠돌이 광대가 성의 아이들을 이용해 보상금을 주지 않은 영주에게 복수한다는 이야기는 곧 유모 자신의 이야기이다. 유모 역시 리어의 자식들을 이용해 그간 자신의 노동에 대해 정당한 대가를 지불하지 않은 리어에게 복수할 것이기 때문이다. 유모는 리어의 딸들에게 그들의 어린 시절의 이야기를 들려주면서 리어에게 반감을 갖게 만들고 다음과 같이 말하면서 그들이 리어에게 저항하도록 만든다. "왕비님이 왜 죽었을까? 어떻게? 너희들은 몰라. 나는 잘 알아. 난 그 자리에 있었어. 이젠 내 차례야. 얼마나 많이? 리어가 더 이상 필요하지 않게 되었을 때, 리어가 우리 중 얼마나 더 많은 이를 내다 버릴까? 거네릴? 리건? 코딜리어조차도?"(*LD* 231).

유모의 말에 자극을 받은 딸들은 드디어 반란을 도모한다. 칼로 나무를 조각해 아름다운 형상을 빚고 싶은 욕망을 가진 리건은 이제 그 칼을 분노의 도구로 사용할 것이라고 선언하고, 색채의 아름다움을 재현하고 싶은 욕망을 가진 거네릴은 붉은 피의 색조로 복수심을 드러낸다(*LD* 232). 어린 아이 목소리를 내면서 리어의 비위를 맞추는 말을 더 이상하지 않겠다고 결심한 코딜리어는 다음과 같이 자신의 뜻대로 자신의 말을 하겠다고 선언한다.

> 단어들은 마치 돌처럼 무겁고 단단하지만, 각각 다른 모습이다. 나는 손에 지금 두 개 들고 각각의 무게를 달고 있다. 남을 기쁘게 하기 위해선 '네', 날 기쁘게 하기 위해선 '아니오'…. 내가 침묵을 지키고 있을 때는 나는 그걸 바르게 사용하기 위해 노력하는 중이야. 이제 난 이 말들의 무게를 재면서 침묵할 거야. 내가 입을 열게 되면 난 바른 말을 선택할 거야.
>
> Words are like stones, heavy and solid and every one different. I hold two in my hands, testing their weight. 'Yes,' to please, 'no' to please myself…. When I'm silent I'm trying to get them right. I shall be silent now, weighing these words, and when I choose to speak, I shall choose the right one. (*LD* 232)

코딜리어는 이제 『리어 왕』에서 "말할 것이 아무 것도 없다"고 했던 코딜리어의 침묵을 이해하고 그 의미를 되새긴다. 그녀는 이제 리어의 뜻에 따라 더 이상 꼭두각시처럼 행동하지는 않을 것이다. 거네릴은 붉은 피처럼 강렬한 복수를 할 것이고, 리건은 조각하는데 썼던 칼을 복수의 도구로 사용할 것이다.

리어에 대한 세 딸들의 반란과 복수보다 더 인상적인 것은 유모 자신의 복수이다. 유모의 복수는 이미 이전에 시작되었다. 그 복수는 다름 아닌 아이 바꿔치기이다. 유모는 마지막 장면에서 리어의 궁전을 떠나기 전 리어의 딸들에게 다음과 같이 이야기한다.

> 난 애를 가진 적이 있어. 알고 있었나요?…. 어떻게 해야 하지? … 그에게 편지를 써야겠군. "코딜리어는 나의 아이야. 그 애가 태어 날 때 내가 당신의 아들과 바꿔치기 했지요. 안녕 유모가." 이 말로 그의 세계를 흔들어 버릴 수 있을 겁니다. 그런데 그게 사실일가요? 절대로 알 수 없을 겁니다. 나는 알아요. … 리어! 쥐들이 당신 왕좌를 야금야금 갉아먹고 있군요. 그곳에 있지 않겠지만 난 멀리서 그 광경을 웃으면서 바라볼 겁니다. 그것은 내가 항상 바라던 일이니까.
>
> I had a baby once. Did you know. … What to do? … Leave him a note, 'Cordelia's mine—I swapped her at birth for your son. Love Nanny.' That would rock his little world. But is it true? You'll never know. I do. … Lear! There are rats gnawing at your throne and I'll not be in it but I'll watch the spectacle from afar, smiling, knowing it is what I've always wanted to happen. (*LD* 231)

유모가 자신의 친 딸인 코딜리어와 리어의 아들을 바꿔치기했다는 주장이 사실인지 아닌지 모르지만, 왕국의 후계자로 삼을 남아에게 그토록 집착하는 리어에게서 아들을 빼앗고, 그 자리에 자신의 딸인 코딜리어를 둔다는 발상은 대단히 전복적이다. 이는 혈통에 기반을 둔 남성중심의 가부장제의 근간을 흔드는 일이기 때문이다. 그뿐 아니라 쥐들로 변한 리어의 딸들이 리어의 왕좌를 갉아 먹을 것이고, 이를 지켜보면서 웃을 것이라는 유모의 대사는 가부장제의 와해를 즐기면서 바라보는 여성해방론자의 모습을 떠올리게 한다.

신필드(Alan Sinfield)는 현대 극작가들이 셰익스피어 정전을 정치적 시각에 따라 "의도적으로 불경스럽게 전유"했다고 비난한다(179). 그러나 정치적 의도에 따라 정전을 "전유"한다는 그의 비판이 그리 설득력이 있는 것은 아니다. 작품이 작가가 처한 당대의 역사적 현실과 무관하지 않고 작가가 담아내려는 이슈가 있다면 모든 극은 어차피 정치적이기 때문이다. WTG의 각색 역시 원작의 내용을 정치적 관점에 따라 의도적으로 전유하고 있는 것이 사실이지만, 『리어의 딸들』은 셰익스피어의 텍스트가 보여주는 당대의 '보편적'인 가부장제 이념을 가부장인 리어가 아니라 가부장제의 희생자인 세 딸들의 시각으로 그 이념의 정당성을 묻고 있는 작품이다.

『리어의 딸들』에서 아버지에게 배은망덕한 딸들은 아버지에게 희생된 딸의 모습으로 변모하고, 아버지에게 과장된 사랑고백을 늘어놓던 딸들은 복수를 다짐한다. 마지막에서 공중에 던져진 왕관을 함께 잡는 세 딸의 장면이 암시하듯이 리어의 왕국은 삼등분될 것이다. 그리고 코딜리어도 제 몫을 가지게 될 것이다. 원전은 결말에서 리어의 자기 인식 과정을 보여주면서 고통을 통한 깨달음이라는 주제를 형상화한다. 그러나 『리어의 딸들』의 결말은 유모와 딸들의 희생과 고통이 복수로 이어질 것이라는 것을 예견하게 하고, 리어에게 주어지게 될 고통이 인과응보라는 것을 드러낸다.

우리는 『리어의 딸들』 결말 이후, 딸들에게 다음과 같이 묻는 리어를 떠올린다. "누가 나를 가장 미워한다고 말하겠느냐? 『리어 왕』에서 "누가 나를 가장 사랑한다고 말하겠느냐?"는 리어의 물음을 되받아친 물음이다. 그러므로 『리어의 딸들』은 남성중심의 정전을 되받아치는 여성에 의한, 여성을 위한, 여성의 이야기이다. 이 여성들의 이야기를 풀어내기 위해 WTG의 『리어의 딸들』은 셰익스피어의 『리어 왕』에 대한 '전작'의 형식을 취한다. 원작의 플롯이 시작되기 전, 세 딸들의 이야기를 통해 남성중심의 시각으로 기술된 원작의 '닫힌' 내러티브를 풀어내어 여성들에 관련된 사건의 전모를 보다 명시적으로 드러내고 딸들의 '배은망덕'의 동기를 드러낸다.

WTG가 『리어의 딸들』에서 드러내는 정치성은 다음과 같다. 첫째, 그들이 드러내어 해체하려는 대상은 여성의 종속을 강요하는 남성중심의 가부장제 이데올로기이다. 둘째, 원전은 왜 거네릴과 리건이 배은망덕한 행동을 하는가에 대한 배경과 맥락을 제공하지 않는다. 그러나 개작은 여성들을 변호하고 리어를 탄핵하면서 딸들의 행동의 배경을 제시하고 리어의 행위에 내포된 가부장제의 부정적 면모를 드러낸다. 여성의 이야기에 좀 더 초점을 맞추려는 WTG의 정치성이 드러나는 부분이다. 셋째, 유모의 아이 바꿔치기를 통해 가부장제의 남아선호 사상을 비판하고 희화한다. 마지막으로 이미지로만 존재하는 왕비와 리어에게 착취당하고 버려진 유모를 통해 가부장제의 여성 억압을 들추어내고 숨겨진 것을 드러낸다.

인용문헌

김문기. "어머니, 딸들, 그리고 '허스토리': 여성연극 그룹의 리어의 딸들에 나타난 셰익스피어 비극의 페미니스트 각색에 관한 연구." *Shakespeare Review* 41.4 (2005): 627-51.

김나영. "*Lear's Daughters*에서 살펴본 연극적 수행성을 통한 *King Lear* 다시쓰기." 『현대영미드라마』 23.1 (2010): 29-56.

Bennett, Susan. *Performing Nostalgia: Shifting Shakespeare and the Contemporary Past*. New York: Routledge, 1996.

Feinstein, Elaine, and Women's Theatre Group. *Lear's Daughters. Adaptations of Shakespeare — A critical anthology of plays from the seventeenth century to the present*. Eds. Daniel Fischlin and Mark Fortier. New York: Routledge, 2000.

Goodman, Lizbeth. *Contemporary Feminist Theatres: To Each Her* Own. London: Routledge, 1993.

_____. "Women's Alternative Shakespeares and Women's Alternatives to Shakespeare in Contemporary British Theatre." *Cross-Cultural Performances: Difference in Women's Re-Visions of Shakespeare*. Ed. Marianne Novy. Urbana: U of Illinois P, 1993. 206-26.

Itzin, Catherine. *Stage in the Revolution: Political Theatre in Britain since 1968*. London: Methuen, 1980.

Saunders, Graham. "'Missing Mothers and Absent Fathers': Howard Barker's *Seven Lears* and Elaine Feinstein's *Lear's Daughters.*" *Modern Drama* 42 (1999): 401-10.

Shakespeare, William. *The Tragedy of King Lear*. The Riverside Shakespeare. Ed. G. B. Evans. Boston: Houghton Mifflin, 1974.

Sinfield, Alan. "Royal Shakespeare: Theatre and the Making of Ideology." *Political Shakespeare*. Eds. Jonathan Dollimore and Alan Sinfield. Ithaca, N.Y.: Cornell UP, 1985. 158-81.

05

에메 세제르의 『또 하나의 태풍』

세제르는 연극을 도구로 삼아 식민지배담론의 부정적 모습을 드러내고 흑인의 정체성을 회복하려고 노력했던 작가이다. 식민지배의 부당성과 흑인의 정체성에 대한 그의 관점은 1969년 북아프리카 튀니지에서 처음 공연된 『또 하나의 태풍』에 잘 드러나 있다. 세제르는 정전 다시 쓰기를 통해 서구 백인 중심의 인종담론에 내재한 지배 권력의 억압을 드러내고 이에 저항하는 목소리를 강력하게 담아낸다.

05

에메 세제르의 『또 하나의 태풍』

에메 세제르(Aimé Césaire)의 『또 하나의 태풍』(*A Tempest*)은 확고 부동한 정전으로 자리 잡은 셰익스피어의 『폭풍우』(*The Tempest*)를 탈신비화하고 백인의 우월주의를 패러디하는 작품이다. 세제르는 프랑스의 식민지였던 카리브 해의 마르티니크(Martinique) 섬 출신의 정치가이자 극작가이다. 그는 자신의 시집 『귀향수첩』에서 '흑인문명의 유산과 가치'를 뜻하는 '네그리튀드'(Négritude)라는 용어를 처음 사용하고 네그리튀드 운동을 전개했던 지식인이다(Kelley vii). 세제르는 연극을 도구로 삼아 식민지배담론의 부정적 모습을 드러내고 흑인의 정체성을 회복하려고 노력했던 작가이다. 식민지배의 부당성과 흑인의 정체성에 대한 그의 관점은 1969년 북아프리카 튀니지에서 처음 공연된 『또 하나의 태풍』에 잘 드러나 있다. 세제르는 정전 다시 쓰기를 통해 서구 백인 중심의 인종담론에 내재한 지배 권력의 억압을 드러내고 이에 저항하는 목소리를 강력하게 담아낸다. 그가 셰익스피어의 정전을 비판하는 주요 도구는 패러디이다.

탈식민주의 계열의 작가들이 지배자의 언어에 지배당하는 타자의 정신을 담아내는 '전유'가 잘못하면 식민지배자의 담론을 다시 각인하는 오류를 범할 수도 있다는 지적이 있다(Zabus 49). 하지만 세제르는 '전유'를 통해 지배자/피지배자, 주인/노예라는 이분법적 구도를 허문다. 그리고 패러디를 통해 셰익스피어의 정전을 되받아 쓰면서 켈리밴(Caliban)이란 인물을 대항담론을 생산하는 전복적 인물로 재현한다. 이 글의 초점은 『또 하나의 태풍』에서 세제르가 어떤 방식으로 식민담론에 내포된 백인 우월주의를 비판하고 이를 어떻게 전유하여 정전을 다시 쓰고 있는가이다.[1]

세제르는 셰익스피어의 『폭풍우』를 『또 하나의 태풍』이란 제목으로 다시 쓴다. 그리고 "한 흑인 극단을 위한 W. 셰익스피어의 『폭풍우』 각색"이란 부제를 통해 자신의 작품이 셰익스피어의 정전에 대한 또 다른 글쓰기라는 사실을 분명히 밝힌다. 애시크로프트(Bill Ashcroft)는 지배문화로부터 자유로울 수 있는 방안을 다음과 같이 제시한다. 첫째, 식민화 전의 자국 문화와 언어를 회복하려고 하는 '탈식민화'이다. 다음은 지배문화의 담론을 거부하는 '폐기'(Abrogation)이다. 그리고 지배적 언어를 자신의 용도에 맞게 재구성하여 사용하는 '전유'(Appropriation)이다. 마지막은 지배문화에 의해 정전화된 텍스트를 '되받아 쓰는'(Write Back) 작업이다. 되받아 쓰기와 전유를 통해 정전을 다시 쓰는 과정에서 자주 채택되는 양식이 패러디이다(Ashcroft 38-

1_ 이 글은 『신영어영문학』 50호(2011)에 게재된 본인의 글("『태풍』의 각색과 전유: 세제르의 『또 하나의 태풍』의 경우")을 이 책의 주제와 형식에 맞게 고쳐 쓴 글이다.

39; 고현철 6). 탈식민주의 계열의 작가들은 보통 "패러디된 텍스트의 이념적 지향"을 변형하거나 반대하는 형식을 취하고 글을 쓴다. 패러디한 텍스트를 통해 패러디된 정전을 효과적으로 비판하기 위해서이다(고현철 7). 세제르가 『또 다른 태풍』을 쓰면서 채택하는 주요 전략은 '되받아 쓰기'와 '전유'이다. 그는 셰익스피어의 『폭풍우』를 재구성하고 전유하고, 나아가 패러디하고 '되받아' 쓰면서 지배문화에 내제한 부정적 면모를 폭로한다. 정전 재구성과 패러디는 "정전에 대항할 수 있는 담론"으로 작용하면서 식민주의의 부정적 면모를 검토하고 드러내는 수단을 제공한다(Tiffin 22).

『또 하나의 태풍』이 프랑스어라는 제국의 언어로 '번역'되었음에도 불구하고, 셰익스피어 작품의 언어가 단순히 프랑스어로 바뀐 것은 아니다. 그는 프랑스어, 크레올어, 스와힐리어, 영어를 뒤섞어 지배자인 "주인의 언어"를 교란시키고, "정복자는 고상한 운문으로 말하고 피지배자는 산문"으로 말하게 했던 정전의 관행을 거부한다(Gilbert 32). 3막에서는 노예인 켈리밴이 '고상한' 운문을 사용하도록 배려한다. 그러므로 세제르의 텍스트는 패러디를 통해 정전의 권위를 훼손시킬 뿐만 아니라, 언어적 층위에서도 전복성을 드러내면서 권위를 부여받은 정전에 도전한다. 세제르는 버뮤다 근처의 섬에서 카리브 해의 섬으로 배경을 이동시키고, 원전에서 인디언인 켈리밴을 흑인 노예로, 그리고 백인 노예인 에어리얼(Ariel)이란 인물을 흑백혼혈인 뮬라토(mulatto)란 인물로 변형시킨다(Arnold 237). 이 극에서 중심 갈등은 프로스페로(Prospero)와 흑인 켈리밴의 갈등이다. 그러나 백인 지배자와 피지배자인 켈리밴의 갈등 못지않은 큰 비중을 차지하는 것은 흑인인 켈리밴과 뮬라토인 에어리얼의 갈등이다. 프랑스 식민지인 마르티니크 섬에서는 백인, 흑백혼혈인 뮬라토, 그리고 흑인의 순으로 위계질서가 존재했는데, 이러한 순서는 위계의 차이가 인종에 차이에 기반을 두고 있다는 것을 시사한다(진종화 422). 세자르는 또한 에슈(Eshu)라는 '검은 악신'을 새로운 등장인물로 추가한다. 셰익스피어의 작품에는 등장하지 않는 새로운 인물이다. 에슈는 요루바(Yoruba)의 토속신인데, 가면극 장면에 등장하여 도발적인 행동을 하면서 지배 질서를 우롱하고 교란시킨다.

지문을 통해 세자르가 자신의 연극이 '싸이코 드라마' 분위기를 풍긴다고 밝혔듯이, 이 극은 흑인들의 억압된 심리를 드러내면서 정신적 치유책을 모색한다. 인물들이 등장하고, 사회자는 서막에서 다음과 같이 말한다. 배우들 각각은 자신이 좋아하는 마스크를 골라 쓴다. "여러분 각자의 배역을 고르고, 역에 어울리는 가면도 골라요. 당신이 프로스페로 역을 맡겠다고? 안될 것 없지. 그는 그 자신조차도 깊이를 알 수 없는 권력의지를 가지고 있어. 자네는 켈리밴을 맡고 싶나? 좋아, 알았어"(*AT* 7)[2] 이 극에서 배역은 사전에 정해진 것이 아니다. 사회자가 즉흥적으로 그 역할을 배정한다. 이를 통해 세제르는 "역할 배분의 임의성"을 강조하고 인종적 구분과 정체성을 해체한다(Livingston 193). "한 흑인 극단을 위한 셰익스피어의 『폭풍우』 각색"이란 부제를 달고, 흑인 배우들이 극중 백인 인물들 역을 맡도록 함으로써, 세자르는 "인종적 차이가 절대적이 아니라 자의적"이고 가변적임을 강조한다. 또한 이를 통해 인종적 차이에 근거한 백인들의 인종차별주의의 모순을 드러낸다. 마스크에 따라 달라지는 배우들 역할은 인종적 정체성이 임의적이고 가변적임을 시사한다. 이러한 임의적 배역 설정을 통해 세제르는 인종 편견에 사로잡힌 식민주의자들을 비판함과 동시에 관객들이

2_ 이하에서의 세제르 『또 하나의 태풍』(*A Tempest*)을 *AT*로 약칭하며 인용은 모두 다음을 따른다. Aimé Césaire, *A Tempest*, trans. Richard Miller (New York: TCG Translations, 1992).

"연극의 허구성"을 인지할 수 있도록 유도한다(진종화 424).

사회자는 배우들에게 역할을 배분하는 것에 그치지 않는다. 그는 다음과 같이 외치면서 연극을 시작하게 하고, 천둥 번개를 동반한 태풍을 불러들인다. "자 이제 시작합시다. 준비 됐나? 바람아 불어라! 비야, 번개야, 마음껏 몰아 쳐라!"(*AT* 8). 세제르는 이러한 변형을 통해 셰익스피어의 『폭풍우』에서 마법을 통해 막강한 힘을 과시하는 프로스페로의 권위에 금이 가게 만든다. 그리고 프로스페로에 대한 탈권위화는 이내 셰익스피어 정전에 대한 탈신비화로 진행된다. 작품 1막에서부터 정전에 대한 패러디가 진행되기 때문이다.

셰익스피어의 프로스페로는 세제르에게 "차가운 이성의 인간, 다른 말로 하면 체계적 정복의 인간 또는 문명화된 유럽인의 초상화"이다. 그리고 『폭풍우』는 소위 '문명화'된 유럽의 제국주의가 '자연적'인 원시성을 야만이란 이름으로 억압하는 것을 드러내는 텍스트이다(qtd. Nixon 571). 셰익스피어의 켈리밴은 문명과 대립하는 야만인이다. 그러나 세제르는 켈리밴을 지배담론에 대항할 수 있는 담론을 창출하는 인물로 재현하면서, 지배자와 피지배자, 그리고 주인과 노예의 관계를 전복시키려는 의지를 드러낸다. 정전을 켈리밴의 입장에서 '탈신비화'하려고 하는 것이다.

셰익스피어의 『폭풍우』는 1611년에 초연된 작품으로 제국주의 팽창 초기를 배경으로 삼고 있다. 주인공 프로스페로는 마술을 통해 다른 사람들을 제압하고 자신의 힘을 과시하면서 제국주의적 욕망을 드러내는 인물이다. 『폭풍우』가 인종에 관련된 제국주의적 전제를 일방적으로 지지하는 것은 아니지만, 셰익스피어의 텍스트에 켈리밴에 관한 수많은 부정적 언급이 반복된다는 것은 간과할 수 없는 사실이다. 더구나 등장인물 목록에 켈리밴은 "야만적이고 흉측한 노예"(a savage and deformed slave)로 소개된다. 그리하여 당대의 관중들에게 켈리밴은 흉측하고 야만적인 노예의 이미지로 각인된다. 켈리밴이란 이름은 또한 식인종이란 뜻의 '케니벌'(cannibal)의 변형이다. 야만적 식인종이란 의미가 내포된 문제적 이름인 것이다. 켈리밴은 17세기에는 야만적인 괴물로, 18세기에는 "다양한 악행을 구현"하는 존재로, 19세기에는 반인반수로 간주되었다. 20세기에는 인간에 내재한 "야수성의 상징"으로 간주되었다. 탈식민주의 비평이 확산된 1980년대 후부터 켈리밴은 해방을 갈망하는 "착취당한 원주민"의 상징으로 간주되어 왔다(Vaughan xxii). 금세기에 이르자 켈리밴은 제국주의에 저항하는 모든 원주민을 대변하는 상징적 존재로 부각된다(Hantman 71). 세제르 또한 『또 하나의 태풍』에서 자유를 외치는 켈리밴을 통해 식민팽창주의에 대한 원주민의 저항을 드러낸다.

작품 1막 1장에서 세제르는 폭풍우가 몰아치는 와중에 침몰하기 직전에 있는 배의 선원들과 세바스찬(Sebastian), 안토니오(Antonio), 곤잘로(Gonzalo)를 소개한다. 그들은 모두 폭풍우에 시달리고 있다. 1막 2장에서는 이 광경을 바라보는 프로스페로와 그의 딸인 미란다(Miranda)가 등장한다. 프로스페로는 다음과 같이 미란다에게 자신의 자리를 탐하던 동생과 나폴리의 왕 알론조(Alonzo)의 배신으로 인해 무인도에 추방되었음을 밝힌다.

> 그들은 내가 실험과 연구를 통해 사람들이 수백 년 동안 찾아 헤매던 땅들에 관한 정확한 위치를 마침내 찾았다는 걸 알았다. 내가 그 땅들을 점유하기 위해 길을 떠날 준비를 한다는 것도 알았다. 그래서 그들은 아직 태어나지도 않은 나의 왕국을 가로채려고 음모를 꾸몄다. 그들은 나의 백성들을 매수하고 내 지도와 서류 등을 훔쳤지. 또한 날 제거하기 위해 나를 마법사니 마녀라고 하면서 종교 재판소에 날 고발했다.

> [T]hey learned that through my studies and experiments I had managed to discover the exact location of these lands for which many had sought for centuries and that I was making preparations to set forth to take possession of them, they hatched a scheme to steal my as-yet-unborn empire from me. They bribed my people, they stole my charts and documents and, to get rid of me, they denounced me to the Inquisition as a magician and sorcerer. (*AT* 13)

셰익스피어의 원전에서도 프로스페로는 딸인 미란다에게 자신이 섬으로 추방된 경위를 밝힌다. 그러나 세제르는 원전의 내용에 덧붙여 프로스페로가 이단으로 고발된 내용을 삽입한다. 그리고 세제르는 프로스페로를 단순히 마법에 몰두한 사람이 아니라 과학적 연구를 통해 새로운 땅을 발견하고 정복하는 제국주의자로 재현한다. 프로스페로의 동생 안토니오는 "아직 태어나지도 않은 왕국"을 가로채려고 음모를 꾸미고 형인 프로스페로를 이단으로 고발한다. 수사는 회상 장면에서 다음과 같이 말하면서 그의 죄를 묻는다. "천지창조와 다른 땅의 발견 가능성을 두고 신성모독죄를 범한 그대의 죄를 자백하라. … 그대는 이단설을 퍼트려 … 사람들을 미혹하고 있다"(*AT* 14).

프로스페로가 이단설을 퍼뜨리고 신을 모독한 죄를 범한 마법사로 고발된 것으로 처리하는 이 대목은 세제르가 새로 써 넣은 부분이다. 이를 통해 세제르는 구미에 맞지 않는 것들을 이단으로 몰아 처벌했던 기독교의 부정적 면모를 여과 없이 드러낸다. 프로스페로는 기소되었음에도 불구하고 재판은 열리지 않았고 아무도 없는 무인도에 유배되었다고 말하면서, 자신을 추방했던 자들을 "어둠의 자식"(14)으로 칭한다.

프로스페로를 통해 전달된 사건에 대한 진술이 얼마나 신빙성이 있을지는 알 수 없지만, 프로스페로가 권력투쟁에서 밀려난 건 사실이다. 권력을 독점하려는 투쟁이 소위 문명 세계에서도 반복되고 있는 것이다. 그런데 문제는 그 자신이 '무인도'에 유배되었다고 전하는 대목이다. 프로스페로가 도착한 섬에는 이미 흑인인 켈리밴과 뮬라토인 에어리얼이 살고 있었기 때문이다. 이것은 은연중에 프로스페로가 그들을 인간 존재로 인정하지 않는다는 말이다. 식민지배자의 편향적 시각이 드러나는 대목이다. 프로스페로의 눈에 켈리밴은 흑인 노예일 뿐이고 에어리얼 또한 흑백혼혈 노예일 뿐 인간이 아니다. 흥미로운 점은 프로스페로가 자신을 이곳으로 추방한 사람들을 "어둠의 자식들"로 부른다는 것이다. "어둠의 자식들"이란 표현은 셰익스피어의 작품 5막에서 프로스페로가 켈리밴을 지칭했던 말이다. 세제르는 프로스페로를 추방하려고 공모했던 안토니오와 세바스찬, 알론조를 두고 이런 표현을 사용한다. 원전을 패러디하여 켈리밴이 아니라 권력에 눈이 먼 백인들을 어둡고도 추한 욕망을 드러내는 인물들로 부각시키는 것이다.

프로스페로를 추방한 사람들도 프로스페로 자신도 모두 새 땅을 점유하고 싶은 욕망에 사로잡혀 있다. 한 공국의 통치자였던 프로스페로를 추방한 자들은 유럽에 있는 그의 땅을 빼앗는 것도 모자라 그가 유배지에서 새로 개척한 땅도 탐낸다. 프로스페로는 지금 '자신'의 땅을 지키기 위해 폭풍우를 일으켜 배를 난파시킨다. 프로스페로는 그 장면을 보고 측은하게 생각하는 에어리얼에게 다음과 같이 말한다. "자네 같은 지식인들(intellectuals)은 항상 그게 문제야. 뭐가 그리 걱정인가? 내 관심사는 자네 기분이 아니라 자네 임무의 성공 여부야"(*AT* 16). 자신을 해방시켜달라고 계속 조르는 에어리얼에게 프로스페로는 "내 기분이 괜찮고 내가 준비가 되면 네놈 자유를 허락"(*AT* 16)하겠다고 받아친다. 식민지배자의 위압적 태도가 잘 드러나는 대목이다. 피지배자의 자유가 지배자의 뜻과 기분에 종속되어 있다는 것을 드러내는 대목이다. 에어리얼은 흑백 혼혈이다. 프로스페로가 언급하듯이 에어리얼은 피식민지의 지식인이다. 그와 켈리밴은 프로스페로의 노예이고, 모두 다 자유를 갈망하지만 자유를 쟁취하는 방법은 서로 다르다. 에어리얼은 명분과 사유에만 몰두하는 행동 없는 지식인이다. 켈리밴이 '자유'라는 뜻의 원주민어인 '우후루'(Uhuru)를 외치면서 무대에 등장하고, 프로스페로는 '자유'를 요구하는 그를 짐승처럼 취급하면서 질책한다.

프로스페로: 원주민의 말을 다시 주절대다니! 원주민 말을 좋아하지 않는다고 내가 몇 번이나 말했느냐? 적어도 예의는 갖춰야지. "안녕하세요!"라고 짧게 인사하면 누가 널 죽이기라도 한단 말이냐?

켈리밴: 아, 잊고 있었소! … 하지만 당신이 가르쳐준 "안녕하세요!"라는 인사는 구린내가 나는 것 같아서. 난 수십 년간 오늘이 오길 기다렸소. 하늘의 새들과 땅 위의 짐승들이 당신 시신을 뜯어 먹는 오늘 같은 잔칫날을 말이오.

프로스페로: 천하에 추악한 원숭이 같은 놈! 너보다 더 추한 놈이 어디 또 있겠느냐?

켈리밴: 내가 추하다고 생각하지만 … 좋아요, 나 역시 당신이 잘생겼다고 생각하지 않소. 구부러진 큰 코 때문에 당신은 꼭 늙은 매처럼 보이니까. (웃으면서) 쭈글쭈글한 목을 가진 늙은 매처럼!

프로스페로: 네놈이 그런 궤변을 즐기게 된 것도 다 내가 네놈에게 말하는 걸 가르쳐 준 덕인 줄 알고 감사해라. 야만적이고 말도하지 못하는 야수 같은 네놈을 가르치고 훈련시켜 야수성에서 벗어나게 해준 이가 과연 누구더냐? 아직도 네놈에게 야수성이 남아 있긴 하지만.

PROSPERO Mumbling your native language again! I've already told you, I don't like it. You could be polite, at least; a simple "hello" wouldn't kill you.

CALIBAN Oh, I forgot ... But as froggy, waspish, pustular and dung-filled a "hello" as possible. May today hasten by a decade the day when all the birds of the sky and beasts of the earth will feast upon your corpse!

PROSPERO Gracious as always, you ugly ape! How can anyone be so ugly?

CALIBAN You think I'm ugly ... well, I don't think you're handsome yourself. With that big hooked nose, you look just like some old vulture. (*Laughing*) An old vulture with a scrawny neck!

PROSPERO Since you're so fond of invective, you could at least thank me for having taught you to speak at all. You, a savage ... a dumb animal, a beast I educated, trained, dragged up from the bestiality that still sticks out all over you. (*AT* 17)

이 지점에서 구사하는 프로스페로의 언어 자체가 '폭력'이다. 그는 흑인 노예가 배울 능력이 없다고 지적하면서, 자신이 짐승처럼 천하고 미개하고 추한 야만인에게 문명을 가져다 준 장본인이라는 것을 상기시킨다. 지배하는 자가 피지배자에게 편견을 투사하여 지배당하는 자가 스스로 열등감을 갖게 하는 것은 식민화 과정에서 흔히 볼 수 있는 현상이다. 그러나 켈리밴이 본질적으로 열등하기 때문에 자신에게 예속되는 것이 당연하다는 프로스페로의 논리는 그에게 먹혀들어가지 않는다. 켈리밴은 열등감에 빠지지 않는다. 도리어 그는 오늘이 "제삿날

이 될 것"이라고 프로스페로를 위협한다. 추한 몰골을 한 "원숭이 같은 놈"이라는 프로스페로의 질책을 그는 "쭈글쭈글한 목을 한 늙은 매"라고 되받아친다. 켈리밴이 프로스페로가 가르쳐준 문명의 언어로 주인인 프로스페로를 되받아치고 있는 것이다.

마노니(O. Mannoni)는 흑인들이 백인 지배자에게 열등감을 느끼고, 그들에게 의존하는 켈리밴적 '의존 콤플렉스'를 가지고 있다고 주장했다. 그러나 세제르는 그 주장을 강하게 비판하면서, 작품에서 지배자의 언어를 전유하여 대항담론을 생산하고 지배자에게 의존하지 않는 전복적인 켈리밴을 창조한다.[3] 세제르의 켈리밴은 프로스페로가 자신에게 부과하려는 부정적 이미지를 결코 받아들이지 않고, 다음과 같은 말로 프로스페로의 말을 강력하게 되받아친다.

> 그건 거짓말이오. 당신이 내게 가르쳐준 건 아무 것도 없소. 당신의 언어로 조잘대는 걸 가르쳐 당신 명령이나 이해할 수 있도록 했을 뿐. 땔감도 해오고, 접시도 닦고, 낚시질로 먹을 물고기도 잡아오고, 채소를 심는 등의 잡일이나 하도록 했질 않소. 이 모두가 당신이 게을러 당신 스스로 하지 못한 탓이오. 당신 지식도 마찬가지요. 언제 한번이라도 지식을 나와 나눈 적이 있소? 아니, 그런 적이 없어. 당신 자신만을 생각했을 뿐이오. 과학도 당신 자신만을 위해서 그 큰 책 속에 처박아 두고 있었을 뿐이오.

> That's not true. You didn't teach me a thing! Except to jabber

---

3_ 마노니는 아프리카의 흑인들은 '오이디푸스 콤플렉스'의 부재로 인해 '의존 콤플렉스'에 빠져들어 누군가에게 의존하는 성향을 드러낸다고 주장한다(Mannoni 49).

in your own language so that I could understand your orders: chop the wood, wash the dishes, fish for food, plant vegetables, all because you're too lazy to do it yourself. And as for your learning, did you ever impart any of that to me? No, you took care not to. All your science and know-how you keep for yourself alone, shut up in those big books. (*AT* 17)

켈리밴은 프로스페로가 한 모든 일이 자기만을 위한 일일뿐, 켈리밴 자신에게 가르쳐 준 것은 아무 것도 없다고 주인을 되받아치고 있다. 프로스페로가 행한 언어 교육이 켈리밴을 위한 교육이 아니라 그를 쉽게 부리기 위한 방안이라는 점을 파악한 켈리밴의 말이다. 세제르는 켈리밴을 두고 셰익스피어의 프로스페로가 했던 말, "불을 때지, 나무를 해오지, 이모저모로 꽤나 유용하게 부려먹을 수 있지"(1.2.311-13)라는 말을 켈리밴의 입을 통해 패러디하면서, 자기 자신만을 위하는 식민지배자의 이기적 면모를 지적하고 비판한다.

프로스페로는 항변하는 켈리밴에게 "내가 없었다면 네가 어찌 되었을까?"(*AT* 17)라고 뇌까리면서, 자신이 야만인에게 문명을 가져다 준 장본인이라는 것을 상기시킨다. 그러나 켈리밴은 설득되지 않는다. 자유를 쟁취하려는 켈리밴의 의지는 단호하다. 그는 다음과 같이 반박한다. "당신이 없었다면, 나는 왕이 되었을 것이오. 이 섬의 왕이 될 인물이었으니까. 나의 어머니인 시코락스가 물려준 섬의 왕 자리니까"(*AT* 17). 프로스페로는 켈리밴의 항변에 대한 합리적인 대응 방법을 찾지 못한다. 그리하여 그는 켈리밴의 어미를 "흡혈귀"나 "마녀"로 부르면서 그녀의 사악한 면모를 강조하고, 이를 통해 켈리밴의 기원을 폄하한다. 켈리밴의 항변에 대한 논리적인 설명이 아니라 강압적인 대응이다. 켈리밴은 다음과 같은 말로 다시 되받아친다. "당신은 정복자의 발로 그

죽은 대지를 밟고 서서 그걸 유린하고 있소. 난 대지를 존중하오. 대지가 살아있고 나의 어머니 시코락스(Sycorax)도 살아있다는 걸 알기 때문이오"(*AT* 17-18). 켈리밴은 대지를 상징하는 어머니의 존재를 결코 부인하지 않는다. 그의 질책으로 인해 주눅 들지도 않는다. 문명과 자연의 대립에서 프로스페로는 전자를 켈리밴은 후자인 자연을 대변한다. 문명은 자연을 지배하고, 그 자연에 원시성과 야만성, 그리고 악마성을 투사하여 폄하하지만, 자연은 결코 사라지지 않는다. 어느 누구도 어머니의 유산인 대지에서 생명력을 박탈할 수 없다.

켈리밴은 프로스페로가 하는 말, "내가 없었다면 네가 어찌 되었을까?"를 다음과 같이 되받아친다. "내가 없었다면 당신이 이 낯선 땅에서 어찌 되었을까? 배은망덕한 사람 같으니! 나무들과 과일들과 새들 이름을 가르쳐주고 계절들을 알려주었건만 이제 와서 은혜를 저주로 갚다니. 야수 같은 켈리밴, 켈리밴이 노예라고! 당신들 속셈을 잘 알지. 오렌지 즙을 다 짜내면 그 껍질을 버릴 거라는 것을"(*AT* 18-19). 호의를 저주로 갚는 프로스페로의 파렴치한 행위를 비난하는 말이다. 주인의 말을 흉내 내면서 되받아치는 켈리밴의 말은 지배자인 주인의 권위에 금이 나게 하고 그를 불안하게 만드는 전복적인 말이다(Bhabha 129). 담론과 언어는 주체를 호명하는 주요한 도구인데, 이 "언어적 특권"은 주인의 언어만을 의미하는 것이 아니라 "주인의 언어로 말하고 개념화하는 방식 그리고 자아를 드러내는 일련의 방식"까지를 포함한다. 켈리밴이 프로스페로에게서 배운 언어는 "감옥"의 언어이다. 프로스페로는 그 언어를 통해 켈리밴을 인식론적 감옥으로 몰아넣고 그의 욕망을 통제한다. 언어를 통한 타자의 통제는 "식민주의가 이룩해낸 가장 음흉한 부산물"이다(Lamming 109-10, 이석호 24).

『폭풍우』에서 프로스페로에게 언어는 "문명의 상징이요 마술적인 힘의 원천"이고, 켈리밴에게는 "자신의 야만성을 인정하고 침략자의 권위에 스스로를 복속시키는 이데올로기적 감옥"이다. 셰익스피어의 작품에서 피지배자의 원형인 캘리밴이 섬을 자신의 어머니에게서 물려받은 유산이라는 점을 앞세워 프로스페로에게 대항하지만, "이름 짓기로 대표되는 프로스페로의 담론적 전략" 앞에 무력하게 된다. 셰익스피어의 『폭풍우』에서 캘리밴의 저항은 욕설의 수준에 머물 뿐 프로스페로의 담론적 질서를 허물어뜨릴 수 있는 단계로 진행하지는 못한다(이경원 317). 그러나 세제르는 프로스페로가 부과한 언어의 감옥을 탈출하려고 시도하는 캘리밴을 만들어낸다. 그는 주인으로부터 배운 언어로 주인인 프로스테로를 조롱하고 불안하게 만들면서 자유를 위한 길로 나아간다. 캘리밴이 지배담론에 대한 대항담론을 생산하고 있는 것이다.

캘리밴은 자신을 더러운 동굴 속에 처넣은 처사를 두고 프로스페로에게 항의한다. 그러자 프로스페로는 캘리밴이 자신의 딸 미란다를 겁탈하려고 했기 때문이라고 질책한다. 그의 질책에 대한 캘리밴의 반박은 다음과 같다. "겁탈이라고! 늙은 염소 같은 영감아, 내 머리 속에 그런 추잡한 생각을 집어넣은 것은 바로 당신이오"(*AT* 19). 캘리밴의 격렬한 항의에 응대할 명분을 갖지 못한 프로스페로는 "주둥이를 계속 놀리면 매질을 할 것"이라는 위협으로 그의 항의를 잠재우려고 한다. "그딴 식으로 네놈 부지런히 움직이지 않고 빈둥거리거나 파업이나 태업을 하면 매질을 하겠다. 매질이 네놈이 이해할 수 있는 유일한 언어이지"(*AT* 19). 프로스페로는 캘리밴이 "이해할 수 있는 유일한 언어"가 매질이라고 하는데, 그가 캘리밴을 다스릴 수 있는 유일한 수단은 폭력이다. 이 지점에서 프로스페로의 행동은 식민지배자의 그것과 크게 다르지 않다. 프로스페로의 매질은 태업과 파업을 일삼는 피지배자를 다스리는 또 다른 언어이다.

캘리밴의 야수성을 제거하고 문명적인 인간으로 개조하려는 프로스페로의 시도는 난관에 부딪힌다. 그는 켈리밴의 이름을 부르면서 말을 듣지 않으면 가혹한 처벌이 주어질 것이니 어서 꺼지라고 위압적으로 말한다. 그러자 켈리밴은 자신의 이름이 켈리밴이 아니니, 자신을 켈리밴으로 부르지 말고 도둑맞은 이름인 "X"로 불러달라고 요청한다.

프로스페로: 아, 그건 내가 지어준 이름 같군.

켈리밴: 당신 증오에 의해 주어진 이름이오. 그 이름을 들을 때마다 난 모욕감을 느끼니까.

프로스페로: 너무 예민하군! 좋아, 그럼 딴 이름을 대 봐…. 그 이름으로 부를 테니. (…)

켈리밴: X라고 불러요. 그것이 제일 잘 어울릴 것 같소. 이름 없는 사람처럼 말입니다. 아니, 좀 더 정확하게 말하자면, 이름을 도둑맞은 사람이란 뜻으로 말이오. 역사를 계속 지껄이는데, … 그것은 누구나 다 아는 역사요. 당신이 나를 부를 때마다 나는 늘 한 가지 기본적 사실을 생각하오. 당신이 나의 모든 것을, 내 정체성까지 송두리째 훔쳐갔다는 것을 말이오. 우후루!

PROSPERO Oh, I suppose it's mine!

CALIBAN It's the name given me by hatred, and every time it's spoken it's an insult.

PROSPERO My, aren't we getting sensitive! All right, suggest something else .... I've got to call you something. (...)

CALIBAN Call me X. That would be best. Like a man without a name. Or to be more precise, a man whose name has been stolen. You talk about history ... well, that's history, and everyone knows it! Every time you summon me it reminds me of a basic fact, the fact that you've stolen everything from me, even my identity! Uhuru! (*AT* 20)

켈리밴은 1막 2장에 등장하면서 '우후루'를 외치고, 퇴장할 때도 '우후루'를 외친다. 켈리밴이 뱉는 말의 시작과 끝을 장식하는 '자유'라는 뜻의 원주민어인 '우후루'는 작품 전체에 걸쳐, 켈리밴이 지향하는 자유로의 갈망을 드러내는 표현이다. 켈리밴은 여기서 자신에게 주어진 켈리밴이란 이름에 대해 강력하게 반응한다. 켈리밴(Caliban)이란 이름의 단어는 식인종이란 뜻의 '캐니벌'(cannibal)에서 의도적으로 철자를 바꾼 단어이며, 이는 신대륙의 야만스런 원주민이란 뜻을 지닌 '캐립'(Carib)이란 단어에서 파생되었다(Vaughan 26-27). 그리고 이는 켈리밴이란 이름에 이미 신대륙 원주민에 대한 서구의 부정적 시각이 투사되어 있음을 시사한다.

켈리밴은 자신을 폄하하고 모욕하는 이름으로 부르면 대답하지 않겠다고 하면서 프로스페로의 권위에 도전한다. 켈리밴이 그에게 불러달라고 요청하는 "X"라는 이름은 미국의 흑인 민권운동가인 말콤 엑스(Malcom X)를 암시하는 이름이다. 자신의 정체성을 도둑맞았다는 것을 의미하는 이름이다. 주인인 프로스페로에게 켈리밴으로 호명되는 것을 거부하는 켈리밴은 여기서 주인의 담론에 저항하면서 동일화되기를 거부하는 주체로서의 모습을 드러낸다(Gilbert 32). 그리고 그는 셰익스피어의 켈리밴과는 달리 "프로스페로가 만든 언어의 감옥"을 박차고 나온 새로운 켈리밴이다(Jahn 239). 켈리밴은 주인으로부터 배운 언어를 주인이 감당하기 힘들 정도로 격렬한 반항의 도구로 전유하여 주인을 되받아치고 그의 '호명'을 거부하고 있기 때문이다.

흑백혼혈 노예인 에어리얼과 흑인 노예 켈리밴의 조우가 이루어진 2막 1장에서, 켈리밴에게 에어리얼은 다음과 같이 말한다. "우리는 형제 아닌가? 고통을 함께 나눈 형제, 함께 노예가 된 형제, 그리고 함께 희망을 도모할 형제가 아닌가? 우린 모두 자유를 꿈꾸고 있지 않은가? 물론 그 방법은 다르지만"(*AT* 26). 다른 방법이란 자유를 쟁취하기 위한 켈리밴의 폭력적인 저항과 에어리얼 자신의 타협적인 자세이다. 프로스페로의 위협적인 힘을 잘 알고 있는 에어리얼은 힘으로는 아무리 싸워도 그를 이길 수 없으니, 켈리밴더러 싸우지 말고 타협하라고 권유한다. 그러나 켈리밴 그의 권유를 받아들이지 않는다. "그의 수족처럼 구는 자네가 얻은 게 뭔가? 자네의 굴종적인 인내(Uncle Tom's Patience)와 노역이 자네에게 가져다 준 게 뭔가?"(*AT* 26). 자신이 얻은 건 훗날 "자유롭게 해주겠다는 약속"이라고 말하는 에어리얼을 켈리밴은 다음과 같이 비난한다.

켈리밴: 말로 하기는 쉬워. 그간 앞으로 수천 번도 더 약속하고, 수천 번도 더 그 약속을 깨뜨릴 거야. 어쨌든 나는 미래엔 관심이 없네. 내가 원하는 것은 (큰소리로 외치며) "지금 당장 자유를 달라!"는 거야.

에어리얼: 좋아. 그런데 자넨 그에게서 지금 당장 자유를 획득할 수 없다는 걸 알고 있지 않나? 그는 자네보다 훨씬 힘이 막강해. 난 그의 화약고에 뭐가 들어 있는지 잘 알아. 자네보다는 유리한 입장에 있지.

켈리밴: 나보다 힘센 자라고? 어떻게 그걸 아는가? 힘이 약해도 동원해서 싸울 수 있는 수많은 묘책이 있어. 하지만 겁쟁이는 그런 방도를 들을 생각조차도 하지 않지.

에어리얼: 난 폭력으로 뭘 할 수 있다는 걸 믿지 않아.

켈리밴: 그럼 자네는 뭘 믿는가? 비겁함? 자포자기? 그게 아니면 무릎 꿇고 빌기? 아님 어떤 사람이 자네 오른쪽 뺨을 때리면 왼쪽 뺨을

내밀기?

CALIBAN Talk's cheap! He'll promise you a thousand times and take it back a thousand times. Anyway, tomorrow doesn't interest me. What I want is (*shouting*) Freedom now!
ARIEL Okay. But you know you're not going to get it out of him now, and that he's stronger than you are. I'm in a good position to know just what he's got in his arsenal.
CALIBAN The stronger? How do you know that? Weakness always has a thousand means and cowardice is all that keeps us from listing them.
ARIEL I don't believe in violence.
CALIBAN What do you believe in, then? In cowardice? In giving up? In kneeling and groveling? That's it, someone strikes you on the right cheek and you offer the left. (*AT* 26-27)

켈리밴이나 에어리얼이나 모두 주인인 프로스페로에게 유용한 노동을 제공하는 종이다. 켈리밴이 육체적 노동을 제공하는 종이라면 에어리얼은 적을 감시하는 등 정신적인 노동을 제공하는 종이다. 켈리밴은 반항적이고 에어리얼은 순종적이지만 이들 모두는 자유를 갈구한다. 두 사람은 모두 프로스페로의 종이지만, 자유를 쟁취하는 방법은 판이하게 다르다. 수없이 약속을 남발하고 그 약속을 파기했던 프로스페로의 진면목을 알고 있는 켈리밴은 프로스페로와 타협할 의사가 없다. 폭력 투쟁도 불사할 생각이다. 지배자의 문화와 담론에 편입되기를 거부하는 '탈동일화'[4]의 주체인 켈리밴은 말콤 엑스의 연설을 연상시키는 "지금 당장 자유를"(Freedom Now) 달라는 구절을 외치면서 지배 권력에 도전한다. 그는 대항담론을 통해 지배자인 프로스페로를 불안하게 하고 지배 권력에 균열을 가하는 존재이다. 그러나 기만적인 프로스페로의 정체를 파악하지 못한 에어리얼은 여전히 폭력을 자유를 쟁취하기 위한 수단으로 받아들이지 않는다.

에어리얼은 자신을 "굴종적인 인내"를 가진 놈이라고 비아냥거리는 켈리밴에게 프로스페로를 더 이상 폭력을 행사하지 않는 사람으로 변화시키고 싶다고 말한다. "난 나 자신만의 자유를 위해 싸우고 싶진 않아. 자네의 자유 그리고 프로스페로의 자유를 위해서도 사우고 싶네. 프로스페로에게 자의식을 돌려주는 일이 나에겐 중요한 일이네"(*AT* 27). 프로스페로가 변화되리라는 것을 믿지 않는 켈리밴에게 에어리얼은 계속 자신의 '꿈'을 강하게 드러낸다. "난 가끔 이런 꿈을 꾼다네. 정말 흥분이 되는 꿈이다. 언젠가는 프로스페로와 자네 그리고 나 셋이서 형제처럼 함께 놀라운 세계를 건설하는 거야"(*AT* 27). 에어리얼은 킹 목사의 연설, "나에게 꿈이 있다"(I have a dream)는 구절을 인용하면서 지배자와 피지배자의 구분이 소멸된 모두가 평등한 멋진 세상에 소망을 드러낸다. 킹 목사의 연설 인용과 "지금 당장 자유를 달라"는 말콤 X의 연설을 인용함으로써 세제르의 『또 하나의 태풍』은 "미국 흑인 인권 운동과 인종정책에 대한 알레고리"로 간주되기도 한다(김문기 519). 프랑스가 지배하던 마티니크에서의 흑인의 위치와 백인 중심

4_ 페쇠(Michel Pêcheux)는 지배담론에 대한 주체의 반응에 따라 3가지 종류의 주체를 제시한다. '동일화'를 통해 지배담론에 의해 투사되는 자아의 이미지를 받아들이는 주체, '반동일화'를 통해 지배담론에 의해 주어지는 정체성을 거부하는 주체, '탈동일화'를 통해 주체의 위치를 변형하여 '제3의 양식'을 채택하는 주체(qtd. Selden 166).

의 미국에서 흑인의 위치가 그리 큰 차이가 없기 때문이다.

에어리얼의 설득에도 불구하고 켈리밴은 결코 화해를 통해 자유를 얻겠다는 에어리얼의 꿈을 받아들이지 않는다. 프로스페로는 켈리밴 자신과는 결코 형제가 될 수 없는 자이며, "누군가와 힘을 합쳐" 멋진 세상을 만들 수 있는 사람이 아니다. 켈리밴은 죽음을 무릅쓰고라도 독재자인 프로스페로에게 저항하면서 자유를 쟁취하려고 한다. 에어리얼은 자유를 쟁취하기 위해 지배자와의 타협을 모색하지만 켈리밴은 폭력을 써서 쟁취하려고 한다. 에어리얼은 지배자의 약속을 믿고 켈리밴은 이를 믿지 않는다.

폭풍우 때문에 난파하여 섬을 헤매는 사람들 가운데 곤잘로는 전형적인 식민지배자와는 다른 사람이다. 2막 2장에서 곤잘로는 "이렇게 놀라운 섬이니 이 섬에 사람인들 오죽 하겠소"(*AT* 29)라고 말한다. 아름다운 섬에 아름다운 사람들이 살 거라는 말이다. 그러나 그는 문명이란 이름 아래 정복과 지배의 의지 또한 드러낸다. 곤잘로는 원주민들을 "영원한 젊음의 비밀을 간직하고 있는 우물"로 비유하면서 그들을 "고상하고 선한 야만인"(noble and good savages)으로 그냥 두고, 자유롭고 열등감이 없는 상태로 두는 게 좋겠다고 말한다(*AT* 29). 이 말은 겉으로 보기에는 더럽혀지지 않은 자연을 찬미하는 말처럼 들리고, 인도주의적 지배자의 목소리처럼 들린다. 그러나 이 섬은 곤잘로를 위시한 백인들에게 정복과 지배의 대상일 뿐이다. 곤잘로의 말에는 여전히 문명 유럽의 가치에 대한 확신과 야만의 섬을 정복하여 개화하려는 의도가 여전히 배어 있다(Arnold 240). 지배자들은 원주민들을 야만인이라고 부르면서 그들을 한 순간도 자유롭게 둔 적이 없었고, 문명이란 이름으로 원주민들에게 늘 열등감을 투사해 왔다. 셰익스피어의 작품과 세제로의 작품 모두에서 곤잘로는 상대적으로 가장 인도적이고 선한 인물로 나온다. 그럼에도 불구하고 그에게도 식민화와 정복의 욕망이 여전히 드러나 있다. 다만 다른 점은 세제르의 곤잘로가 "문명을 조심스럽게 이 섬으로 가져와야 한다"고 하면서 일말의 우려와 죄의식을 드러내고 있다는 점이다.

켈리밴은 스테파노와 트링큘로를 자신의 새로운 상전으로 삼아 프로스페로의 압제에서 벗어나려고 시도한다. 그러나 이 지점에서 세제르는 셰익스피어의 켈리밴과는 다른 켈리밴을 창조한다. 켈리밴을 본 트링큘로는 3막 2장에서 "혹시 살아있다면 붙잡아서 유럽에 데려가 돈을 버는 일에 쓸 수 있을 것"(*AT* 40)이라고 말하면서 켈리밴을 데려가서 곡마단에 팔거나 시장에 팔아 돈을 벌 궁리를 한다. 스테파노 역시 그와 같은 의중을 드러낸다. "카리브 해 출신의 이 원조 인디언을 팔면 돈 꽤나 벌 수 있을 거야"(*AT* 40). 그들에게 켈리밴은 인간이 아니라 사고 팔수 있는 짐승이다. 스테파노는 자신을 '문명인'으로 자처하면서 켈리밴에게 술병을 내밀고, 이 짐승을 깨끗이 닦아 더 쓸모 있는 것으로 만들려고 한다. 스테파노를 본 켈리밴은 그에게 복종을 맹세한다. "원래 이 섬은 제 것이었어요. 프로스페로가 나타나 나에게 사기를 치기 전까지는 말입니다. 이 섬에 관한 제 모든 권한을 폐하께 온전히 돌려 드리겠습니다. 다만 프로스페로를 물리쳐 주세요"(*AT* 44). 켈리밴은 "언젠가는 승리할 것"이라는 말과 "자유의 날이 밝아 오리라!"(*AT* 45)라는 말을 소리 높여 외치면서 프로스페로를 습격할 방안을 강구한다. 이는 원주민어 '우후루'(Uhuru)를 외치면서 무대에 등장하여 프로스페로에게 '자유'를 요구했던 켈리밴의 모습을 다시 떠올리게 한다. 자유와 해방은 세제르가 새로 창조한 켈리밴에게 주어진 키워드이다.

그런데 스테파노와 트링큘로와 함께 프로스페로를 향해 진격하던 켈리밴은 3막 4장에서 갑자기 스스로의 힘으로 혁명을 전개하여 자유를 쟁취하기로 결심한다. "이런 덜 떨어진 인간들을 따라 다니다니, 내가 미쳤어. 돼지처럼 살만 피둥피둥 찐 이런 인간들과 더불어 어떻게 혁명을 하겠다는 거지? 스스로의 힘으로 자유를 다시 찾지 못하면 역사 앞에서 어찌 당당할 수 있겠어? 그래 프로스페로, 이것은 너와 나의 문제다"(*AT* 55). 셰익스피어의 켈리밴은 스테파노와 트링큘로의 힘을 빌려 자유를 쟁취하려고 했다. 그러나 세제르는 스스로의 힘으로 자유를 쟁취하려는 원전과는 다른 켈리밴을 창조한다.

세제르의 작품에서 프로스페로가 켈리밴을 만나는 3막 4장에 앞서, 프로스페로는 퍼디난드(Ferdinand)와 미란다의 결혼식을 축하하는 자리에 세레스(Ceres)와 주노(Juno)를 불러들여 "서구문화의 질서 및 조화를 상징하는 발레"를 공연하게 한다. 그런데 이 자리에 갑자기 초대되지 않은 요루바의 토속신인 에슈가 등장하여 음란한 노래와 춤으로 '고상한' 프로스페로의 잔치를 조롱한다. 3막 3장에서 에슈는 자신이 좋아하는 음식을 제물로 바치라고 하면서 음란한 노래를 하고 춤을 춘다. 에슈는 마술을 걸어 여왕이 나체로 거리를 질주하게 할 수도 있고, 신부에게 마술을 걸어 "신혼 첫날 밤, 다른 남자의 침소에 들게 할 수도" 있고, 남근으로 신들을 채찍질 할 수도 있다고 공언한다(*AT* 48-49). 그리고 농간을 부려서 질서를 무질서로 바꿀 수도 있다고 공언한다. 그러자 프로스페로가 초대한 신들은 자리를 피해 나가 버린다. 에슈는 프로스페로가 대변하는 이성과 질서의 세계를 흔들어 혼란스럽고 무질서한 카니발의 세계로 만들어 버린다. 이를 통해 세제르는 식민지배자들이 질서와 문명이란 이름으로 억압했던 흑인문화의 역동성과 생동감을 드러낸다(Gilbert 33). 에슈 또한 켈리밴처럼 "길들여지지 않는 자연"의 양상을 드러내는 인물이다.

켈리밴은 3막 4장에서 숲의 동물들을 앞세우고 독재자 프로스페로를 향해 진격하면서, "프로스페로를 자연의 적"으로 선언하고 "자연의 적"을 타도하라고 외친다(*AT* 52). 또한 아프리카의 자연신인 샹고(Shango)에게 문명이란 이름으로 자연을 파괴하는 프로스페로의 폭력을 멈추게 해달라고 호소한다. 켈리밴은 진격하고 무방비 상태에 있던 프로스페로는 가슴을 내밀고 켈리밴더러 자신을 공격하여 죽이라고 명령한다. "어서 쳐! 왜 치지 못하는 거야! 짐승 같은 놈 … 사람 하나 제대로 죽일 줄도 모르는 주제에!"(*AT* 55). 이 지점에서부터 세제르는 켈리밴과 프로스페로의 관계를 셰익스피어와는 완전히 다른 방식으로 재구성한다. 프로스페로가 켈리밴에게 자신을 죽이라고 하지만 켈리밴은 다음과 같이 말한다. "방어하시오. 난 살인마가 아니오"(*AT* 55). 방어태세가 되지 않은 적을 상대하는 것이 아니라 정정당당하게 싸우겠다는 말이다. 나아가 프로스페로의 명에 따르는 종노릇을 더 이상 하지 않겠다는 의지의 표현이다. 싸워야 할 적을 바로 앞에 두고 이렇게 행동하는 켈리밴을 어찌 야만인이라고 할 수 있겠는가?

켈리밴은 어쩌면 프로스페로의 말처럼 "사람 하나 제대로 죽일 줄도 모르는" 인간인지도 모르겠다. 그러나 자신이 살인마가 아니라는 켈리밴의 말은 방어태세가 되지 않은 원주민들을 살해하면서 살인마가 되기를 주저하지 않았던 식민지배자들의 잔혹한 모습을 역으로 비추고, 목적을 달성하기 위해 그 어떤 비열한 방법도 마다하지 않았던 지배자들의 잔인성을 부각시킨다. 켈리밴은 비겁하지 않다. 정정당당하다. 하지만 망설이던 그는 프로스페로를 죽일 기회를 놓치고 마침내 에어리얼에게 사로잡힌다. 적을 죽이는 것을 주저하다가 사로잡힌 것이다. 이런 켈리밴을 어찌 잔인한 야만인이라고 폄하할 수 있겠는가?

3막 5장에서 프로스페로는 켈리밴을 '마귀'라고 하면서 사람들 앞에 불러 세우고, 잘 변호하면 용서해주겠다고 타이른다. 하지만 켈리밴은 굽히지 않는다. 프로스페로가 반역을 통해 뭘 하려고 하는지를 묻자 켈리밴은 "섬을 되찾고 내 자유를 회복하기 위해서"라고 말한다. 켈리밴이 밝히는 구체적 이유는 다음과 같다. "당신의 흔적을 내 몸 속에서 완전히 뽑아 낼 것이오. 당신이 행한 모든 일과 위선들과 당신의 그 '하얀' 마술도 깡그리 뽑아 낼 것이오"(*AT* 60). 켈리밴의 의도는 적을 섬에서 몰아내는 것만이 아니다. 지배자들의 흔적을 말끔히 씻어내 물리적 독립과 동시에 정신적 독립을 이루겠다는 의지가 배어 있다. 이 말은 곧 켈리밴이 품고 있는 최종적인 희망이다. 프로스페로는 다음과 같이 켈리밴을 회유한다. "자, 이제 화해하자. 십년이나 함께 살았으니 … 우린 동지와 마찬가지가 아니냐"(*AT* 61). 그가 회유하고 화해를 제안하지만 켈리밴은 단호하게 거부한다. 섬을 다시 찾고 자유를 쟁취하겠다는 켈리밴의 의지는 확고하다. 그는 자신의 "유일한 관심이 자유"라고 말한다. 그리고 지금까지와는 확연하게 다른 어조로 다음과 같이 분명하게 말한다.

> 내 말을 잘 들어라, 프로스페로!
> 수십 년 동안 난 너에게 머리를 조아렸다.
> 수십 년 동안 나는 모든 걸 참았다.
> 네놈의 욕지거리와 배은망덕을…
> 다른 모든 걸 넘어서는 최악의 저질은
> 바로 네놈의 생색을 내는 태도였다.
> 하지만 이제 끝이다!
> 모든 것이 끝이다. 들리느냐?

> Understand what I say, Prospero:
> For years I bowed my head
> for years I took it, all of it—
> your insults, your ingratitude…
> and worst of all, more degrading than all the rest,
> your condescension,

But now, it's over!
Over, do you hear? (*AT* 61)

켈리밴은 생색을 내는 교만한 태도를 프로스페로의 가장 큰 결점이라고 지적한다. 프로스페로는 자신만이 무질서한 이 야만의 섬을 질서가 잡힌 문명의 공간으로 만들 수 있다고 생각하는데, 이는 교만하기 짝이 없는 생각이다. 1막 2장에서 프로스페로는 켈리밴에게 "내가 없었다면 네가 어떻게 되었을까?"라고 물었던 적이 있었다. 이는 다름 아닌 교만한 마음의 표출이다. 프로스페로가 없었다면 켈리밴은 자유롭게 살았을 것이고, 켈리밴이 이 섬의 주인으로 살았을 것이다. 켈리밴은 지금까지 압제를 참아내고 프로스페로에게 머리를 조아렸지만, 더 이상 복종하지는 않을 것이라고 말하면서 다음과 같이 단호하게 경고한다. "네놈은 늙은 사기꾼이다. 세상에 대해, 그리고 나에 대해 네놈은 수많은 거짓을 늘어놓았다. 그리고는 마침내 내게 부정적인 이미지를 각인시켰다"(*AT* 62).

켈리밴은 자신에게 야만인이라는 부정적인 이미지를 각인시켜 노예로 부려먹은 프로스페로를 사기꾼으로 탄핵한다. 지배자가 자신에게 각인한 부정적인 모습을 단호하게 거부하는 것이다. 여기서 켈리밴의 목소리는 프랑스 식민 지배를 경험했던 세제르 자신의 목소리이고, 흑인의 열등성을 각인시키는 지배자의 허구를 간파한 "급진적인 흑인 지식인"을 대변하는 목소리이다(Kelley xv). 세제르는 지금까지와는 달리 3막 5장에서 켈리밴이 운문으로 말하게 한다. 이를 통해 세제르는 셰익스피어 작품에서 고상하고 신분이 높은 자들이 독점했던 운문, 즉 지배자의 언어 형식을 패러디한다. 켈리밴은 프로스페로에게 다음과 같이 경고한다. "난 이제 네놈이 암 덩이라는 걸 알았다. 나 자신에 대해서도 알게 되었다. 언젠가는 이 주먹으로 네놈 세상을 박살내리라는 걸! 그리하여 낡은 세계가 허물어지리라는 걸!"(*AT* 62). 켈리밴은 더 이상 열등감에 찌든 피지배자가 아니다. 그는 주인을 암과 같은 존재로 규정하고, 그 주인의 세계를 무너뜨릴 의도를 분명하게 드러내고 있다. 그는 이제 자유와 해방을 위한 전사로 자리 잡는다. 그는 자신만이 아니라 상대방의 실체도 분명히 파악한다. 싸움을 하기 위한 가장 중요한 전제 조건이 충족된 셈이다. 켈리밴은 해방을 위한 물리적 투쟁을 전개하기 전, 먼저 언어를 통해 적인 프로스페로를 공격한다.

짐을 꾸려서 유럽으로 떠날 수 있을 거다.
그러나 엿이나 먹어라!
네가 섬을 떠나지 않으리라는 것을 알아.
네놈은 '의무'라는 말로 나를 농락했어!
네놈은 '소명'이란 말로 날 농락했어!
네놈의 소명은 바로 나를 괴롭히는 거다.
그것이 바로 네놈이 이곳에 남으려는 이유야.
식민지를 발견한 후 더 이상
다른 곳에 살 수 없는 놈들처럼.
네놈은 늙어빠진 중독자야. 그게 네놈 모습이야.

You can go back to Europe.
But the hell you will!
I'm sure you won't leave.
You make me laugh with your "mission"!
Your "vocation"!
Your vocation is to hassle me.
And that's why you'll stay,

just like those guys who founded the colonies
and who now can't live anywhere else.
You're just an old colonial addict, that's what you are! (*AT* 62)

여기서 켈리밴의 격렬한 반응은 뭘 의미하는가? 켈리밴은 프로스페로가 '의무'(mission)나 '소명'(vocation)이란 말로 자신을 농락했다는 것을 깨닫는다. "식민지를 건설하고 난 후 더 이상 다른 곳에서는 살 수 없는" 중독자라는 켈리밴의 비난은 지배 욕망에 사로잡힌 서구인들의 콤플렉스를 드러낸 말이다. 프로스페로가 주인이라는 자신의 존재 의의와 정체성을, 그리고 섬에 남을 수밖에 없는 이유를 켈리밴이란 노예에 의존해야 하는 상황에서 찾게 하는 되받아치기는 기발하다. 이를 통해 세제르는 식민지배자들이 즐겨 사용했던 원주민의 '의존 콤플렉스' 개념을 전복시킨다. 중독된 것은 원주민이 아니라 지배자 자신이라고 주장하기 때문이다. 켈리밴의 "언어적 공격"은 마침내 지배자인 프로스페로가 자신의 정체성을 회의하게 만든다(김문기 522). 프로스페로는 켈리밴으로 인해 "자신을 의심하게 되었다"(*AT* 63)고 하는데, 이는 더 이상 식민지배의 정당성을 찾을 수 없는 그의 곤욕스런 반응이다. 애시크로프트는 "문명과 야만, 백인과 흑인, 질서와 혼동이란 이항대립" 구조를 해체할 수 있어야 타자의 전복 가능성이 주어진다고 주장하는데(189-91), 켈리밴은 다름 아닌 문명과 질서의 이분법에 가로놓인 허구성을 지적하고 주인과 노예의 주종관계를 해체하려는 전복적인 인물이다.

프로스페로는 자연과 전쟁의 신인 샹고를 소리 높여 외치면서 투쟁 의지를 드러내는 켈리밴에게 아직도 자신이 더 강한 존재라고 외친다. 자신이 폭풍과 번개를 일으킬 수 있고, "짐승을 인간"으로 만들 수 있는 전능한 존재라고 외쳐댄다. 그러나 이미 그는 힘을 잃었고 자신의 정당성에 대해 회의하기 시작한다. 그럼에도 불구하고 그는 귀족들과 함께 본국으로 돌아가지는 않을 것이다. 프로스페로는 이 섬에 남는 것이 자신의 운명이라고 말한다.

나는 이 야만인이 생각하는 것처럼
그런 일반적인 의미의 지배자가 아닙니다.
난 끝없는 음악을 연주하는 사람입니다. …
나 프로스페로는 혼돈으로부터
누구라도 알 수 있는 가락을 만든 사람입니다.
나 아닌 그 누가 이 혼돈의 섬에서
아름다운 음악을 끌어 낼 수 있겠어요?
내가 없이는 이 섬은 벙어리입니다.
그러므로 나의 임무는 여기,
바로 여기 이 섬에 남는 것입니다.

I am not in any ordinary sense a master,
as this savage thinks,
but rather the conductor of a boundless score: …
I alone … arranging out of confusion
one intelligible line.
Without me, who would be able to
draw music from all that?
This isle is mute without me.
My duty, thus, is here,
and here I shall stay.(*AT* 64)

켈리밴 때문에 자신의 존재를 의심하게 되었다고 했던 프로스페로는 이제 자기기만적 환상에 빠져 이 섬에 남아 섬을 문명화하는 게 자신의 운명이며 의무라고 역설한다. 세제르는 셰익스피어와는 달리 프로스페로가 동생인 안토니오에게 밀라노의 통치를 맡기고 섬에 남도록 마무리 짓는다. 그 이유는 이 섬을 여전히 문명 부재의 야만의 섬이라고 생각하기 때문이다. 프로스페로의 자기미화는 자신만이 "혼돈으로부터 하나의 투명한 가락을 만들 수 있는" 사람이라고 열정적으로 선언할 때 절정에 달한다. 자기기만적 환상에 빠진 자의 말이다. 이 섬은 그가 없어도 아름다운 음악소리를 내는 생명력이 넘치는 공간이기 때문이다. 섬에 남는 것이 운명이자 의무라는 프로스페로의 선언은 식민지배자의 허울 좋은 자기기만에 찬 선언이다. '야만'의 섬을 강탈하여 점유한 것에 정당성을 부여하려는 프로스페로의 논리가 실패한 것이다.

프로스페로와 켈리밴은 서로가 싫다. 그러나 이제 모든 인물들이 퇴장하고 켈리밴 프로스페로만이 남았다. 켈리밴에 대한 프로스페로의 마지막 발언은 섬을 문명화하겠다는 프로스페로의 선언과 의지가 얼마나 자기기만에 찬 것인가를 느끼게 한다. "관용을 베풀려고 했던 마음을 거두어들이겠다. 네놈의 폭력에 폭력으로 대응하겠다"(*AT* 65). 지배자인 프로스페로는 마침내 스스로 무너져 내린 황폐한 인간으로 남는다. 그가 더 이상 문명에 대한 신념을 드러내지 못한 채, 폭력으로 대응하겠다는 말로서 마무리하기 때문이다. 프로스페로는 섬을 조화로운 음악소리가 아니라 폭력의 굉음으로 가득 채우게 될 것이다. 에필로그에서의 최종적인 발언을 통해 프로스페로는 자신의 한계를 드러낸다. 프로스페로는 더 이상 자신감에 넘치는 지배자가 아니다.

이상하군. 상당 기간 동안 쥐새끼들에게 공격당하고 있는 것 같아. 온통 쥐새끼들이 깔려 있어. 멧돼지 새끼들과 더러운 짐승들 천지야! 뭐

> 보다도 쥐새끼들이 쫙 깔려 있어. 저 눈들! 그들의 야비한 웃음들! 정글이 동굴을 포위하여 공격하는 것 같아. … 하지만 난 나 자신을 굳게 지킬 거야. … 내가 이룬 것들을 사라지게 하지 않을 거야. (고함을 치며) 나는 문명을 지킬 거야! (사방으로 총을 쏜다)
>
> Odd, but for some time now we seem to be overrun with opossums. They're everywhere. Peccarys, wild boar, all this unclean nature! But mainly opossums. Those eyes! The vile grins they have. It's as though the jungle was laying siege to the cave…. But I shall stand firm…. I shall not let my work perish! (*Shouting.*) I shall protect civilization! (*He fires in all directions.*) (*AT* 65)

세제르는 자신의 지배 욕구를 충족시키기 위해 섬에 남은 프로스페로를 통해 식민지배의 부당성을 고발한다. 로스페로는 자신을 둘러싼 쥐들이 섬을 문명화시키려는 자신을 비웃고 있다고 생각한다. 심리적 관점으로 볼 때, 그는 스스로 파멸한다. 프로스페로는 실신한 사람처럼 사방에 총을 쏘아대고, 자신이 문명의 수호자라고 외치면서 죄없는 무고한 동물들을 죽인다. 이런 행위는 "식민주의에 잠재된 야만성과 폭력성"을 적나라하게 보여주며, "타인에게 강요하는 문명이 폭력의 또 다른 형태"라는 것을 보여준다(김문기 524). 지배자이든 피지배자이든 모두가 식민주의의 희생자일 뿐이다. 홀로 섬에 남은 프로스페로가 마침내 몰락하게 될 것이라는 짐작하게 하는 결말은 지배자가 항상 식민주의의 수혜자인 것만은 아니라는 것을 시사한다.

프로스페로는 날씨가 변해 춥다고 말하는데, 이것은 섬에 뭔가 변화의 조짐이 나타났다는 걸 암시하는 말이다. 그 변화란 다름 아닌 사람들이 떠난 이 섬에서 '자유'를 소리높이 외치면서 프로스페로를 떨게 만든 켈리밴의 저항이다. 작품을 마무리하는 프로스페로의 대사는 다음과 같다. "내 오랜 친구 켈리밴. 여기 이 섬에 너와 나, 단 두 사람만 남았다. 단지 너와 나만. 너와 나! 너—나! 나—너! 그런데 도대체 놈은 뭘 하고 있는 거야?"(my old Caliban, we're the only two left on this island, just you and me. You and me! You—me! Me—you! But what the hell's he up to?)(*AT* 66). 프로스페로는 켈리밴을 소리 높여 부르면서 찾고, 먼 곳에서 "자유 만세! 자유 만세!"라는 켈리밴의 노래가 들린다. 세제르는 지배자와 피지배자 간의 갈등이 해소되지 않은 상태로 이 작품을 종결한다. 모든 이들의 화해로 끝맺는 셰익스피어의 『폭풍우』와 다른 결말이다. 자유는 아직 요원하지만, 켈리밴은 '자유'를 소리 높여 외치면서 섬의 이곳저곳을 돌아다닐 것이다. 지배의 흔적을 완전히 지우지는 못했지만, 켈리밴은 자유를 외쳐대면서 해방을 갈구하고, 계속 식민지배의 흔적을 지우기 위해 노력할 것이다. 무대를 맴도는 켈리밴의 외침은 자유를 위한 피지배자의 노력과 저항이 계속 될 것임을 시사한다. 세제르는 이처럼 문명의 수호자처럼 행세하지만, 마침내 자신감을 잃은 프로스페로를 보여주고, 끊임없이 저항하는 켈리밴의 외침을 들려주면서 작품을 종결한다. 정전을 전유하고 재구성하여 다시 쓰는 작업을 마무리 한 것이다.

탈식민주의 비평이 켈리밴에게 초점을 맞추고 새로운 관점으로 해석하기 전까지는 대부분의 비평이 셰익스피어의 프로스페로를 긍정하고 켈리밴을 극단적으로 부정하면서 서구문명의 '신비화'를 조장했다. 리닝거(Leininger)는 이런 우의적 해석은 "서구문명의 가장 위험한 편견"(122)을 드러낸다고 경고한다. 세제르는 우의적 해석이 내포하는 위험성을 간파하고 정전의 탈신비화를 시도한 작가이다. 아체베(Chinua Achebe)는 "인종적 열등의식을 아프리카인 스스로 받아들이는 것을 가장 큰 죄악"으로 규정했다. 그리고 탈식민주의 문학의 지상과제가 "인종주의를 극복"하는 것이라고 보았다(70). 세제르는 '의존 콤플렉스'에서 벗어나 인종적 열등의식을 가지지 않은 켈리밴을 통해 뿌리 깊은 인종주의 이념을 극복하려고 한다.

『또 하나의 태풍』의 주인공은 지배자인 프로스페로가 아니라 그에게 대항하는 켈리밴이다. 세제르의 켈리밴은 더 이상 주인인 프로스페로에게 복종했던 셰익스피어의 켈리밴이 아니라, 패러디를 통해 주인의 언어를 교란시키고 대항담론으로 주인을 위협하는 인물이다. 지배담론이 작동하는 정전은 보편성이란 가면을 쓰고 지배문화의 가치를 영속화시키려고 한다. 셰익스피어의 정전이 지닌 이념적 무게는 여전히 무겁다. 하지만 그의 텍스트가 논쟁의 여지가 없는 가치와 변치 않는 보편성을 담고 있는 텍스트는 아니다. 세제르는 패러디를 통해 정전을 희화하고 켈리밴을 통해 대항담론을 창출하면서 정전이 내포하고 있는 보편성의 신화를 탈신비화 한다. 세제르는 켈리밴의 시각으로 지배자와 피지배자의 관계를 검증하고, 피지배자인 켈리밴이 지배자의 언어를 흉내내고 되받아치게 함으로써, 프로스페로의 비이성적 면모와 폭력성을 드러내고, 문명화라는 명분 아래 자행되었던 식민지배의 폭력을 비판한다. 나아가 야만인으로 간주되어 온 켈리밴의 자연성과 역동성을 옹호하면서 정치성을 드러낸다. 세제르는 이를 통해 흑인에 대한 백인의 지배를 당연하게 생각하는 인종주의의 허구성을 드러내고, 유럽 문화가 흑인문화보다 더 우월한 보편적 가치를 가지고 있다는 환상을 깨뜨린다.

인용문헌

고현철. "탈식민주의 문화전략과 패러디의 상관성." 『한국문학논총』 36 (2004): 331-55.

김문기. "『태풍』의 탈식민주의적 각색 연구 에이메 세제르의 『어떤 태풍』과 필립 오스몬트의 『이 섬은 나의 땅』을 중심으로." *Shakespeare Review* 40.3. (2004): 511-38.

김종환. "『폭풍우』에 나타난 문명의 야만성과 야만인의 문화." 『영어영문학』 41.1 (1995): 167-89.

_____ . "『태풍』의 각색과 전유: 세제르의 『또 하나의 태풍』의 경우." 『신영어영문학』 50 (2011): 41-66.

이경원. 『검은 역사 하얀 이론』. 서울: 한길사, 2011.

이석호. "에이메 세자르의 셰익스피어 다시 쓰기: 『어떤 태풍』을 중심으로." 『탈식민주의와 연극: 이론과 실제』(『한국연극학』 19호 특별호). 서울: 연극과 인간, 2003. 221-41.

진종화. "A. 세제르의 희곡 『한 태풍』에 나타나는 네그리튀드." 『불어불문학연구』 74 (2008): 413-43.

Achebe, Chinua. "The Novelist as Teacher." *Morning Yet on Creation Day: Essays*. New York Anchor P, 1975. 67-74.

Anold, A James. "Césaire and Shakespeare: Two Tempests." *Comparative Literature* 30.3 (1978): 236-48.

Ashcroft, Bill. et. al. *The Empire Writes Back: Theory and Practice in Post-colonial Literature*. London: Routledge, 1989.

Bhabha, Homi K. "Of Mimicry and Men: The Ambivalence of Colonial Discourse." *October* 28 (1984): 125-33.

Césaire, Aimé. *A Tempest*. Trans. Richard Miller. New York: TCG

Translations, 1992.

Gilbert, Helen, and Joanne Tompkins. *Post-Colonial Drama: Theory, Practice. Politics*. New York: Routledge, 1996.

Hantman, Jeffrey L. "Caliban's Own Voice: American Indian Views of the Other in Colonial Virginia." *New Literary History* 23 (1992): 69-81.

Jahn, Janheinz. *Neo-African Literature: A History of Black Writing*. Trans. Oliver Cobun and Ursula Lehrburger. New York: Grove P, 1968.

Kelley, Robin D. G. "Poetry and the Political Imagination." *A Tempest* by Aimé Césaire. 1969. Trans. Richard Miller. New York: TCG Translations, 1992. vii-xvi.

Lamming, George. *The Pleasure of Exile*. London: Michael Joseph, 1960.

Leininger, Lorie. "Cracking the Code of *The Tempest*." *Bucknell Review* 25 (1980): 121-31.

Livingston, Robert E. "Decolonizing *the Theatre*: Césaire, Serreau and the Drama of Negritude." *Imperialism and Theatre; Essays on World Theatre, Drama and Performance*. London: Routledge, 1995. 182-98.

Mannoni, Octave. *Prospero and Caliban: the Psychology of Colonization*. 1956. Tr. Pamela Powesland. New York: Frederick A. Praeger, 1964.

Nixon, Rob. "Caribbean and African Appropriations of *The Tempest*." *Critical Inquiry* 13 (1987): 557-78.

Selden, Raman and Peter Widdowson. *A Reader's Guide to Contemporary Literary Theory*. 3rd ed. New York: Harvester, 1993.

Shakespeare, William. *The Tempest*. The Riverside Shakespeare. Ed. G. B. Evans. Boston: Houghton Mifflin, 1974.

Tiffin, H. "Post-colonial literatures and counter-discourse." *Kunapipi* 9.3

(1987): 17-34.

Vaughan, Alden T. and V. M. Vaughan. *Shakespeare's Caliban: A Cultural History*. Cambridge: Cambridge UP, 1991.

Zabus, Chantal. "A Calibanic Tempest in Anglophone and Francophone New World Writing." *Canadian Literature* 104 (1985): 35-51.

06

〈웨스트사이드 스토리〉와 루어만의 〈로미오+줄리엣〉

〈웨스트사이드 스토리〉는 20세기 중반 뉴욕의 웨스트사이드 지역을 배경으로 인종 갈등과 청춘남녀의 사랑을 담아낸 영화이며, 루어만의 영화는 폭력이 난무한 20세기 후반의 현대 도시를 배경으로 청춘남녀의 비극적인 사랑을 재현한 영화이다. 두 작품 모두 『로미오와 줄리엣』의 기본적인 골격을 유지하고 있지만, 전자는 후자보다 플롯의 변형과 인물의 형상화에 있어 훨씬 적극적이다.

06

〈웨스트사이드 스토리〉와 루어만의 〈로미오+줄리엣〉

셰익스피어의 『로미오와 줄리엣』(*Romeo and Juliet*)을 바탕으로 제작된 영화들 가운데 지속적인 비평의 대상으로 부각된 작품은 〈웨스트사이드 스토리〉(*West Side Story*), 제피렐리(Franco Zeffirelli)의 〈로미오와 줄리엣〉, 그리고 바즈 루어만(Baz Luhrmann)의 〈윌리엄 셰익스피어의 로미오+줄리엣〉(*William Shakespeare's Romeo+Juliet*)이다. 제피렐리의 영화는 비교적 원전에 충실한 각색이다. 원작처럼 16세기의 이탈리아 베로나를 배경으로 삼고 있다. 그러나 뮤지컬 영화인 〈웨스트사이드 스토리〉와 루어만의 〈윌리엄 셰익스피어의 로미오+줄리엣〉은 셰익스피어의 원전을 현대적 관점에서 재해석하여 화면에 담아낸 영화이다. 〈웨스트사이드 스토리〉는 20세기 중반 뉴욕의 웨스트사이드 지역을 배경으로 인종 갈등과 청춘남녀의 사랑을 담아낸 영화이며, 루어만의 영화는 폭력이 난무한 20세기 후반의 현대 도시를 배경으로 청춘남녀의 비극적인 사랑을 재현한 영화이다. 두 작품 모두 『로미오와 줄리엣』의 기본적인 골격을 유지하고 있지만, 전자는 후자보다 플롯의 변형과 인물의 형상화에 있어 훨씬 적극적이다. 30년 이상의 시차를 두고 제작된 이 두 영화는 여러 가지 면에서 차이를 드러내고 있다. 특히 인종 문제와 폭력의 재현에 있어 이 영화들은 서로 다른 정치성을 드러내고 있다.

〈웨스트사이드 스토리〉는 사랑의 모티프가 중심인 『로미오와 줄리엣』을 각색한 작품이지만, 사랑보다는 사회적 갈등을 더 중요한 모티프로 제시한다. 이탈리아계 이민자의 자녀들로 구성된 제트파(Jets)와 푸에르토리코(Puerto Rico) 이민자의 자녀들로 구성된 샤크파(Sharks)가 뉴욕의 웨스트사이드 지역을 장악하기 위해 서로 싸우는 가운데, 리프(Riff)와 함께 제트파를 만들었던 토니(Tony)와 샤크파의 두목인 베르나르도(Bernardo)의 여동생 마리아(Maria)는 비극적 사랑을 시작한다. 『로미오와 줄리엣』에 나타난 가문 간의 갈등이 인종 간의 갈등과 불화로 변형되어 등장한 것이다. 이 두 사람은 로미오와 줄리엣처럼 첫눈에 운명적인 사랑에 빠진다. 그러나 이들을 둘러싼 상황과 인종적 편견은 그들의 사랑을 가로막는다. 셰익스피어의 작품과 로렌츠의 작품에서 주인공들이 우발적인 사건으로 인해 비극적 결말에 이른다는 점은 유사하지만, 사건의 전환점과 결말부는 차이가 있다. 특히 마리아나 아니타(Anita) 같은 여성 인물의 재현에는 큰 차이가 있다. 토니를 사랑하는 마리아는 로미오가 죽자 따라죽은 줄리엣과는 달리, 토니를 따라 죽지 않고 살아남아 인종적 갈등과 폭력의 종식을 촉구한다. 이런 마리아의 모습은 수동적인 줄리엣과는 큰 차이가 있다.

1950-60년대 미국 사회를 배경으로 한 〈웨스트사이드 스토리〉는 뉴욕의 빈민가 웨스트사이드에 거주하는 이탈리아계 이민자들과 푸에르토리코 이민자들 사이의 갈등을 다룬다. 1950년대에 이르자 뉴욕은 인구 증가와 청소년 범죄의 증가, 그리고 늘어나는 이민자들로 인해 사

회 불안이 고조되었고 이는 인종차별로 이어졌다. 상대적으로 빈곤하고 교육받지 못한 푸에르토리코 이민자들은 문제 집단으로 간주되었고 인종차별의 대상이 되었다(이성훈 367). 〈웨스트사이드 스토리〉는 『로미오와 줄리엣』을 현대적으로 각색한 사랑에 관한 영화일 뿐, 인종적 함의는 내포하고 있지 않다는 제작진들의 주장에도 불구하고, 많은 평자들은 이 작품을 푸에르토리코인들의 정체성과 관련된 영화로 받아들인다. 푸에르토리코 출신 여배우 리타 모레노(Rita Moreno)가 맡은 아니타는 다름 아닌 "라티노의 부정적인 전형"이다(Negron-Muntaner 83). 아니타의 재현뿐만 아니라 샤크파(Sharks)라는 명칭과 그들을 갈색톤 얼굴과 피부를 가진 사람들로 재현하는 것도 "인종주의적 프레임을 효과적으로 재현하기 위한 수단"이라는 비난을 피하기 어렵다(Vidal-Ortiz 181, 이성훈 369). 정치적인 뮤지컬이 아님에도 불구하고 정치성이 내포되어 있다는 말이다.

〈웨스트사이드 스토리〉는 1957년 9월 26일 브로드웨이의 윈터 가든(Winter Garden) 극장에서 초연된 뮤지컬 〈웨스트사이드 스토리〉를 영화로 만든 작품이다. 제롬 로빈스(Jerome Robbins)와 로버트 와이즈(Robert Wise) 감독에 의해 영화로 제작되어 1961년 최고의 화제작이 되었고, 제34회 아카데미 영화 시상식에서 11개 부문에 걸쳐 상을 수상했다. 제롬 로빈스는 몸짓과 춤을 극적 전개의 중요한 요소로 채택하는데, 이는 당시의 뮤지컬 흐름과는 다른 실험적인 작업이다. 대립하는 두 집단의 갈등과 젊은이들의 쫓고 쫓기는 상황이 발레와 현대무용이 가미된 세련된 춤으로 표현되고 있는 첫 장면은 대단히 인상적이다. 젊은이들의 감정이 아무런 대사 없이 손가락만을 튕기는 것만으로도 효과적으로 표현될 수 있다는 점 또한 흥미롭다. 로빈스는 군무에서 기계적인 춤을 배제하고 독창적인 춤을 구성해 각각의 배역에 생명을 불어넣었다(Garebian 29). 〈웨스트사이드 스토리〉는 잘 짜인 대본과 동시에 그 내용에 상응하는 음악과 춤을 통해 최대의 효과를 내고 있는 뮤지컬 영화이다. 뮤지컬인 만큼 음악과 가사가 우연히 나오는 경우는 거의 없다. 사건의 전개에 음악과 노래의 가사가 대사 못지않은 큰 비중을 차지하고 있다는 말이다.

춤과 음악이 사건의 전개와 분위기에 얼마나 결정적인 역할을 하고 있는가는 프롤로그(Prologue)와 1막 1장을 보면 확연해진다. 프롤로그는 오케스트라가 휘파람 소리를 배경으로 긴박감을 자아내는 빠르고 거친 불협화음을 들려주면서 시작한다. 불협화음을 통해 작품에 드러날 반목과 대립을 미리 제시하고 있는 것이다. 맥밀란(S. McMillan)에 따르면 오케스트라는 뮤지컬에서 가장 권위가 있는 존재이다. "앞으로 어떤 일이 일어날지"를 미리 알고 있기 때문이다(127). 앞으로 일어날 일이란 제트파와 샤크파의 대립과 불화이고 이 불화 가운데 진행되는 토니와 마리아의 비극적 사랑이다. 덜컹거리는 지하철의 소음이 들리고 자동차의 경적소리가 들린다. 카메라는 설정 숏으로 뉴욕의 고층빌딩들을 담아내고 차들이 왕래하는 고속도로를 비춘다. 뉴욕의 웨스트사이드 뒷골목에 젊은이들의 모습이 보인다. 먼저 이 웨스트사이드의 토박이인 이탈리아계 이민자의 후손들로 구성된 제트파가 아무 말도 하지 않고 손가락만을 튕기며 등장하는데, 그들의 시선과 몸동작은 긴장감을 자아낸다. 푸에르토리코 이민자인 샤크파 단원들도 긴장된 모습으로 손가락을 튕기면서 등장한다. 아무 말 없이 동작으로만 진행되는 이 프롤로그는 대사 없이도 두 집단 간의 갈등과 긴장감을 대단히 효과적으로 드러낸다. 자신의 감정을 설득력 있는 언어로 표현할 능력을 갖지 못한 두 집단의 젊은이들은 에너지의 과잉을, 그리고 분노와 증오와 공포를 몸을 통해, 즉 '춤'을 통해 표출한다(김광선 241).

안무가 제롬 로빈스는 단순한 볼거리로만 여겨졌던 '춤'을 극적 상황과 인물의 성격 및 심리상태를 표현하는 매체로 승화시켰다. 프롤로 그의 젊은이들의 춤에 적용된 재즈 댄스(Jazz Dance)는 극적 전개에 상응하는 속도감과 리듬감이 돋보이는 춤이다.[1] 제트파와 샤크파의 역동적인 군무, 대결 등 거의 모든 장면에서 춤은 극적 흐름을 대변하는 중요한 표현매체로 사용되고 있다. 이들 동작의 배경으로 깔리는 음악 또한 긴장감을 극명하게 고조시킨다. 프롤로그에서 사용된 거친 불협화음은 '음악적 긴장'으로 가득 차 있으며, 이는 불안한 상황의 긴박감과 잘 어울리는 음악이다(Swain 234). 음악이라는 청각적 요소와 춤이라는 시각적 요소만으로도 긴장감을 고조시키는 데 성공하고 있는 것이다.

1막 1장에서 손가락을 튕기면서 등장한 제트파와 샤크파는 서로를 향해 야유를 퍼붓는다. 곧 두 조직 간의 결투가 벌어질 것 같은 험악한 분위기이다. 그러나 경찰의 도착으로 싸움은 벌어지지 않는다. 이 거리가 자신들의 구역이라고 주장하는 제트파 단원들에게 쉬랭크(Schrank) 형사는 싸워도 상관없지만 자신의 구역에서는 안 된다는 이기적인 경찰이고, 제트파의 기득권을 인정하면서 제트파를 거들고 샤크파를 이 거리에서 사라지라고 소리치는 인종 차별적인 모습을 드러내는 경찰이다. 이어 쉬랭크를 비꼬는 제트파 아이들의 대사가 진행되고, 리프는 웨스트사이드 지역을 지키기 위해 얼마나 노력했는지 상기시킨다. 그런데 문제는 푸에르토리코 갱단에 붙여진 샤크파(Sharks)라는 명칭이다. 푸에르토리코인들의 '공격성과 야만성'을 함의하는 상징적인 조작으로 받아들일 수 있는 여지를 남겨두고 있기 때문이다. 샤크파에

1_ 자유롭고 유연한 움직임을 통해 감정을 표현하기 적절한 재즈 댄스는 뮤지컬 안무에서 '표현 형식의 시조'로 간주되는 춤이다. Margot Sunderland & Ken Pickering, *Choreographing the Stage Musical* (New York: J. Garnet Miller, 1989), 25 & 11; Elaine A. Novak, *Performing in Musical* (New York: Macmillan, 1988), 23.

대한 제트보이들의 언급은 백인들이 푸에르토리코인들을 자신들이 차지한 "일상의 공간을 위협"하고 일자리를 위협하는 이주자로 보고 있음을 시사하는 부분이다(Sanchez 169, 이성훈 370). 제트파의 두목인 리프는 이날 밤에 열리는 댄스 파티장에서 샤크파와 결전을 벌이겠다고 선언하고, 뉴욕의 웨스트사이드 뒷골목이 자신들의 구역임을 선언한다. 영토 분쟁을 벌이는 국가의 원수가 어느 지역을 자신의 영토라고 선언하는 듯한 분위기이다. 제트파의 두목인 리프는 샤크파가 칼을 쓰면 자신들도 칼을 쓰고, 그들이 총을 쓰면 자신들도 총을 쓰겠다고 선언하면서 피에는 피로 맞서겠다는 강력한 의지를 드러낸다.

외부인들을 몰아내고 자신들의 영역을 지키겠다는 배타적인 내용을 담은 '제트송'(Jets Song)은 제트파의 성격을 단적으로 드러내는 노래이다. 리프는 한번 제트파의 일원이 되면 죽는 날까지 걱정할 게 없다고 노래한다. 형제가 생기고 가족이 생기기 때문이다. 절대 혼자가 아니며 늘 함께할 이가 있음을 강조하는 이 노래에서 "한번 제트파가 되면 영원히 제트파의 가족"(When you're a Jet, you are a Jet all the way)으로 남는다는 것을 강조한다(*WS* I-1).[2] 1막 1장을 종결하는 이 '제트송'은 제트파의 단원들이 자신들이 속한 집단에 대한 자부심을, 그리고 강한 소속감과 애착을 공유하고 있음을 잘 드러내는 노래이다. 거칠고 빠른 리듬과 금관악기와 타악기의 사용이 두드러진 노래이다. 차갑고 날카로운 금관악기가 날카로운 젊은이들의 분노를 효과적으로 표현할 수가 있고, 심장박동을 연상시키는 타악기의 소리가 10대들

2_ 이하의 〈웨스트사이드 스토리〉 대본 인용은 다음을 따르며 *WS*로 약칭하고 막과 장을 병기한다. Arthur Laurents, *Romeo and Juliet/ West Side Story* (New York: Dell Publishing, 1965).

의 방황과 대립과 갈등을 잘 표현할 수 있기 때문이었을 것이다(지정윤 17). 싸움 장면인 '패싸움'(The Rumble)과 아이스(Ice)가 흥분한패거리들을 달래는 '냉정하게'(Cool)에서도 금관악기와 타악기가 많이 사용된다.

〈웨스트사이드 스토리〉의 1막은 오후 5시 뉴욕의 웨스트사이드에서 진행된 사건이 자리를 이동하여 한밤중까지 진행되며, 다음 날 오후 9시 고속도로 밑에서 제트파와 샤크파가 결투를 벌이는 장면으로 종결된다. 이 결투에서 샤크파의 두목 베르나르도가 제트파의 두목 리프를 죽이자, 이에 격분한 토니는 우발적으로 베르나르도를 찔러 죽이고 부상당한다. 2막은 오후 9시 15분 마리아에게 베르나르도의 죽음을 알리는 치노(Chino)의 등장과 마리아와 부상당한 토니의 만남에서 시작하여 한밤중 거리에서 토니의 죽음으로 종결된다. 뉴욕 웨스트사이드 뒷골목의 음산한 공터에서 시작해 서치라이트가 비치는 어두운 운동장에서 주인공의 죽음으로 종결되고 있는 것이다.

사건의 진행에서 2막에 이르기까지는 인종적 갈등이 부각되고 있다는 점 외에는 원전인 『로미오와 줄리엣』과 그리 큰 차이가 없다. 몬태규(Montague) 가문과 캐퓰릿(Capulet) 가문이 대립하듯이 제트파와 샤크파는 대립하고 결투를 벌이고, 로미오가 줄리엣의 사촌 오빠를 죽이고 도망치듯이, 토니는 마리아의 오빠를 죽이고 도망친다. 그러나 2막에서부터 사건은 원전과는 다른 양상으로 진행된다. 특히 마리아에 관한 아니타의 잘못된 전갈은 사건을 확연하게 다른 방향으로 이끈다. 그러므로 2막을 중심으로 원전과 〈웨스트사이드 스토리〉의 차이, 그리고 원전 재해석과 변형에 드러난 정치성을 논의하겠다.

〈웨스트사이드 스토리〉에서 웨딩 숍 점원으로 일하는 마리아는 셰익스피어 작품의 줄리엣(Juliet)에 해당하는 인물로, '아메리칸 드림'을 꿈꾸고 미국으로 이주한 푸에르토리코 이민자들의 딸이다. 반면 로미오에 해당하는 토니는 폴란드계 이주민의 아들로 리프와 제트파를 만든 장본인이다. 제트파와 푸에르토리코 이민자들로 구성된 샤크파의 대립은 서로 다른 인종 집단의 갈등이지만, 또한 그 저변에 '사회경제적인 갈등'이 내포되어 있다. 서유럽 이주자들이 미국을 개척했고, 뒤이어 동유럽 사람들이 미국에 이주해 하층 계급을 형성했다. 이런 와중에 푸에르토리코인들이 '아메리칸 드림'을 좇아 대량으로 미국으로 이주했고, 일자리를 놓고 미리 이주한 사람들과 경쟁했다. 그들의 대립과 반목은 이런 1940년대와 1950년대의 사회적 맥락에서 파생된 것이다. 미국사회에서 어느 정도 자리를 잡은 서유럽 출신과 동유럽 출신 이민자들은 이미 미국시민으로 기득권을 행사했다. 이런 시기를 배경으로 영화 〈웨스트사이드 스토리〉는 당시의 사회적 갈등을 작품에 끌어들여 셰익스피어의 『로미오와 줄리엣』을 현대적인 관점에서 재해석한다(박병성 2-3).

〈웨스트사이드 스토리〉의 주요 모티프는 청춘 남녀의 운명적 사랑, 이민자들의 인종적 갈등, 그리고 '아메리칸 드림'의 허상이다. 운명적 사랑이 인종적 갈등과 맞대어 처음으로 드러나는 곳은 댄스파티 장면인 1막 4장이며, '아메리칸 드림'의 허상이 구체적으로 드러나는 곳은 1막 5장이다. 주시할 점은 제트파와 샤크파의 젊은이들이 춤을 추는 댄스파티 장면에 서로 다른 성격을 드러내는 음악이 사용되었다는 것이다. 이는 다름 아닌 블루스(Blues)와 맘보(Mambo)이다. 블루스가 미국적이라면 맘보는 라틴적인데, 블루스는 제트파를 대변하는 음악으로 맘보는 샤크파를 대변하는 음악으로 쓰이고 있다. 또한 제트파는 '제트송'(Jet Song)과 '냉정하게'(Cool)란 노래로 자신들을 드러내며, 샤크파는 '아메리카'(America)란 노래로 자신들의 성격을 드러낸다(김광선 253). 주로 이탈리아 이민의 후손으로 구성된 제트파에 미국적인 블루스를 적용하는 것은 그들이 푸에르토리코인들보다 먼저 미국에 이민

와서 어느 정도 자리를 잡았기 때문일 것이다. 제트파가 기득권을 가지고 있다는 말이다. 〈웨스트사이드 스토리〉는 서로 다른 성격을 지닌 각각의 집단을 위해 달리 쓰인 음악을 통해 양 집단의 갈등과 메시지를 청각적으로 표현하고 춤을 통해 시각적으로 표현하고 있다. 댄스파티에 적용된 다양한 군무와 춤은 서로 성격이 다른 집단의 특징을 효과적으로 제시하는 극적 기능을 수행하고 있고, 춤이라는 신체언어가 경우에 따라서는 언어적 소통 수단보다 더 직접적으로 인물의 성격과 상황을 효과적으로 전달할 수 있음을 보여주는 예이다(장윤정 11).

1막 4장에서 토니와 마리아가 처음으로 만나 춤을 추고 사랑을 고백하는 장면은 셰익스피어의 『로미오와 줄리엣』과 유사하다. 이 둘은 로미오와 줄리엣처럼 첫눈에 사랑에 빠진다. 토니는 마리아가 딴 사람을 자신으로 착각하고 있는 것이 아닌지 걱정하면서 서로가 만난 적이 있느냐고 묻는다. 만난 적이 없다는 마리아에게 토니는 오늘 밤 "이전에 일어나지 않았던 일이 일어날 것"을, 즉 그 무엇인가 오리라(something's coming)는 기대를 갖고 있었다고 밝힌다. 하지만 마리아와의 만남은 기대 이상의 일이고, 이들은 만나자마자 첫눈에 사랑에 빠진다. 그러나 토니와 마리아가 키스하려는 순간 갑자기 베르나르도가 이를 저지하고 그들 사이를 갈라놓는다. 그러고는 마리아에게 치노를 따라 집에 가라고 소리 지른다. 베르나르도는 반대파에 속한 토니가 자신의 동생에게 접근하는 것을 받아들일 수 없다. 토니와 마리아의 사랑에 인종적 갈등이 개입된 것이다. 원전의 가문간의 불화가 인종간의 불화로 변형되어 등장한 것이다. '아메리칸 드림'도 인종적 갈등 앞에서 무참히 깨어진다.

'아메리칸 드림'의 허상이 잘 드러나는 곳은 남성과 여성 파트로 구분되어 불려지는 '아메리카'(America)라는 노래이며, 이는 이민자의 실상을 형상화하면서 이 작품의 현재성을 드러내는 부분이다. 이 노래에서 여성들은 대체로 푸에르토리코를 비하하고 미국을 찬양한다. 한 여인이 푸에르토리코의 향수를 노래하면 나머지 여인들이 자신의 나라를 비난하는 식으로 노래가 전개된다. 이를 테면 "열대의 산들바람이 부는 섬 푸에르토리코"라고 하면 나머지 여인들이 "열대 질병의 섬"이라고 응답하는 식이다(박병성 3). 아니타를 위시한 여성들은 미국에서의 자유롭고 풍요로운 삶을 동경한다. 아파트 옥상에 모인 남녀들이 패를 갈라, 남성 파트가 성공하여 에어컨, 전화, 텔레비전을 캐딜락에 실고 푸에르토리코에 돌아갈 거라고 노래하면, 여성 파트는 "그런 걸 갖게 되면 푸에르토리코엔 왜 돌아가느냐"(If you had all that here, why would you want to go back to Puerto Rico?)(*WS* I-5, 166)고 반문한다. 그러나 아니타는 그런 게 없다 한들 왜 푸에르토리코에 돌아가느냐고 대꾸한다. 미국이 그렇게 좋으냐는 베르나르도에게 아니타는 푸에르토리코에서 빈털터리로 살아가는 것보다는 미국의 이민자 생활이 낫다고 반응한다.

이 노래에 앞서 베르나르도는 치노가 폴란드 놈인 토니 월급의 반밖에 벌지 못한다는 것을 상기시키면서 미국에서 겪은 불평등을 비난하고, 아니타는 자신들이 외국인으로 차별받는 것을 비난한다. 베르나르도가 아니타를 두고 푸에르토리코인이 아니라 미국인으로 살기를 바란다고 비난하자, 아니타는 자신의 마음이 항상 푸에르토리코에 있다고 밝힌다. 하지만 "항상 허리케인이 밀려오고, 인구는 자꾸 늘어나고, 빚도 늘어나고, 태양은 따갑고, 국민은 고통 받는"(Always the hurricanes blowing,/ Always the population growing/ And the money owing,/ And the sunlight streaming/ And the natives steaming)(*WS* I-5, 167) 푸에르토리코에 가고 싶지 않다. 그래서 아니타는 미국이 좋고 미국에 살고 싶다.

활발한 군무와 더불어 빠른 템포로 미국 생활을 노래하는 이 '아메리카'는 그 경쾌한 리듬에도 불구하고 이민 생활의 어두운 현실 또한 부각시키고 있다. 미국을 찬양하는 아니타의 노래에 끼어드는 남성 파트의 노래는 아니타의 생각과는 대조되는 생각을 드러낸다. 아니타가 "자유의 나라, 미국"이라고 노래하자 베르나르도는 푸에르토리코인은 쥐꼬리만 한 월급밖에 받지 못한다고 비꼬고, "전부 외상으로 살 수 있다"고 하자 우리에겐 두 배로 받는다고 비난한다. 아니타를 위시한 여성 파트가 세탁기도 있다고 하지만 베르나르도를 위시한 남성 파트는 "빨 옷이나 있으면 몰라"라고 비꼬고, 새집들이 생기고 "하늘을 찌르는 고층빌딩, 거리를 뒤덮은 캐딜락"을 보라고 하지만, 푸에르토리코인들에게는 해당 사항이 없다고 절망을 드러내고 푸에르토리코인들이 사는 콩나물시루 같은 아파트들을 보라고 반문한다(*WS* I-5, 167-68).

여성 파트가 "테라스 있는 아파트"에 살 것이라고 하자 남성 파트가 말투부터 고치라고 비꼰다. 여성들이 "미국에서 인생은 밝다"(Life can be bright in America)고 하자 남성들은 온통 싸움판이라고 비꼬고, "미국에서 사는 일이 괜찮다"(Life is all right in America)고 하자 남성들은 "백인한테만 그렇다"고 불만을 드러낸다(*WS* I-5). '아메리카' 전체에 걸쳐 아니타를 위시한 푸에르토리코 여성들은 미국 생활을 동경하는 마음을 드러내고, 베르나르도를 위시한 남성들은 미국 생활의 어두운 면과 불만을 드러낸다. 미국 생활의 명암이 잘 드러난 이 노래가 강조하는 것은 푸에르토리코 여성들의 동경에도 불구하고 나아지지 않는 푸에르토리코 이민자의 비참한 현실과 인종차별이다. 푸에르토리코 여성들이 기대하는 '아메리칸 드림'의 성취는 요원하다. '아메리카'는 이 영화의 주제로 작용하는 인종 편견의 문제가 명시적으로 드러난 노래이다(Novak 18).

자유로운 미국을 외치며 미국에서는 원하는 일을 뭐든 할 수 있다고 환호하는 여성 파트에 이어 남성 파트는 같은 '패거리와 어울릴 때'

만 자유롭고, 미국에서 할 수 있는 일이란 고작 웨이터나 구두닦이뿐이라고 반문한다. 푸에르토리코 남성들은 범죄가 판을 치는 미국의 '우중충한 빈민가'에서 사는 일이 지긋지긋하다. 그리하여 자신들을 환영해줄 고향 산 후안으로 돌아가고 싶다. 그러자 여성들은 타고 갈 배를 찾아주겠다고 한다. 하지만 여성들은 산 후안에 가면 모두가 미국으로 이민가고 아무도 없을 것이라고 빈정댄다(*WS* 167-68). 남성들과 여성들의 시각이 극명한 대조를 이루고 있는 셈이다. 여성들의 찬양에도 불구하고 뉴욕의 뒷골목에서 거친 삶을 살아가는 푸에르토리코인들에게 아메리칸 드림은 요원하다.

로미오에 해당하는 토니는 리프와 함께 제트파를 만든 불량배였으나, 지금은 그 집단에서 손을 떼고 닥(Doc) 아저씨 상점 일을 도우면서 살아가는 착한 청년이다. 줄리엣에 해당하는 마리아는 처음으로 댄스파티에 참가한다는 것에 들떠 있는 순진한 처녀이다. 이 두 사람은 로미오와 줄리엣처럼 첫눈에 사랑에 빠진다. 그러나 이들을 둘러싼 상황과 인종적 편견은 그들의 사랑을 가로막는다. 토니는 제트파에 속해 있던 인물이고 마리아는 푸에르토리코 이민자의 후손으로 샤크파의 두목인 베르나르도의 여동생이다. 제트파와 샤크파가 뉴욕의 뒷골목을 장악하기 위해 서로 싸우는 상황에서 토니와 마리아의 사랑이 온전하게 진행되기는 어려울 것이다.

닥 아저씨는 『로미오와 줄리엣』의 로렌스(Lawrence) 신부와 유사한 인물이다. 닥 아저씨도 로렌스 신부처럼 연인들의 든든한 지원자로 등장하기 때문이다. 그러나 그는 마리아를 알지 못하며, 로렌스 신부처럼 그들의 결혼식 주례도 서지 않는다. 토니와 마리아는 주례도 없고 하객도 없는 둘만의 외로운 결혼식을 올린다. 리프와 베르나르도의 결투와 토니가 베르나르도를 우발적으로 찔러 죽이는 장면(*WS* I-9)은 『로미오와 줄리엣』에서 머큐쇼(Mercutio)와 티볼트(Tybalt)가 싸우는 장면과 대비된다. 로미오도 싸움을 말리려고 갔지만 티볼트가 머큐쇼를 죽이자 우발적으로 티볼트를 죽이게 된다. 비슷한 구도이지만 〈웨스트사이드 스토리〉에서 베르나르도는 마리아의 친오빠로 설정된 반면, 『로미오와 줄리엣』에서는 티볼트가 줄리엣의 사촌오빠로 설정되어 있다. 토니나 로미오나 우발적으로 상대를 죽인다. 그러나 〈웨스트사이드 스토리〉에서는 토니가 연인의 오빠를 살해하게 함으로써 사건이 더 심각한 방향으로 진행되도록 처리한다.

〈웨스트사이드 스토리〉와 『로미오와 줄리엣』은 모두 비교적 비극적 결함이 없는 청춘 남녀의 비극적 사랑을 다룬다. 두 청춘 남녀가 자신들의 의지와 상관없는 우발적인 사건으로 인해 비극적 파국에 이른다는 점은 유사하지만, 그 결말부는 차이가 있다. 원작에서는 로미오가 죽고 줄리엣이 그를 따라 죽는다. 그러나 〈웨스트사이드 스토리〉에서는 토니만 죽고 마리아는 그를 따라 죽지 않는다. 종결부에서 폭력 집단 양편을 향해 강한 어조로 갈등과 폭력의 종식을 촉구하는 마리아의 모습은 원작의 여주인공 모습과는 큰 차이가 있다. 마리아는 원전과 각색에 등장하는 그 어떤 남녀 등장인물들보다 비중이 큰 인물이다. 마지막 장면에서 죽은 토니를 안고 있던 마리아는 토니와 리프와 베르나르도를 그들 모두가 죽인 것이라고 외친다. 그러고는 치노에게 총을 뺏어 토니의 시신을 둘러싼 제트파와 샤크파 패거리들에게 다음과 같이 말하면서 총을 겨눈다.

> 물러서! 이 총을 어떻게 쐈지, 치노? 이 방아쇠를 당겼니? (마리아는 갑자기 치노에게 총을 겨누고, 치노는 뒤로 물러선다. 격렬한 분노를 드러내는 그녀의 목소리는 점점 더 강해지고, 그녀는 이제 그녀 앞에 선 모두에게 총을 겨눈다.) 총알이 몇 개 남았지, 치노? 너를 쏠 건 있겠지? (다른 사람을 겨누며) 그리고 너도? (액션을 겨누고) 너희들 모

두? 우리 모두가 죽였어. 내 오빠와 리프를. 나도 이젠 죽일 수 있어. 증오가 생겼으니까. (그녀는 거칠게 총을 겨눈다. 모두가 뒤로 물러선다. 마리아가 다시 액션에게 똑바로 총구를 겨눈다.) 내가 몇 명이나 죽일 수 있지, 치노? 날 위해 총알 한 방은 남겨야지.

How do you fire this gun, Chino? Just by pulling this little trigger? *[She points it at him suddenly; he draws back. She has all of them in front of her now, as she holds the gun out and her voice gets stronger with anger and savage rage.]* How many bullets are left, Chino? Enough for you? [Pointing at another.] And you? [*At Action.*] All of you? WE ALL KILLED HIM; and my brother and Riff. I, too. I CAN KILL NOW BECAUSE I HATE NOW. [*She has been pointing the gun wildly, and they have all been drawing back. Now, again, she holds it straight out at Action.*] How many can I kill, Chino? How many—and still have one bullet left for me? (*WS* II-6, 223)

마리아의 격렬한 분노가 여과 없이 드러난 부분이다. 마리아는 총이나 총알이 아닌 증오가 모두를 죽였다고 강력하게 항변한다. 마리아는 이제 자신도 사람을 죽일 수 있다고 말한다. 연인과 오빠의 죽음으로 인해 증오심이 생겼기 때문이다. 〈웨스트사이드 스토리〉는 인종 간의 갈등과 증오가 얼마나 큰 비극을 야기하는지를 잘 보여주는 작품이다. 앞서 언급했듯이 마리아는 『로미오와 줄리엣』에서 잠에서 깨어나 죽은 로미오를 발견하고 단도로 자살한 줄리엣과는 매우 다른 인물이다. 줄리엣은 로미오를 따라 죽는다. 그러나 마리아는 줄리엣처럼 연인을 따라 죽지 않는다.

〈웨스트사이드 스토리〉에서 사건의 진행에 대한 마리아의 영향력은 지대하다. 마리아는 적극성을 드러내면서 사건의 곳곳에 개입한다. 예를 들어 마리아는 싸움을 중단시켜야 한다고 강력하게 토니를 설득하고 토니의 손에 죽은 오빠의 연인 아니타도 설득한다. 토니에게 보내는 메시지를 아니타에게 맡기고 아니타가 이를 전하러 갔다가 사건이 꼬여 파국으로 치닫게 된다는 것은 그만큼 마리아의 역할이 지대하다는 것을 드러내는 설정이다. 죽은 토니의 시신을 안고 양편 패거리들에게 분노를 터뜨리며 강력하게 경고한다. 마리아는 줄리엣에게서는 볼 수 없었던 적극성을 드러내면서 인종 간의 갈등과 증오를 언급한다. 이처럼 마리아는 모든 이들을 향하여 자신의 의사를 적극적으로 표현한다.

줄리엣의 소극성과는 대조되는 마리아의 적극성은 곳곳에서 드러나고 있다. 마리아는 토니가 베르나르도를 찔러 죽인 사건 이후 토니와 헤어질 것을 종용하는 아니타를 강력한 목소리로 설득한다. 아니타는 마리아의 오빠인 베르나르도를 사랑하는 여인이다. 2막 3장에서 마리아의 아파트에 숨어 있다가 아니타가 온 것을 눈치 챈 토니는 닥 아저씨의 약국 근처 버스 정류장에서 기다리겠다는 말을 남기고 마리아의 아파트를 급히 나선다. 닥 아저씨의 도움을 받아 도망치자고 약속한 것이다. 그러나 갑자기 문을 연 아니타는 거리로 뛰쳐나가는 토니를 바라보면서 마리아에게 오빠를 죽인 적을 사랑해서는 아니 된다고 경고한다. 아니타는 2막 3장의 '그런 녀석은…'(A Boy Like That)(*WS* II-3)이란 노래를 통해 오빠를 죽인 잔인한 토니와 같은 놈을 잊어버리라고 푸에르토리코인들 중에 비슷한 사람을 골라 만나라고 충고한다. 토니 같은 살인자는 사랑할 수 있는 따뜻한 마음이 없고, 마리아를 범하고 나면 곧 그녀를 버릴 것이라고 충고한다. 자신과 마리아가 사랑하는 베르나르도를 죽인 잔인한 토니 같은 놈을 잊으라고 요구한다. 아니타는 분노에 찬 목소리로 이야기하면서 마리아에게 다른 사람을 만날 것을 강력하게 요구한다. 하지만 마리아는 사랑의 힘을 강조하며 아니타를 설득하려고 한다.

아니타는 강력한 목소리로 오빠를 죽인 잔인한 토니와 같은 놈은 잊으라고 하지만, 마리아는 2막 3장의 이어지는 노래, '난 그를 사랑해'(I Have A Love)라는 노래를 통해 자신이 토니를 얼마나 사랑하는지를 드러내면서 아니타를 설득한다. 자신의 오빠이며 아니타의 애인인 베르나르도가 토니의 손에 죽었지만 마리아에게 중요한 건 사랑이다. 마리아는 머리로는 아니타의 말이 맞는 걸 알지만, 자신의 마음은 아니라고 말하고 있다면서 다음과 같이 노래한다. "너도 사랑해봤으니 알 것 아냐. 진정한 사랑이었다면 너도 알 것 아냐. 난 사랑을 찾았어. 내가 가진 건 그것뿐(You should know better, you were in love/ Or so you said, you should know better/ I have a love and it's all that I have). 옳건 그르건 내가 어쩌겠어? 난 그 사람을 사랑해. 난 그 사람 거야. 그의 모든 것이 내 것이기도 해"(*WS* II-3). 마리아에게 중요한 것은 사랑하는 토니를 찾았다는 것이고 자신이 필요한 건 그것뿐이라고 말한다. 그러고는 평생 토니와 함께하겠다는 결심을 밝힌다.

'그런 녀석은…'이란 노래와 '난 그를 사랑해'를 통해 아니타와 마리아가 서로 논쟁을 벌이는 것처럼 진행되던 멜로디는 이제 두 사람의 합창으로 종결된다. 마리아에게 설득당한 아니타는 마침내 마리아와 함께 "사랑이 강하면 옳고 그름은 없지. 사랑이 곧 인생이니까"(When love comes so strong, there is no right or wrong. Your love is your life!)라고 합창한다(*WS* II-3). 아니타는 마침내 토니에 대한 마리아의 사랑을 이해하고 그녀를 돕는다. 한편 토니를 사랑하는 마리아에게 분노를 느낀 치노는 토니를 찾아 죽이려고 하는데, 아니타는 마리아에게 치노가 총을 가지고 토니를 찾고 있다는 것을 알려준다.

마리아는 토니에 대한 자신의 사랑을 적극적으로 표현할 뿐만 아니라 그것을 다른 사람에게도 전달하고자 한다. 아니타를 설득하는 장면에는 이런 적극적인 마리아의 성격이 드러나 있다. 이 점에 있어 마리아는 줄리엣과는 현격한 차이가 있는 인물이다. 줄리엣은 자신의 의사를 마리아처럼 적극적으로 표현하지 않을 뿐만 아니라 마리아처럼 누군가를 설득하려고 하지도 않는다. 줄리엣은 소극적이고 수동적인 인물이다. 로미오를 사랑하고 있음에도 불구하고 아버지 캐퓰릿(Capulet)과 어머니가 제안하는 패리스(Paris)와의 결혼을 마지못해 받아들이기 때문이다. 마리아는 극 전체에서 줄리엣보다 훨씬 비중이 큰 인물이다.

〈웨스트사이드 스토리〉에 등장하는 여성인물들은 『로미오와 줄리엣』의 줄리엣이나 유모보다 비중이 훨씬 크다. 마리아뿐만 아니라 아니타도 사건의 전개에, 특히 비극적 진행에 지대한 영향력을 행사하는 인물이다. 아니타는 마리아의 오빠인 베르나르도를 사랑하는 여인으로, 마리아 곁에서 늘 그녀를 돕는 인물이다. 형사가 마리아의 아파트를 찾아가 베르나르도에 대해 묻자, 위험을 직감한 마리아는 아니타에게 쪽지를 건네주면서 토니에게 급히 전해달라고 부탁한다. 토니의 손에 연인을 잃은 아니타이지만 이제 그녀는 토니를 구하기 위해 마리아가 준 쪽지를 들고 그를 찾아 나선다. 토니는 닥 아저씨의 가게 지하실에 숨어 있고 제트파가 그를 보호하고 있다. 2막 4장에서 아니타는 닥 아저씨 가게에서 제트보이들을 만나고, 마리아의 메시지를 토니에게 전해주기 위해 제트보이들에게 길을 비켜 줄 것을 부탁한다. 그러나 그들은 아니타의 앞을 가로 막고 성추행을 하면서 그녀를 심하게 모욕한다.

〈웨스트사이트 스토리〉는 인종 간의 갈등과 '아메리칸 드림'의 허상뿐만 아니라 1950년대 당시 미국 사회가 직면했던 사회적 약자에 대한 차별, 여성에 대한 차별 문제까지 포괄적으로 다루고 있다. 아니타를 둘러싼 제트파 무리들에게 아니타가 지나가게 해달라고 애원하지만 스노보이(Snowboy)는 "피부가 검어서 지나갈 수 없다"(She's too dark to pass)고 그녀를 조롱하고 다른 패들은 스페인 말로 그녀를 조롱한다. 아니타가 토니에게 메시지를 전달하러 왔다고 하자, 그중 한 사람이 그녀를 "베르나르도의 돼지"(Bernardo's pig)라고 부르면서 조롱한다. 토니를 밀고하려는 것으로 오해했기 때문이다. 토니를 돕기 위해 온 아니타에게, 그들은 아니타가 "마늘냄새 나는" 더러운 년이라고 하면서 성추행하려고 집단으로 덤빈다. 제트파 패거리들은 대사뿐만 아니라 몸짓은 통해 아니타에 대한 조롱을 표현한다(*WS* II-4). 1막 4장과 1막 5장에서 사용된 음악이 이 장면의 배경음악으로 다시 등장한다. 아니타가 제트파들 앞에 나타나자 '맘보'가 배경음악으로 깔리고, 아니타가 성추행을 당하는 순간 '아메리카'로 바뀐다. 이는 제트파 패거리들의 조롱이 아니타 개인에게가 아니라 푸에르토리코인 전체를 향한 인종적 조롱이라는 것을 시사한다(김광선 253-54). 조롱당한 아니타는 다음과 같이 분노를 드러낸다.

> 베르나르도가 옳았어. 너희 놈 중 누가 길에서 피 흘리고 누워 있으면 침을 뱉어줄 거야. (…) 건들기만 해봐? 네 미국 친구를 위해 메시지를 가져왔지. 그 살인자에게 마리아를 다신 못 본다고 전해. 치노가 둘 사이를 알아채고 총을 쏴서 마리아는 죽었다고.

> Bernardo was right… If one of you was bleeding in the street, I'd walk by and spit on you. (…) Don't you touch me. I got a message for your American buddy. You tell that murderer… that Maria's never going to meet him. You tell him that Chino found out about them and shot her! She's dead. (*WS* II-4)

제트파 패거리들에게 분노한 아니타의 거짓말이다. 사건이 급반전되는 순간이다. 치노가 둘 사이를 알아채고 총을 쏴서 마리아를 죽였다는 아니타의 거짓말은 이 작품의 흐름을 완전히 바꾸어 놓기 때문이다. 아니타는 『로미오와 줄리엣』의 유모와 비교할 수 있는 인물이다. 유모와 아니타 둘 다 여주인공 곁에 있으면서 그녀를 돕고 보호한다. 유모는 극에서 차지하는 비중이 그리 크지 않다. 그녀로 인해 사건의 전개가 급격하게 바뀌지 않는다는 말이다. 그러나 아니타는 유모보다 플롯의 전개에 훨씬 더 큰 영향력을 행사한다. 지금까지 별다른 차이가 없었던 두 작품 간의 사건 전개가 아니타의 거짓말로 인해 확연히 차이를 드러내기 시작하기 때문이다.

『로미오와 줄리엣』에서는 줄리엣이 직접 로렌스 신부를 찾아가 자신의 사정과 모든 사실을 알려주고, 로렌스 신부는 그녀에게 마시면 죽은 것처럼 보이지만 잠시 후 깨어나는 약을 주면서 줄리엣을 돕는다. 그러나 로미오에게 전하려는 로렌스 신부의 편지가 로미오에게 제시간에 전달되지 못하면서 극이 비극으로 치닫는다. 신부의 예상과는 달리 약을 먹고 잠시 죽은 것처럼 누워있는 줄리엣을 본 로미오는 그녀가 정말 죽은 것으로 오인하여 자결하기 때문이다. 깨어나서 죽은 로미오를 본 줄리엣 또한 자결한다. 지금까지 〈웨스트사이드 스토리〉와 『로미오와 줄리엣』의 사건 진행은 크게 달라 보이지 않는다. 반목하는 양 집단의 싸움, 연인들의 운명적인 만남, 발코니 장면, 연인들의 비밀결혼 등은 두 작품에서 유사하게 재현된다(Swain 223). 서로 사랑하는 청춘남녀가 우발적인 사건에 휘말려 비극적 파국에 이른다는 골격은 비슷하다. 그러나 치노가 마리아를 죽였다는 아니타의 거짓말 이후, 사건은 걷잡을 수 없이 꼬이기 시작하고 원전과는 다른 방향으로 진행된다.

가문 간의 갈등과 불화가 비극의 원인으로 작용하는 원작과는 달리 〈웨스트사이드 스토리〉에서는 인종 간의 증오와 대립이 비극의 주요한 원인으로 작용하고 있다. 주목할 점은 셰익스피어가 로미오와 줄리엣의 운명을 우연에 맡겨 놓은 반면, 로렌츠는 인종에 대한 '사회적인 편견'이 대단히 중요한 역할을 하도록 구성했다는 점이다(강용식 72). 로렌츠는 인종문제와 갈등을 다루면서 필연성을 강조하고 있는 것이다. 아니타의 거짓말 또한 토니와 마리아의 비극에 필연성을 부가한다. 모욕감을 느낀 아니타가 한 거짓말이 사건이 비극으로 치닫는 데 결정적인 역할을 하도록 구성한 〈웨스트사이드 스토리〉는 양가의 불화와 시간의 우연한 꼬임이 비극적 전개에 관여하도록 구성한 『로미오와 줄리엣』과는 개연성의 관점에서 차이가 나는 작품이다. 코헨(Ruby Cohen)은 셰익스피어 정전을 각색한 그 어떤 작품도 원작을 넘어서지 못한다고 주장했지만(vii), 플롯 구성과 개연성의 관점에서 보자면 사건의 비극적 전개에 필연성이 개입된 〈웨스트사이드 스토리〉가 시간의 우연한 꼬임이 비극적 전개에 작용하는 『로미오와 줄리엣』보다 더 우수한 작품이다(Laurents, *Original* 349, 강용식 72). 토니와 마리아의 비극은 우연이 아니다. 그들의 비극은 인종 편견으로 가득 찬 사회에서 필연으로 작용한다.

2막 5장에서 토니는 닥 아저씨는 상점의 지하실에 숨어 있다. 아니타의 거짓말 이후 닥 아저씨는 숨어 있는 토니에게 치노가 마리아를 죽였다고 전한다. 닥 아저씨는 "너희들은 왜 이렇게 늘 싸우면서 살아야 하느냐"고 질책하면서 이해할 수 없는 일이라고 하자, 토니는 마리아가 자신을 이해한다고 말한다. 그러자 닥 아저씨는 "마리아가 알긴 뭘 알아. 절대로 몰라. 마리아는 이제 없다"고 하면서 치노가 둘 사이를 알고 마리아를 죽였다는 아니타의 거짓을 전한다(*WS* II-5). 물론 이는 아니타의 거짓말과 닥 아저씨의 오해에 기인한 잘못된 전갈이다. 하지만 토니는 이를 곧이곧대로 믿는다. 잘못 전해진 전갈로 인해 이제 사건은 전혀 다른 방향으로 진행된다. 아니타가 거짓말을 하기 전까지는 비슷한 전개를 보여 왔던 『로미오와 줄리엣』과 〈웨스트사이드 스토리〉의 플롯은 확연하게 달라지기 시작한다.

2막 6장에서 충격에 휩싸인 토니는 미친 듯이 거리로 나가 다급한 목소리로 다음과 같이 소리친다. “어서 나와 나도 죽여, 치노! 어서 나와 나도 죽여!”(Come and get me too, Chino! Come and get me too, Chino!) 마리아가 죽었다는 소식을 접한 토니의 반응과 『로미오와 줄리엣』에서 줄리엣의 죽음을 전해들은 로미오의 반응은 상당한 차이가 있다. 로미오는 줄리엣이 죽었다는 사실을 전해 듣고, 자살하기 위해 독약을 사서 줄리엣에게 달려간다. 그러고는 신부가 준 약을 먹고 잠든 줄리엣을 죽은 것으로 오해하여 스스로 독약을 마시고 자살한다. 그러나 치노가 마리아를 죽인 것으로 오인한 토니는 치노를 찾아 나선다.

치노를 찾던 토니는 공터에서 마리아를 발견하고 두 사람은 반가워서 얼싸안는다. 그러나 이 순간 한 발의 총소리가 나고 토니가 쓰러진다. 마리아를 짝사랑하는 치노가 갑자기 나타나 토니에게 총을 쏜 것이다. 절정에 달한 인종 간의 갈등이 터진 순간이다. 치노는 『로미오와 줄리엣』의 패리스 경과 비교될 수 있는 인물이다. 패리스는 줄리엣의 연인이 되고자 했고 치노도 마리아의 연인이 되기를 원했다. 그러나 줄리엣에 대한 자신의 사랑을 계속 표현하는 패리스와는 달리 치노는 마리아에 대한 자신의 마음을 잘 표현하지 않는다. 다만 마리아의 주변을 떠돌 뿐이다. 치노에게 더 큰 인종적 차별이 주어졌을 것이라는 사실을 짐작하기 어렵지 않다. 치노는 다른 푸에르토리코인들보다 더 까무잡잡한 피부와 강한 스페인 발음을 구사하는 인물로 재현되고 있기 때문이다. 『로미오와 줄리엣』에서 패리스 역시 로미오의 죽음에 간접적으로 관여하는 인물이지만, 그를 직접 죽이지는 않았다. 그러나 치노는 연적인 토니를 직접 죽인다. 인종갈등의 심각성을 보여주는 경우일 것이다.

마리아가 죽은 토니에게 키스를 한 뒤, 제트보이들은 토니의 시신을 옮긴다. 처음에는 제트보이들만이 옮기다가 나중에는 샤크파 중 몇 명도 운구를 돕는다. 경찰차의 헤드라이트가 번쩍거리고 배경음악으로 '그 어디엔가'라는 노래가 흘러나온다. 그런데 주목할 점은 토니의 시신을 옮기는 행렬이다. 제트파 단원 중 몇 명이 샤크파 단원들이 서 있는 방향으로 토니의 시신을 옮긴다. 몇몇 제트파와 샤크파 단원들이 토니의 시신을 따라 같은 방향으로 빠져나가자, 제트파의 베이비 존(Baby John)이 마리아에게 스카프를 씌워준다. 존스(J. B. Jones)는 이 장면을 두고 믿기 어려운 장면이라고 비판했지만(193), 이런 행동에는 상징적 의미가 내포되어 있다. 그것은 다름 아닌 두 패거리의 화해의 가능성이다. 토니의 죽음 앞에 양쪽 편이 모두 애도의 자세를 드러내기 때문이다. 그러나 서로에 대한 증오의 감정이 완전히 사라진 것은 아니다. 마리아가 퇴장하자 그 자리에 남아 있던 몇몇 패거리들은 각자 자신들의 방향으로 퇴장한다. 이는 인종 간의 갈등이 여전히 그리 쉽게 해결되지 않을 과제로 남아 있다는 것을 암시한다. 토니의 죽음에도 불구하고 살아남은 마리아가 그런 갈등을 푸는 실마리를 제공할 것이다. 토니의 시신이 옮겨진 후 슬퍼하던 마리아는 일어나 비장한 표정으로 토니의 시신이 옮겨지는 곳으로 걸어간다. 마리아의 비장한 모습은 인종 간의 갈등을 적극적으로 해결하는 데 일조하리라는 인상을 강하게 풍긴다. 그 해결책은 다름 아닌 '차이'의 포용과 이해이다.

로드리게스(Clara E. Rodriquez)의 주장에 따르면 많은 할리우드 영화에서 라티노는 부정적으로 재현되고 있다. 가족에 대한 라티노 여성의 헌신은 "많은 자식을 가진 가난한 어머니"라는 이미지로 재현되고, 라티노 남성은 "폭력, 범죄, 위험한 사랑"과 관련된 부정적 이미지로, 가족에 대한 라티노 여성의 애정은 범죄를 저지른 가족 일원을 보호하는 왜곡된 이미지로 재현되고 있다(2-3). 〈웨스트사이드 스토리〉가 의도적으로 인종주의적 재현을 시도하지 않았다고 해도 이 작품에 재현된 푸에르토리코인들의 부정적 모습은 다소 과장되어 있다. 그들이 뒷골목에서 영역 다툼을 벌이며 싸우는 청소년들이긴 하지만, 그들 집단의 이름인 '샤크파'(상어파)가 지시하듯 잔인한 인물들은 아니다.

인종 간의 '차이'는 늘 갈등을 야기한다. 인종의 경계를 넘어 다양한 문화가 공존하고 서로 다른 이들이 어우러져 아름다운 화음을 내는 세상은 여전히 요원하다. 〈웨스트사이드 스토리〉의 마지막 장면의 배경음악으로 '그 어딘가'(Somewhere)가 흘러나오는데, 이는 영화 전체의 주제를 명시하는 의미를 지니고 있다. 이 곡은 제트파와 샤크파의 결투에서 우발적으로 베르나르도를 죽이고 마리아의 아파트에 온 토니와 마리아가 2막 1장에서 불렀던 노래이기도 하다. "우리를 위한 그곳, 어딘가 있겠지. 우리를 위한 그곳, 평화롭고 고요하고, 열린 그곳. 우릴 기다리는 그곳. 우리를 위한 시간, 우리를 위한 시간, 우리가 함께할 시간. 바라보며 아껴 줄 시간"(*WS* II-1). 토니는 마리아에게 편견과 증오가 없는 곳에서 새로운 삶을 살자고 약속하고 간절한 소망과 기대를 '그 어딘가'에 담아낸다.

(토니) 언젠가 어딘가에서 우린 새 삶을 찾으리.
(마리아) 서로 용서할 방법을 발견하고
　　　그 어딘가에서…
(토니와 마리아) 어딘가 우리를 위한 곳이 있겠지.
　　　우리를 위한 시간과 장소가!
　　　내 손을 잡아. 우린 이미 반쯤 거기 가 있어.
　　　내 손을 잡아. 널 거기 데려가 줄게.
　　　어떻게든, 언젠가는, 그 어디엔가.

(Tony) Somewhere we'll find a new way of living
(Maria) We'll find a way of forgiving,
Somewhere
(Tony and Maria) There's a place for us,
A time and place for us
Hold my hand and we're halfway there
Hold my hand and I'll take you there
Somehow, Someday, Somewhere. (*WS* II-1)

싸움이 없고 미움이 없는 곳으로 가기를 갈망하는 두 사람의 간절한 마음이 잘 드러나는 노래로 이 작품의 주제가에 해당하는 음악이다. 대립과 반목으로 점철된 세상에 외로이 던져진 두 청춘남녀가 갈구하는 반목 없는 세상은 요원하고, 그들이 새 삶을 시작할 수 있는 평화로운 그 어딘가를 찾기가 쉽지 않다. 작품을 종결하는 2막 6장에서 마리아는 자신의 품에서 죽어가는 토니에게 그들의 꿈을 담은 '그 어딘가'(Somewhere)를 다시 한 번 불러준다. "우리를 위한 시간과 장소. 내 손을 잡아 이미 거기에 있어. 내 손을 잡아. 널 데려가 줄게. 어떻게든. 언젠가. 그 어딘가에…"(Hold my hand and we're halfway there/ Hold my hand and I'll take you there/ Somehow, someday, some…)(*WS* II-6).

분노와 증오로 가득 찬 웨스트사이드는 서로 다른 인종적 배경을 가진 그들을 사랑하게 가만두지 않는다는 토니에게 마리아는 어딘가 먼 곳으로 떠나자고 한다. 마리아가 토니를 감싸 안고 애절하게 노래하는 동안 토니는 그녀의 품에서 죽어 간다. 피날레에서 마리아를 통해 다시 반복되는 '그 어딘가'에는 살아생전 이루지 못했던 새로운 삶에 대한 마리아의 갈망이 드러나 있다. 그러므로 이 노래는 영화의 주제를 구체화하는 특별한 의미를 지니고 있다. 여기서 '그 어딘가'란 편견과 증오가 없는 자유로운 공간이다. 서로를 용서하는 평화롭고 열린사회, 증오와 차별이 없고 '차이'가 다름으로 그리고 다양성으로 받아들여지는 사회이다. 그런 사회가 영화 〈웨스트사이드 스토리〉가 희구하는 사회이다. 그리고 이는 이 영화가 드러내는 정치적인 갈망이다.

루어만의 〈로미오+줄리엣〉은 흔히 제피렐리의 〈로미오와 줄리엣〉과 대조되는 영화로 평가되어 왔다. 제피렐리의 영화는 원작의 내용과 주제를 충실하게 반영하는 작품으로 감독은 어리고 순진한 십대 배우들을 캐스팅하여 십대의 열정적인 사랑을 낭만적이고 고전적으로 처리한다.[3] 루어만도 청춘남녀의 불운한 사랑이란 원작의 기본 골격은 그대로 받아들인다. 그러나 이를 재현하는 방식과 영화의 결말은 제피렐리의 영화와는 차이점을 드러내고 있다. 특히 루어만은 현대문화에 대한 자신의 시각을 드러내기 위해 제피렐리와는 달리 현대의 도시를 배경으로 삼는다. 물질만능주의와 폭력으로 물든 현대문화를 바라보는 그의 시각은 근본적으로 부정적이며, 대립하는 집단의 불화와 증오를 바라보는 시각도 비관적이다. 인종과 문화의 차이로 인한 대립이 현대사회에서 쉽게 해소될 수 없는 문제라고 생각하기 때문이다. 이는 원작을 충실하게 따른 제피렐리의 낙관적인 사고와는 대조를 이루는 관점이다.

루어만은 원작으로부터 많은 대사를 삭제하고 영상 이미지를 통해

3_ 제피렐리는 줄리엣 역으로 15세의 올리비아 허시(Olivia Hussey), 로미오 역으로 17세의 레오나드 화이팅(Leonard Whiting)을 캐스팅한다. 셰익스피어 원작에서 줄리엣의 나이가 14세라는 점을 미루어 볼 때, 제피렐리 영화의 남녀 주인공의 연령은 원작에 등장하는 연인들의 연령과 비슷하다.

자신의 시각을 전달한다. 이 영화는 쿠젠(Coursen)의 지적처럼 인물들의 대사가 아니라 "이미지와 메타포로 전달되는 이야기"이다(184). 영화는 많은 부분을 이미지로 제시한다. 즉 무엇에 대해 말하는 것이 아니라 보여 준다. 그러므로 문학 작품을 영화로 각색할 때 많은 서술과 대사들이 삭제되고 변형된다. 문학 작품에 나오는 긴 서술과 대사는 영화에서 시각적인 이미지로 전환된다. 이 과정에서 카메라 촬영 기법과 편집이 중요하게 작용한다. 영화는 말하거나 설명하는 것이 아니라 보여 주는 예술이기 때문이다. 루어만은 이 영화에서 활용 가능한 여러 이미지, 메타포, 상징적 장치들을 통해, 특히 영화의 결말을 처리하는 과정을 통해 삭막한 현실에 대한 자신의 비관적인 시각을 잘 드러내고 있다.

레오나르도 디카프리오(Leonardo DiCaprio)가 로미오 역을 맡고 클레어 데인즈(Claire Danes)가 줄리엣 역을 맡은 루어만의 〈윌리엄 셰익스피어의 로미오+줄리엣〉[4]은 그 제목부터 상징적이다. 루어만은 셰익스피어라는 작가의 이름을 영화제목으로 삽입하여 자신의 작품의 토대가 된 것이 셰익스피어의 『로미오와 줄리엣』이라는 점을 분명히 한다. 그런데 영화의 제목이 〈로미오와 줄리엣〉이 아니라 왜 〈윌리엄 셰익스피어의 로미오+줄리엣〉일까? 로미오와 줄리엣 사이에 "+" 부호를 넣어 처리하고 있는 영화의 제목은 기존의 『로미오와 줄리엣』과는 뭔가 다르리라는 것을 예견하게 한다. 부캐넌(Buchanan)의 지적을 따르면 "+" 부호는 루어만의 의도를 파악할 수 있는 중요한 단서이다(230). 이 부

4_ 이하에서는 루어만의 〈윌리엄 셰익스피어의 로미오+줄리엣〉은 〈로미오+줄리엣〉으로 칭하며, 장면 캡처는 다음에 의한다. Luhrmann, Baz, dir. *William Shakespeare's Romeo+Juliet*. With Leonardo DiCaprio, Claire Danes, Pete Postlethwaite, and Paul Sorvino. Twentieth Century-Fox, 1996.

호는 결합을 의미하는 동시에 십자가 모형을 하고 있다는 점에서 로미오와 줄리엣의 행위에 "종교적 의미를 부여하는 시각적 코드"이다(이영순 202-203). "+" 부호는 먼저 A와 B의 더하기를 의미한다. 그럼 로미오와 줄리엣의 몸과 영혼이 합쳐지는 것을 의미하는 것일까?

로미오와 줄리엣은 서로를 진정으로 사랑하지만 부모의 동의를 받아 결혼할 수 없는 원수 집안의 자식들이다. 그러므로 원작에서 코러스가 언급하듯이 이들은 "한 쌍의 불운한 연인들"(a pair of star-crossed lovers)이다. 양가의 불화가 해소되지 않는 한 현실적으로 그들이 합법적으로 결합될 수 있는 방법은 없다. A와 B의 합은 C라는 결과를 낳는다. 그럼 로미오와 줄리엣의 결합의 결과는 무엇인가? 루어만의 영화 제목은 그 결과가 무엇인지를 명시하지 않는다. 로미오와 줄리엣의 죽음으로 종결되는 루어만 영화의 결말은 로미오와 줄리엣의 결합이 무엇이 될 것인지를 드러내지 않는다. 청춘남녀는 양가의 증오와 어긋난 운명의 희생자로 비극적 죽음을 맞이하지만, 그들의 죽음이 로미오가 속한 몬태규 가문과 줄리엣의 가문인 캐퓰릿의 화해와 결합의 계기가 되지 못한다는 말이다.

〈윌리엄 셰익스피어의 로미오+줄리엣〉라는 영화 제목의 부호 "+"는 일차적으로는 더하기를 지시하는 기호이지만, 상징적으로는 십자가를 지시한다. 십자가를 양쪽에서 짊어진 로미오와 줄리엣이 연상되기도 하고, 성당의 무수히 많은 십자가 아래 주검이 되어 누워 있는 연인들의 모습, 또는 십자가 양편에 누워 있는 로미오와 줄리엣이 떠오르기도 한다. 푸른색 십자가로 장식된 성당에 들어서는 로미오는 이제 곧 십자가를 짊어지리라는 생각이 들게 한다. 그리고 무수한 촛불로 장식된 성당에 누워있는 로미오와 줄리엣의 시신은 신에게 바쳐질 희생제물처럼 보인다. 제피렐리는 청춘남녀의 사랑과 그들의 희생을 통해 구원의 가능성을 제시한다. 그러나 루어만 영화에서 십자가는 고난을 상징할 뿐 사랑과 희생을 통한 구원을 상징하지는 않는다. 로미오와 줄리엣의 희생에도 불구하고 양가의 불화는 해소되지 않고 베로나는 여전히 불안한 도시로 남게 되기 때문이다.

『로미오와 줄리엣』에는 양가의 불화 원인이 무엇인지 구체적으로 제시되고 있지 않다. 다만 끝없이 반목하고 싸우는 몬태규 가문과 캐퓰릿 가문이 제시되어 있을 뿐이다. 그러나 루어만은 불화의 원인을 양가의 인종적, 문화적 배경 차이에서 찾고, 이를 양 가문 사람들의 대조적인 의상이나 행동을 통해 구체적으로 제시한다. 셰익스피어의 『로미오와 줄리엣』은 이 연극이 "한 쌍의 불운한 연인들"에 관한 극이라는 코러스의 언급으로 시작한다.

> 지체 높은 두 가문의 이야기,
> 그 무대는 아름다운 베로나.
> 해묵은 원한이 다시 새로운 싸움의 불꽃을 당기니
> 시민의 피가 시민의 손을 더럽히는구나.
> 기구한 숙명, 원수 집안의 자식으로 태어나
> 서로를 사랑하게 된 불운한 연인이 있으니,
> 처절하고 비참한 사랑의 종말과 그들의 죽음이
> 양가 부모들의 해묵은 갈등을 묻어 버린다.

죽을 운명에 처한 두 연인의 무서운 사랑 얘기와
　자식들 죽음이 아니면 제거할 수 없는
양쪽 가문 부모들의 끝없는 노여움이
　이제 두 시간 동안 무대 위에서 상연됩니다.

Two households, both alike in dignity,
　In fair Verona, where we lay our scene,
From ancient grudge break to new mutiny,
　Where civil blood makes civil hands unclean.
From forth the fatal loins of these two foes
　A pair of star-cross'd lovers take their life;
Whose misadventur'd piteous overthrows
　Do with their death bury their parents' strife.
The fearful passage of their death-mark'd love,
　And the continuance of their parents' rage,
Which, but their children's end, nought could remove,
　Is now the two hours' traffic of our stage.[5] (Prologue 1-12)

원전의 서막에서 코러스는 "해묵은 원한이 또 다시 새로운 싸움의 불꽃"을 당겨 서로의 손에 피를 묻히는 원수 집안의 이야기라는 점을 밝히고, 이 작품이 원수 집안의 자식으로 서로를 사랑하게 된 "불운한

5_ 이하의 셰익스피어의 원문 인용은 다음을 따른다. *The Tragedy of Romeo and Juliet*, The Riverside Shakespeare, ed. G. B. Evans (Boston: Houghton Mifflin, 1974).

연인"들의 기구한 운명을 그린 극이라는 것을 밝힌다.[6] 그리고 "처절하고 비참한 사랑의 종말과 그들의 죽음이 양가 부모들의 해묵은 갈등"을 종식시킨다고 언급한다. 작가는 서막의 코러스를 통해 연인들의 사랑을 좌절시키는 요인이 어긋난 운명과 양가의 불화라는 점을 분명히 하고, 연인들의 비극적 죽음으로 양가 부모들의 해묵은 갈등이 해소될 것이라는 점을 강조한다. 루어만 역시 연인들의 비극에서 '어긋난 운명'을 강조한다. 그러나 루어만의 영화는 양가의 화해를 암시하면서 끝맺는 원작의 결말을 비교적 그대로 따르는 제피렐리 영화의 결말과는 사뭇 다른 인상을 풍긴다.

원작의 결말에서 몬태규는 캐퓰릿의 딸인 줄리엣의 죽음을 애도하여 동상을 세우겠다고 말하고, 줄리엣의 아버지인 캐퓰릿은 몬태규를 "사돈 양반"이라고 부르면서 그의 손을 잡고 양가의 "반목에 희생된 가엾은 아이들"(Poor sacrifices of our enmity, 5.3.304)을 추모하기 위해, 로미오의 동상을 세우겠다고 말한다. 서로가 상대 가문 자제의 죽음을 애도하기 위해 동상을 세우겠다는 것이다. 로미오와 줄리엣의 비극적인 죽음은 오랫동안 원수지간이던 캐퓰릿 가문과 몬태규 가문이 서로 화해하고, 양 가문의 싸움으로 늘 소란스러웠던 베로나가 다시 평화를 찾게 되는 계기를 제공한다. 제피렐리의 영화도 연인들의 죽음을 통해 새로운 질서가 확보되고 새로운 세계가 열리리라고 암시하면서 극을 마무리한다.

로스웰(Kenneth S. Rothwell)은 제피렐리의 영화에서 양가 가족들이 로미오와 줄리엣의 장례를 치르기 위해 교회로 가는 도중 보여준 서로

6_ 챔버스(E. K. Chambers)와 에반스(B. Evans)는 이극을 운명의 힘에 파멸하는 두 연인의 불운한 운명을 그린 '운명의 비극'으로 간주한다(Chambers 71, Evans 22).

시선을 교환하는 행동이나 말없는 제스처를 일종의 "화해 의식"으로 해석한다(137). 그의 주장을 받아들인다면 이 영화의 결말은 로미오와 줄리엣의 죽음에도 불구하고 "미래에 대한 낙관적 전망"을 제시하고 있다. 서로 대조적인 색상의 옷을 입고 늘 으르렁거리던 양가 사람들이었지만, 장례식에서 모두 검은 상복을 입고 한 마음으로 애도하고 있는데, 이는 청춘남녀의 죽음을 계기로 양가가 화해하고 베로나에 평화가 찾아오리라는 인상을 강하게 풍긴다. 젊은이들의 죽음은 비극적이지만 제피렐리의 영화는 새로운 평화와 질서를 예견하게 하면서 "고통과 희생을 통해 더욱 큰 선을 이루는 섭리의 실현으로 간주하는 낙관적 운명관"을 보인다(신웅재 339).

그러나 루어만의 영화 결말은 운명의 노리갯감으로 전락하여 비극적인 삶을 마감한 청춘남녀의 비극을 보여주고 있을 뿐 그 어떤 변화의 가능성도 보여주지 않는다. 수많은 푸른색의 십자가와 촛불에 에워싸인 환상적인 성당에 죽은 로미오와 줄리엣에 누워 있다. 이 장면에 이어 카메라는 클로즈업으로 로미오와 줄리엣이 수영장의 물속에서 키스하던 장면을 비추고, 곧장 이들의 시신이 앰뷸런스에 실리는 장면을 비춘다. 이를 지켜보는 캐퓰릿과 몬태규의 참담한 모습이 비칠 뿐, 이들은 서로에게 아무런 말도 건네지 않는다. 원작에서 화해의 의지를 담고 있는 그들 사이의 대화는 루어만의 영화에서는 삭제되어 버리고, 로미오와 줄리엣이 죽은 후 그 경위를 설명하는 로렌스 신부의 대사도 생략되어 버린다. 다만 원작의 영주에 해당하는 인물인 경찰국장이 이 자리에 나타나 "우리 모두 벌 받았다"(all are punish'd, 5.3.295)는 소리를 거듭 외치면서 끝맺고 있을 뿐이다.

제피렐리는 줄리엣의 죽음을 원작과 유사하게 처리한다. 로미오가 독약을 마시고 죽은 것을 발견한 줄리엣은 로미오의 입술에 키스하고 다음과 같이 말하면서 단도로 찔러 자살하고 로미오의 시신 위에 쓰러져 죽는다. "아, 다행이 단도가 있네. (단도를 든다). 이 가슴이 그대의 칼집이다. (자신을 찌른다). 거기 박혀 날 죽게 해다오"(5.3.168-170). 카트멜(Deborah Cartmell)의 주장에 따르면 제피렐리의 영화에서 줄리엣이 자신을 찌르는데 사용한 로미오의 단도는 남근을 상징하고 줄리엣이 마지막으로 남기는 "날 죽여 다오"(let me die)라는 말은 "성적 쾌감의 절정"을 의미한다(44-45). 즉 줄리엣의 자결 장면을 성적행위를 내포하는 상징적 장면으로 해석하고 있는 것이다. 사실 제피렐리의 영화에서 단도로 자결하는 줄리엣의 표정은 그의 지적과 유사한 인상을 풍긴다.

반면 루어만의 영화에서 줄리엣은 단도가 아니라 권총을 쏘아 자살한다. 권총 역시 남근의 상징으로 해석될 수 있는 여지가 있다. 그러나 줄리엣 역을 맡은 클레어 데인즈의 표정은 성적 행위를 연상시키는 제피렐리 영화의 여주인공 표정과는 차이가 있다. 성적인 만족보다는 가혹한 현실의 위협적인 힘이 느껴진다. 루어만의 영화에서 강조하는 것은 청춘남녀의 낭만적 사랑보다는 그들의 사랑을 방해하는 요소들이다. 루어만은 로미오가 독약을 마시고 죽음을 택한 순간 줄리엣이 깨어나는 장면과 줄리엣이 권총으로 자살하는 장면을 통해 운명처럼 작용하는 현실의 위협적인 힘 앞에 파멸하는 나약한 인간의 모습을 극대화 한다. 로미오는 줄리엣이 죽은 것으로 오인해 자살하고, 로미오가 죽은 것을 본 줄리엣 역시 자살한다. 연인들은 "시간의 노리개"가 되어 죽어버린 것이다. 맥알린던(T. McAlindon)의 지적처럼 이 "비극의 궁극적인 힘이 있다면 그것은 시간"일 것이다(15-16). 어긋난 시간과 운명은 로미오와 줄리엣을 죽음으로 몰아넣고 있기 때문이다. 어긋난 운명과 함께 혼탁하고 삭막한 현실은 늘 그들에게 위협적인 힘이다. 루어만의 영화에서 낭만적 사랑은 현실이 아니라 과거에나 가능했던 향수의 대상이고, 영화에서 반복적으로 보여주고 있는 불꽃놀이가 이를 드러내

보이는 상징적 장치이다.

베로나 해변의 시카모어 그로브(Aycamore Grove)에서 춤을 추면서 행인들을 유혹하는 매춘부와 이를 바라보는 행인들의 모습이 보인다. 이곳의 낮 광경은 썰렁하지만, 밤이 되자 회전목마가 다시 돌아가고 밤의 해변은 환락의 열기로 가득 차 있다. 불꽃놀이는 일시적으로 낭만적 분위기를 연출한다. 그러나 이는 곧 사라져버린다. 해변의 밤하늘을 비추던 휘황찬란한 불꽃이 사라지자 남은 것은 다시 삭막한 현실이다. 이 유원지에 자리 잡은 아치형 건물의 잔해는 을씨년스런 분위기를 자아낸다. 젊은이들은 이 건물 주위에서 싸움을 벌이고, 한중간이 뚫린 이 건물처럼 머큐쇼와 티볼트와 로미오의 삶에도 구멍이 뚫려 운명의 어긋남이 시작된다. 그러므로 구멍이 뻥 뚫린 이 건물은 내면이 공허한 젊은이들, 그 공허를 폭력과 증오로 채우려는 고독한 젊은이들을 상징적으로 비추어낸다(이영순 214, Buchanan 234). 머큐쇼는 이 건물 주위에서 티볼트에게 찔려 죽고, 로미오는 복수하기 위해 티볼트를 쫓아간다.

티볼트를 살해한 후 줄리엣을 찾아 간 로미오가 그녀와 정사를 나누는 줄리엣의 방도 아름다운 촛불의 환상적인 빛으로 빛난다. 로미오가 약을 먹고 죽고 줄리엣이 자살하는 성당 또한 아름다운 불빛으로 장식되어 있다. 그러나 이런 환상적인 분위기는 자살한 두 남녀의 시체가 앰뷸런스에 실려 병원으로 이송되면서 곧 사라져 버린다. 그들의 사랑은 이내 사라져버리는 불꽃놀이처럼 또는 촛불처럼 허망하기 짝이 없다. 루어만은 자신의 영화에서 육신은 죽었지만 사랑을 이룬다는 낭만적인 관점을 결코 드러내지 않는다. 이들의 죽음을 객관적으로 보도하는 뉴스 앵커의 담담한 목소리로 전달하고 있기 때문이다.

로미오와 줄리엣의 사랑은 한순간의 불꽃처럼 이내 사라져 버리고 기억에서 멀어진다. 루어만은 영화에서 사랑보다는 그 사랑을 방해하는 위협적인 힘을 강조한다. 순수한 청춘남녀와는 이질적인 혼탁한 현대사회는 그들에게 위협적인 힘으로 존재한다. 구체적으로는 양가의 증오와 양가 부모의 반대가 그들의 결합을 방해하는 위협적인 힘이다. 부모와 자식 간의 의사소통의 부재, 세대 간의 갈등, 물질만능주의에 물든 부모, 마약과 환락에 물들고 폭력이 난무한 삭막한 현실 등은 모두 사랑을 방해하는 위협적인 힘이다.

루어만의 영화에서 이 위협적인 힘으로부터의 도피는 물의 상징을 통해 제시되고 있다. 로미오와 줄리엣은 맑고 푸른 물속에서 "일시적인 피신처"를 찾는다(Loehlin 128). 무도회 장면에서 로미오와 줄리엣은 수족관을 통해 서로를 바라보고 사랑에 빠진다. 그들은 물고기들처럼 자유롭게 사랑하고 싶은 심정을 드러내듯이 수족관에서 자유롭게 노니는 푸른 물고기들을 바라본다. 여기서 수족관의 푸른 물은 로미오와 줄리엣을 혼란스런 무도회장에서 광란적인 분위기와 격리시켜 일시적으로나마 혼탁한 현실의 힘을 차단하는 역할을 한다. 로미오와 줄리엣이 만나 사랑을 나누는 수영장 장면도 청춘남녀를 현실의 위협적인 힘으로부터 차단해주는 역할을 한다. 이 장면에서 현실의 위협은 감시 카메라 등과 같은 보안시설로 제시되고 있다(신웅재 342). 로미오는 캐플릿 가문의 집 주위에 설치된 보안시설과 삼엄한 경비망을 뚫고 남모르게 줄리엣에게 접근하여 수영장속에서 사랑을 고백한다. 로미오와 줄리엣은 수영장의 물속에서 물고기처럼 자유롭게 수영하며 사랑을 나누는데, 수영장의 물은 그들의 사랑을 숨겨주는 보호막인 셈이다. 그럼에도 불구하고 수족관의 물이든 수영장의 물이든 갇혀 있는 물이다. 그것들은 혼탁한 현실과 대비되는 "낭만적 향수"의 공간으로 작용하면서 (Loehlin 121), 연인들을 일시적으로 혼탁한 현실로부터 격리시키는 일시적인 방패막이로 작용하지만, 그들은 자유는 여전히 제한되어 있다. 그러므로 수족관의 유리벽과 수영장을 둘러싼 벽은 "순수한 영혼을 가두는 현실의 벽"을 상징한다(이영순 211).

루어만은 원작의 발코니 장면을 수영장 장면으로 대체하고 있지만, 원작의 그 유명한 대사는 그대로 살려 놓는다. 원작에서 두 연인은 서로가 원수인 가문의 성과 이름을 가지고 있다는 것이 문제라고 생각한다. 그리하여 두 젊은이는 자신들의 이름을 부정하기에 이른다.

당신의 이름만이 내 원수지요.
몬태규란 이름이 아니라도 당신은 당신.
몬태규가 무엇이죠? 손도 발도 팔도 얼굴도 아니고,
사람의 신체 그 어느 부분도 아니지요.
제발 다른 이름을 택하세요. 도대체 이름이 뭐죠?
장미꽃을 다른 이름으로 불러도
그 향기는 그대로 남을 것이 아니겠어요?
그러니, 당신이 로미오란 이름으로 불리지 않아도,
당신의 본래 미덕은 그 이름과는 상관없이
그대로 남을 게 아닌가요? 로미오,
당신과 아무런 상관없는 그 이름을 버리시고
그 대신, 이 내 몸을 송두리째 가지세요.

'Tis but thy name that is my enemy;
Thou art thyself though, not a Montague.
What's Montague? it is nor hand, nor foot,
Nor arm, nor face, [nor any other part]
Belonging to a man. O, be some other name!
What's in a name? That which we call a rose
By any other name would smell as sweet;

So Romeo would, were he not Romeo call'd,
Retain that dear perfection which he owes
Without that title. Romeo, doff thy name;
And for that name, which is no part of thee,
Take all myself. (2.2.38-48)

줄리엣은 단지 이름만이 자신의 적이고, "몬태규라는 성이 없어도 당신은 당신"이라고 하면서 도대체 "이름이 무엇인가"를 묻는다. 그러고는 "장미꽃을 다른 이름으로 불러도 그 향기는 그대로 남을 것"이니 로미오란 이름을 버리고 그 대신 자신을 가지라고 말한다. 그러자 로미오는 "그대가 원하지 않는다면 난 로미오도 몬태규 가문도 아니오."라고 답한다. 하지만 로미오란 이름이 없어도 로미오의 정체성은 그대로 남을 것인가? 전통적인 인식론에서는 장미는 장미라는 이름이 주어지지 않아도 장미의 본질은 변치 않고 남아 있다. 그러나 포스트모던적인 사고에서는 이름이 없으면 그 본질도 사라진다. 언어에 그 정체성이 담겨진다고 생각하기 때문이다. 어쨌든 로미오와 줄리엣은 자신의 운명을 가로막는 가문의 이름을 거부한다. 루어만의 영화에서도 문제가 되는 것은 두 집안 사이의 관계이고 그들의 성과 이름이다. 그러나 원작에 비해 루어만의 영화가 더 강조하는 점은 이름에 내포된 가부장제의 폭력성이다.

루어만의 영화에서 줄리엣 부모의 모습은 원작에서도보다 훨씬 부정적으로 재현되어 있다. 줄리엣의 아버지 캐퓰릿은 시도 때도 없이 폭력을 행사하는 천박한 인물이다. 그는 자신의 뜻에 따르지 않는 딸을 구타하며 아버지의 이름으로 딸의 자유를 제한하고 배우자를 선택할 권리를 박탈한다. 로미오와 줄리엣은 이름의 부정을 통해 자신들이 속한 가문의 억압으로부터 자유롭기를 원하고 수영장에서 사랑을 나누면서 자유를 만끽하지만, 이는 다만 일시적일 뿐이다. 그들은 아버지의 이름 즉 원수 집안의 자제라는 운명의 족쇄에서 결코 벗어나지 못한다.

캐퓰릿은 또한 대단히 천박한 인물이다. 그리고 그의 천박한 복장은 그의 성격과 속물근성을 드러내 보여주는 상징이다. 클레오파트라 여왕을 흉내 내는 줄리엣의 어머니의 복장 또한 천박하기 그지없다. 복장뿐만 아니라 그녀의 행동 또한 상스럽고 속물적이다. 그녀는 무도회장에서 조카인 티볼트와 키스를 나누는 장면은 상스럽고, 딸에게 총독의 아들인 패리스와 결혼을 종용하는 태도는 속물적인 근성을 드러낸다. 게이 성향을 드러내는 머큐쇼의 복장 또한 천박하고 선정적이다.

이들 뿐만 아니라 무도회에 참석한 대부분의 인물들은 모두 천박하고 현란한 복장을 하고 있다. 그러나 로미오와 줄리엣의 복장은 이들의 복장과는 사뭇 다른 모습이다. 무도회에서 로미오가 차려입은 중세 기사의 복장과 줄리엣의 천사 복장은 다른 인물들의 현란하고 천한 복장과 대조를 이루면서 그들의 "낭만적 사랑과 순수성"을 암시한다. 뿐만 아니라 무도회장 밖의 장면에서도 로미오와 줄리엣은 대부분의 경우 "순수와 정결을 상징하는 백색과 청색" 계통의 복장을 하고 등장한다(신웅재 341-42, Coursen 190). 그러나 그들의 복장은 현실과의 괴리를 드러내면서 그들의 사랑을 과거에나 가능한 환상적인 사랑처럼 느끼게 만든다(Loehlin 129). 사실 그들의 낭만적 사랑과 순수성은 삭막하고 위협적인 현실 앞에 여지없이 깨어진다.

루어만 영화의 배경은 원작이나 제피렐리의 영화처럼 고전적이고 낭만적인 공간이 아니다. 루어만의 영화에서 베로나는 폭력과 마약, 매춘과 향락이 뒤범벅이 된 혼탁한 현대도시이다. 크롤(Samuel Crowl)의 지적을 따르면 루어만의 베로나는 현대의 혼란스런 세기말적 상황을 은유하는 공간이다(121-22). 카메라는 예수상을 중심으로 큰 빌딩들이 늘어서 있는 베로나 중심가의 광경을 비추고, 예수상 왼편에 있는 캐퓰릿이라는 로고가 걸린 빌딩과 오른편에 있는 몬태규라는 로고가 걸린 빌딩을 클로즈업하면서 시작한다. 양가의 빌딩 사이에서 예수상이 멀리 보인다. 양가의 불화를 해소하는 일과는 거리가 먼 것처럼….

카메라는 또한 예수상과 몽타주로 삽입된 예수상 양쪽에 배치된 캐퓰릿과 몬태규의 몽타주를 클로즈업한다. 양가의 불화를 못마땅하게 생각하는 것처럼 예수의 인상은 그리 밝지 않다. 예수상 양편에 배치된 양가의 가족들은 분리되어 있다. 로미오와 줄리엣은 웃고 있지만, 그들 부친의 인상은 대단히 심각하고 못마땅한 인상이다. 이 몽타주에 이어서 경찰들이 로미오를 추격하는 장면과 베로나 상공을 나는 헬기를 비추는 가운데 내레이터가 원전의 서막 전반부를 읊조린다. 그러나 원수 집안의 자식으로 서로를 사랑하게 된 "불운한 연인"들의 기구한 운명을 그린 영화라는 것만을 밝히고, "비참한 사랑의 종말과 그들의 죽음이 양가 부모들의 해묵은 갈등"을 종식시킨다는 코러스의 대사는 삭제한다. 루어만은 이 영화의 결말을 원수 집안의 해묵은 갈등의 해소를 통한 화해 장면으로 처리할 생각이 없기 때문이다.

루어만 영화의 맨 처음 장면이 왜 거대한 예수상을 비추고 예수의 얼굴을 몽타주로 처리하면서 시작되고 있는 것일까? 이는 이 영화가 종교적인 구원을 내포하리라는 기대를 갖게 한다. 그러나 루어만은 우리의 기대를 여지없이 깨뜨린다. 우리의 기대는 영화의 결말에 가서도 충족되지 못하기 때문이다. 예수상과 십자가, 그리고 성모상과 같은 종교적 상징은 이 영화에 자주 등장하는 중요한 상징이다. 첫 장면에서 예수상이 등장한 후, 카메라는 인서트 숏으로 계속 예수의 얼굴과 십자가를 클로즈업한다. 몬태규 가문의 젊은이들과 캐퓰릿 가문의 젊은이들이 대조적인 옷차림으로 등장한다. 원색의 노란색과 빨간색 옷을 입은 몬태규 가문의 로미오의 사촌 벤볼리오(Benvolio)와 로미오의 친구들이 노란색 오픈카를 타고 랩에 맞춰 몸을 흔들고 소리를 지르면서 등장하고, 검은색 정장을 차려입은 캐퓰릿 가문의 줄리엣의 사촌 티볼트가 푸른색 세단을 타고 등장하여 주유소에서 총싸움을 벌인다. 이 주유소 장면은 루어만 영화 전체의 모티브를 압축하여 효과적으로 드러내는 상징적 장면이다(Donaldson 61). 영화 전체를 관통하는 증오와 폭력성, 그리고 무기력한 종교의 이미지가 잘 드러나고 있기 때문이다.

티볼트의 셔츠에 인쇄된 예수의 상반신, 티볼트가 던진 성냥불로 타들어가는 주유소 바닥의 십자가, 에브라햄(Abraham) 목에 걸린 십자가 목걸이, 벤볼리오를 좇는 샘슨(Sampson)의 뒤통수에 새겨진 십자가, 벤볼리오를 겨냥하는 티볼트의 권총의 표적 창에 비치는 십자가, 경찰서를 나서는 몬태규가 탄 차의 뒤편에 세워진 십자가 등 이 모든 것들은 폭력에 대처하지 못하는 무능한 종교를 패러디하는 상징들이다. 벤볼리오를 쫓는 샘슨의 뒤통수에 새겨진 십자가와 벤볼리오를 겨냥하는 티볼트의 권총의 표적 창에 비치는 십자가는 희생과 사랑을 통한 화해와 결합이 아니라, 양가의 분리와 해소되지 않는 증오를 나타낸다. 몬태규가 탄 차의 뒤편에 세워진 십자가 또한 결합의 상징의 아니라 분리의 상징처럼 보인다. 경찰서를 나서는 몬태규 부부는 십자가를 사이에 두고 서로를 외면하고 있기 때문이다.

특히 서부극의 총잡이를 흉내 내는 티볼트 주위에 이러한 십자가와 성상의 이미지들이 자주 나타나고 있다는 점은 아이러니컬하다. 이는 종교라는 또는 정의라는 이름으로 폭력을 정당화하고 미화시키는 현대 정치에 대한 루어만의 조소일 것이다. 티볼트가 주유소 바닥에 던진 성냥불에 타들어가면서 만들어내는 화염에 휩싸인 십자가의 형상은 단순한 패러디를 넘어 무기력한 현대 종교에 대한 비판적인 시각을 함의한다.

성모상이나 십자가 문신 등의 성상은 티볼트와 로미오의 결투 장면에 다시 집중적으로 드러난다. 로미오는 친구인 머큐쇼가 티볼트의 손에 죽자 로미오는 티볼트를 권총으로 쏘아 죽이는데, 이때 카메라는 로미오의 권총에 새겨진 성모상을 클로즈업한다. 티볼트를 살해한 로미오가 "난 운명의 노리개"라고 절규하면서 예수상를 바라보지만, 어느 누구도 증오와 폭력에서 발생한 비극적 상황을 막지 못한다. 이 장면에서 총에 새겨진 성모상과 폭력의 현장을 무심하게 내려다보는 예수상은 묘한 대조를 이룬다. 폭력의 장면마다 인서트 숏으로 삽입된 예수상과 십자가는 "현대인의 잃어버린 신앙"을 상징하고, 구두나 목걸이의 저속한 장식이나 몸의 문신 또는 권총의 장식으로 등장하는 예수상이나 십자가는 "현대 사회의 무기력한 종교를 패러디"하면서 루어만의 비관적인 시각을 들어낸다(최영주 243). 샘슨의 뒤통수에 새겨진 십자가, 몬태규가 탄 차의 뒤편에 세워진 십자가, 신부의 등 뒤에 십자가 또한 문제의 전면에 나서지 못하고 폭력의 현장 뒤에서 방관적인 자세를 취하는 무능한 종교의 실상을 드러내는 상징적 표현이다.

신부가 사건을 해결하기 위해 전면에 나서기도 한다. 그러나 그의 선의는 도리어 사태를 꼬이게 만들어 로미오와 줄리엣의 운명을 어긋나게 만든다. 신부는 줄리엣과 결혼을 시켜달라고 조르는 로미오의 청을 처음에는 거절하지만, 이 둘의 결합이 원수 집안에 평화를 가져다줄지도 모른다는 생각에 이를 받아들인다. 이때 신부의 상상 속에는 키스하는 로미오와 줄리엣 사이를 나는 비둘기가 떠오른다. 그러나 신부의 기대는 충족되지 않는다. 로미오에게 전하는 편지가 제대로 전달되지 않으면서 로미오와 줄리엣의 운명이 본격적으로 어긋나기 시작하기 때문이다.

티볼트를 쏜 로미오의 권총에 새겨진 성모상과 함께 로미오에게 독약을 파는 약제사의 집에 붙어있는 성모상은 특히 불경스러운 인상을 풍긴다. 죽음을 조장하는 것 주변에 성상이 나타나고 있기 때문이다.

특히 폭력의 현장에 거듭 클로즈업되어 나타나 비극의 현장을 무기력하게 내려다보는 예수상은 구원을 바라는 현대인의 종교적 기대를 무산시킨다. 더욱 불경스러운 것은 기관총과 헬기로 무장한 경찰의 추적을 피해 성당 안으로 들어간 로미오가 잠시 한숨을 돌리는 동안 헬기의 서치라이트가 예수상을 비추는데, 이 순간 예수의 모습이 악마의 모습으로 변한다는 점이다. 순간적으로 스쳐지나가는 장면이긴 하지만 악마 또는 "사악한 운명의 대리인"처럼 변한 예수의 모습은 구원과는 너무나 동떨어진 "저주의 상징"처럼 느껴진다(신웅재 343, 최영주 246). 청춘남녀의 사랑이 자살로 끝나기 직전 나타난 이 이미지는 무기력한 종교에 대한 비판을 넘어 종교를 부정하는 루어만의 비관적인 시각을 여과 없이 드러내는 상징적 장치이다.

신의 모습뿐만 아니라 인간의 모습 또한 악마처럼 비친다. 루어만의 영화에서 비교적 순수한 모습으로 미화되어 재현되던 로미오의 모습은 티볼트를 살해하는 과정에서 전혀 다르게 재현된다. 머큐쇼의 죽음을 복수하기 위해 로미오는 달아나는 티볼트를 끝까지 추격하고 여러 번 총을 쏘아 그를 잔인하게 죽인다. 분노에 이글거리는 로미오의 모습은 마치 악마처럼 느껴지고 양팔을 벌리고 분수에 떨어지는 티볼트의 모습은 양팔을 벌린 예수상이 물에 잠기는 것 같은 착각을 느끼게 한다. 이글거리는 증오와 분노로 가득 찬 인간의 모습에서 폭력의 종식을 기대하기란 힘들어 보이고, 무기력하게 양팔만 벌리고 폭력의 현장을 굽어보는 신의 모습에서 구원을 기대하기란 어려워 보인다.

로미오가 자살하는 성당의 분위기는 삭막한 현실에 비해 대단히 환상적이다. 그러나 이 환상적 분위기가 로미오의 자살 행위에 면죄부를 줄 수는 없다. 성당 안에서 신이 금하는 자살 행위를 범하는 것은 대단히 불경스러운 일이고 자살은 자신의 몸에 스스로 가하는 폭력이기 때문이다. 그럼에도 불구하고 로미오와 줄리엣의 자살이 아름답게 느껴지는 것은 무엇 때문일까? 이는 아마 영상이 만들어내는 환상적인 아름다움 때문일 것이다. 수많은 촛불로 장식된 성당의 제단은 마치 청춘남녀의 신혼 침대처럼 보인다. 그러나 이는 일시적인 환상이다. 청춘남녀의 자살 직후 루어만의 회상기법(flashback) 기법을 통해 둘이 사랑을 나누던 장면을 잠깐 비추는데, 이는 이들의 사랑을 "성취 불가능한 비현실적인 소망"으로 제시하려는 감독의 의도가 내포되어 있다(Coursen 187).

로미오와 줄리엣의 죽음 이후 루어만의 영화에서는 양가의 화해를 암시하는 제피렐리의 영화에서처럼 로미오와 줄리엣의 엄숙한 장례식은 거행되지 않는다. 다만 경찰국장이 외치는 "우리 모두 벌 받았다"는 소리만이 거듭 울릴 뿐이고, 주검이 된 로미오와 줄리엣을 실어 나르는 앰뷸런스를 보여줄 뿐이다. 이 장면에 이어 영화는 뉴스 앵커가 TV에서 이들의 죽음을 담담하게 보도하는 장면으로 끝맺는다.[7] 그런데 인상적인 것은 갑자기 텔레비전 화면이 지지직거리면서 꺼져 버리고 점점 작아지면서 짙은 암흑 속으로 사라져 버린다는 점이다. 검은 스크린만을 보여주는 영화의 마지막 화면을 통해 루어만은 암흑처럼 혼탁한 현대사회에 대한 비관적인 인식을 드러낸다. 어두운 현실 속에서 순수한 사랑은 가능할 것 같지 않고, 증오가 종식될 그 어떤 암시도 주어지지 않는다. 루어만이 초점을 맞추는 것은 환상으로 존재하는 사랑이고, 그 사랑에 여전히 위협적인 힘으로 작용하는 현실이다.

7_ 루어만의 영화에서는 첫 장면이 시작되기 전 스크린에 TV 앵커가 나타나 뉴스를 전하는 형식으로 서막의 내용을 전달하고, 서막의 끝부분("그들의 죽음이 양가 부모들의 해묵은 갈등을 묻어버린다" Do with their death bury their parents' strife)을 제외한 내용이 내레이터의 목소리로 다시 전달되는 가운데 여러 장면들이 스쳐 지나간다. 루어만은 영화의 시작과 끝을 TV 뉴스로 마무리하는 형식을 통해 청춘남녀의 사랑과 죽음을 뉴스와 뉴스 사이에 배치하고, 이를 통해 이들의 이야기를 비애감을 자아내는 비극이 아니라 "반복적인 일상의 가십거리"로 만들어 버린다(이영순 204).

사랑을 바라보는 루어만의 시각은 근본적으로 비관적이다. 루어만 영화의 결말은 증오는 증오를 낳고 양가의 싸움은 계속될 것이며 베로나는 여전히 폭력과 무질서가 판을 칠 것이라는 암울한 인상을 던져주기 때문이다. 영화의 마지막까지 몬태규 가문과 캐플릿 가문의 화해와 새로운 시작을 암시하는 그 어떤 조짐도 제시되어 있지 않다. 다만 폭력이 난무하는 베로나와 어긋난 운명의 장난을 방관하고 있는 것처럼 보이는 어두운 예수상만이 남아 있을 뿐이다. 그리하여 루어만은 출구 없는 절망과 증오로 가득 찬 세상을 상징적 화면에 담아 현대 문화에 대한 자신의 정치적 시각을 드러낸다. 그의 영화 〈로미오+줄리엣〉은 셰익스피어 원작에 대한 정치적 다시쓰기인 셈이고, 그의 정치성은 폭력의 형상화에 가장 잘 드러난다. 〈웨스트사이드 스토리〉는 원작의 대사들을 사용하지 않고 스토리의 골격만을 유지한 채 현대적 글쓰기를 하고 있다. 그러나 〈로미오+줄리엣〉은 원작의 스토리를 그대로 따라가고 대사들을 선별적으로 이용하면서도 원작과는 다르게 증오와 폭력이 난무한 현대 사회의 모습을 스크린에 담아낸다.

인용문헌

강용식. "〈웨스트사이드 스토리〉: 사이렌의 탄생." 『음악이론연구』 12 (2007): 71~102.

김광선. "뮤지컬의 다층적 언어: 〈웨스트사이드 스토리〉의 음악분석." 『한국연극학』 23 (2004): 239~265.

박병성. "현대판 로미오 줄리엣, 〈웨스트사이드 스토리〉." http://navercast.naver.com/contents.nhn?contents_id=7190.

신웅재. "제피렐리와 루어만의 『로미오와 줄리엣』 영화 비교: 낭만비극과 운명비극." *Shakespeare Review* 39.2 (2003): 335-49.

이성훈. "1960년대 영화에 나타난 라티노에 대한 인종주의: 〈웨스트사이드 스토리〉와 〈알라모〉를 중심으로." 『스페인어문학』 43 (2007): 363~378.

이영순. "사랑이 구원이 될 수 있는가?: 바즈 루어만의 〈윌리엄 셰익스피어의 로미오+줄리엣〉. 『현대영어영문학』 53.2 (2009): 201-22.

장윤정. "뮤지컬 〈웨스트사이드 스토리〉에서 무용의 역할 분석." 조선대학교. 석사학위논문, 2001.

지정윤. "뮤지컬 〈*West Side Story*〉를 통한 음악의 극적 기능과 효과에 관한 연구." 숙명여자대학교. 석사학위논문, 2012.

최영주. "바즈 루만의 『로미오와 줄리엣』: 현대의 자화상." 『문학과 영상』 1 (2000): 235-49.

Buchanan. Judith. *Shakespeare on Film*. Essex. England: Pearson Education, 2005.

Cartmell, Deborah. *Interpreting Shakespeare on Screen*. London: Macmillan, 2000.

Chambers, E. K. *Shakespeare: A Survey*. London: Sidgwick and Jackson, 1929.

Cohen, Ruby. *Modern Shakespeare Offshoots*. Princeton: Princeton UP, 1976.

Coursen, H. R. Shakespeare: *The Two Traditions*. London: Associate UP, 1999.

Crowl, Samuel. *Shakespeare at the Cineplex: the Kenneth Branagh Era.* Athens. Ohio: Ohio UP, 2003.

Donaldson. Peter S. "In Fair Verona: Media, Spectacle, and Performance in *William Shakespeare's Romeo+ Juliet*." In *Shakespeare After Mass Media*. Ed. Richard Burt. New York: Palgrave, 2002.

Evans, Robert O. *The Osier Cage, Rhetorical Devices in* Romeo and Juliet. Lexington: U of Kentucky P, 1966.

Garebian, Keith. *The Making of West Side Story*. Oakville: Mosaic P, 1995.

Jones, John B. *Our Musicals, Ourselves: A Social History of the American Musical Theatre*. Waltham, MA: Brandeis UP, 2003.

Lanier, Douglas. *Shakespeare and Modern Popular Culture*. Oxford: Oxford UP, 2002.

Laurents, Arthur. *Romeo and Juliet/West Side Story*. New York: Dell Publishing, 1965.

_____. *Original Story By*. New York: A. Knopf, 2000.

Loehlin, James N. "'Those Violent Delights have Violent Ends': Baz Luhrmann's Millennial Shakespeare." *Shakespeare, Film, Fin de Siecle*. Eds. M. T. Burnett and R. Wray. London: Macmillan, 2000.

McAlindon, T. *Shakespeare's Tragic Cosmos*. Cambridge: Cambridge UP, 1991.

McMillan, Scott. *The Musical as Drama: A Study of the Principles and Conventions behind Musical Shows from Kern to Sondheim*. Princeton: Princeton UP, 2006.

Negron-Muntaner, Frances. "Feeling Pretty: *West Side Story* and Puerto

Rican Identity Discourse." *Social Text* 63 18.2 (2000): 83-106.

Novak, Elaine A. *Performing in Musical*. New York: Macmillan, 1988.

Rodriquez, Clara E. ed. *Latin Looks: Images of Latinas and Latinos in the U.S. Media*. Colorado: Westview P, 1997.

Romeo and Juliet. Dir. Franco Zeffirelli. Perf. Leonard Whiting, Olivia Hussey, Milo O'Shea, Michael York, and John McEnery. Paramount Pictures, 1968.

Rothwell, Kenneth S. *A History of Shakespeare on Screen*. Cambridge: Cambridge UP, 1999.

Sanchez, Alberto S. "*West Side Story*: A Puerto Rican Reading of America." *Latin Looks: Images of Latinas and Latinos in the U.S. Media*. Ed. Clara E. Rodriquez. Colorado: Westview P, 1997.

Shakespeare, William. *The Tragedy of Romeo and Juliet*. The Riverside Shakespeare. Ed. G. B. Evans. Boston: Houghton Mifflin, 1974.

Sunderland, Margot & Ken Pickering. *Choreographing the Stage Musical*. New York: J. Garnet Miller, 1989.

Swain, J. P. *The Broadway Musical: A Critical and Musical Survey*. 2nd ed. Lanham, Maryland: Scarecrow P, 2002.

West Side Story. Dir. Robert Wise and Jerome Robbins. Perf. Natalie Wood, Richard Beymer, Russ Tamblyn, Rita Moreno, and George Chakiris. United Artists. 1961.

William Shakespeare's Romeo+Juliet. Dir. Baz Luhrmann. Pefr. Leonardo DiCaprio, Claire Danes, P. Postlethwaite, and Paul Sorvino. Twentieth Century-Fox, 1996.

07

구로사와의 〈피의 왕좌〉와 폴란스키의 〈맥베스〉

이 글은 구로사와가 어떻게 자신이 속한 일본문화의 특성을 자신의 영화에 반영해내고 있는지를 논의하면서 『맥베스』의 동양적 다시쓰기에 드러난 구로사와 감독의 의도와 정치성을 논의하고, 폴란스키가 어떤 관점에서 권력과 폭력의 문제를 바라보고 이를 〈맥베스〉에 재현하고 있는지를 논의한다.

07

구로사와의 〈피의 왕좌〉와 폴란스키의 〈맥베스〉

셰익스피어의 『맥베스』(*Macbeth*)는 여러 유명 감독들이 자주 영화로 만들었던 작품이다. 그 가운데 일본 감독 아키라 구로사와(Akira Kurosawa)가 『맥베스』를 개작하여 만든 1961년 영화 〈피의 왕좌〉(*Throne of Blood*)[1]와 로만 폴란스키(Roman Polanski)의 1971년 영화 〈맥베스〉는 많은 평자들의 관심의 대상이 되어 왔던 작품들이다. 구로사와의 〈피의 왕좌〉는 동양인이 서구 문학을 자신의 시각으로 재해석하여 어떻게 새로운 의미를 창출해 낼 수 있는가를 잘 보여주는 작품이다. 구로사와는 중세 일본 사무라이 시대를 배경으로 한 이 영화에 일본의 전통극인 '노'(Noh)의 기법과 일본화의 이미지를 도입한다. 폴란스키의 영화는 광기, 폭력, 잔인성으로 가득 차 있다. 그의 〈맥베스〉

1_ 이 영화는 이미 1957년에 일본에서 〈거미집의 성〉(*The Castle of the Spider's Web*)이란 제목으로 상연되었던 작품이다.

는 영화로 만든 셰익스피어 작품 가운데 가장 잔인한 방식으로 폭력성을 드러낸 작품으로 간주되고 있다. 나치의 잔인성을 체험했던 폴란스키는 폭력성을 극대화하여 사실적인 화면에 담아내면서 자신의 정치적 관점을 드러낸다. 구로사와와 폴란스키는 원전의 개작과 변형을 통해 각각 자신이 속한 문화를 영화에 반영하면서 정치권력에 대한 욕망의 실체와 선과 악에 대한 관한 물음을 제기한다.

이 글은 구로사와가 어떻게 자신이 속한 일본문화의 특성을 자신의 영화에 반영해내고 있는지를 논의하면서 『맥베스』의 동양적 다시쓰기에 드러난 구로사와 감독의 의도와 정치성을 논의하고, 폴란스키가 어떤 관점에서 권력과 폭력의 문제를 바라보고 이를 〈맥베스〉에 재현하고 있는지를 논의한다. 또한 셰익스피어 정전에 대한 동양적 전유와 서구적 전유의 차이점과 유사성 또한 논의할 것이다. 구로사와와 폴란스키가 원전을 삭제하고 변형하고 새로운 장면을 삽입하면서 어떤 방식으로 자신이 속한 문화를 영상에 반영하여 정치성을 드러내고 있는가가 이 글의 초점이다.

코진체프(Grigori Kozintsev)는 〈피의 왕좌〉를 셰익스피어의 작품을 영화로 만든 것 가운데 가장 뛰어난 작품이라고 평가했고(29), 블루맨델(J. Blumenthal)은 셰익스피어 극을 영화로 전환시키는데 완전히 성공한 유일한 작품이며 영화 자체의 작품성만을 평가해도 수작이라고 평가했다(191). 평자들은 〈피의 왕좌〉에서 구로사와의 예술성을 돋보이게 한 장치로 '소외효과'와 시각적 이미지의 효과적인 구성을 들고 있으며, 이 영화의 가장 두드러진 요소로 반복과 대조의 패턴을 들고 있다. 구로사와는 관객들에게 자신의 메시지를 강요하지 않고 심미적 거리를 두고 작품을 감상할 수 있도록 하는데, 이러한 서사극적 요소가 영화의 예술성을 돋보이게 하는 장치로 작용하고 있다.

영화의 이데올로기적 기능, 특히 영화로 만들어진 셰익스피어 작품의 이데올로기적인 기능을 두고 많은 논쟁이 전개되어 왔다. 벨지(Catherine Belsey)는 문학텍스트와 무대 공연에서는 독자와 관객에게 주어지는 가능한 의미의 "다중성"에 제약이 없지만, 영화의 경우에는 감독에 의한 "전제적인 이데올로기적 통제"가 주어지면서 관객이 의미의 구성에 참여할 기회가 박탈된다고 주장한다(152). 즉 이들은 영화를 이념 전달의 매개체로 파악하고 있는 것이다. 이들의 주장은 어느 정도는 사실이다. 왜냐하면 모든 영화는 나름대로 무엇인가를 전달하려고 하고, 관객은 어둠 속에 고립되어 스크린에 제시된 시각적 이미지와 생각할 여유를 주지 않고 압도적으로 다가오는 청각적 요소에 지배되기 쉽기 때문이다. 그리하여 영화 관객의 상상력은 배제되고 감독의 이데올로기에 종속되며, 이러한 통제가 주로 카메라 앵글의 조작에 의해 이루어진다고 주장한다. 그러나 홀더니스(Graham Holderness)는 영화라는 매체를 통해서도 감정이입의 환상으로부터 벗어나 현실과 대상을 자유롭게 고찰하게 할 수 있다고 주장하며, 그 예로 브레히트식 서사적 양식을 채용하면서 이데올로기를 강요하지 않는 구로사와의 〈피의 왕좌〉를 든다(211).

구로사와의 〈피의 왕좌〉는 브레히트식의 소외효과를 수반하면서 관객이 영화에 몰입되어 감정이입을 경험하기보다는 대상에 대한 객관적인 관점을 유지할 수 있도록 한다. 〈피의 왕좌〉는 시작부터 영창과 롱숏(Long Shot)이란 카메라 기법을 통해 영화로의 감정이입을 방해하고 관객들이 영화 속의 사건과 심미적 거리를 유지할 수 있도록 한다. 영화는 카메라가 바람을 타고 떠도는 안개가 자욱한 산과 언덕을 멀리서 천천히 보여주고, 묘지석과 폐허가 된 성을 비추면서 시작된다. 또한 같은 방식으로 종결된다. 이를 배경으로 다음과 같은 영창이 들려오는데, 이는 이 세상의 모든 것들은 무상하며 주인공 와시쥬

(Washizu)의 종말이 보여주듯 모든 야심의 말로가 허무하기 이를 데 없는 것임을 상기시키면서 영화의 주제를 압축하여 보여준다.

> 보라, 지금은 폐허가 된 이 자리에
> 한 때 강력한 요새가 있었다.
> 용감한 장군이 살았는데
> 야망 때문에 살해당하고
> 그의 영혼은 아직도 구천을 헤맨다.
> 허망한 자만심은, 현재에나 미래에나,
> 야심 많은 자를 죽음으로 이끌 것이다.
> 그의 영혼은 아직도 떠돌고, 그의 명성은 널리 알려지고,
> 과거의 진실은 지금도 여전히 진실이며,
> 살인적인 야망은 내세에서
> 마땅히 그 대가를 치를 것이니.(qtd. in Jorgens, *Shakespeare* 155)

인간의 야심을 상징하는 요새가 떠도는 안개 속에 폐허가 된 것을 보여주고 이와 같은 영창으로 영화를 시작함으로써 스토리 전개에 있어 미래의 관점에서 과거의 사건들을 조망하는 관점을 택한다. 또한 카메라가 의도적으로 클로즈업을 회피하여 롱숏을 통해 장면들을 멀리서 비춤으로써 영화로의 감정이입을 방해하고 "서사적 분리"(epic detachment) 효과를 창출한다(Richie 117, 121). 이 영화는 시각적 이미지의 재현이 독특하다. 카메라가 바람에 떠도는 안개, 나무들, 언덕, 그리고 숲과 성을 비추면서 독특한 이미지를 창출하는데, 시각적 이미지가 이보다 더 잘 구사된 흑백 영화는 거의 없다고 해도 과언이 아니다. 뮤린(Michael Mullin)이 주장처럼 셰익스피어가 대사로 그 의미를 전달하고 있다면 구로사와의 영화는 이미지를 통해 그 의미와 주제를

전달한다(340). 이 영화는 똑같은 이미지, 즉 폐허가 된 성, 떠도는 안개의 이미지로 시작하고 끝맺는다. 즉 처음의 이미지가 끝에서도 반복되고 있는데, 이러한 반복의 패턴은 이 영화의 중요한 특징 중의 하나이다.

반복의 패턴은 첫 장면 이후에도 영화 전편을 통해 계속해서 드러난다. 와시쥬의 행위, 정령과의 대면 장면, 아사지(Asaji)의 행위에서 동일한 이미지가 반복된다. 먼저 숲 속에서 와시쥬의 행위과 미키의 행위를 살펴본다. 와시쥬와 미키는 반란군을 제압하고 전쟁터로부터 귀환하는 도중, 안개가 자욱한 깊은 숲 속의 미로에서 길을 잃고 헤맨다. 그들은 말을 몰아 길을 발견하려고 애쓰지만 숲 속을 이리 저리 헤맬 뿐 길을 발견하지 못하고 당황한다. 그들은 비가 오는 가운데 햇살이 비치고, 어두워지다가 이내 밝아지고 다시 어두워지는 이상한 날씨를 경험한다. 숲은 마치 거미집처럼 숲의 침입자를 빨아들이고, 침입자는 거미줄에 걸린 곤충처럼 꼼짝하지 못한다. 숲에는 항상 비가 내리고 비는 항상 안개와 바람을 동반한다. 햇살이 비치는 장면을 잠깐 볼 수 있지만 대부분의 날씨는 흐리고 비가 내린다. 액션은 반복의 형태로 자꾸 되풀이된다. 그들은 말을 몰아 미로를 빠져나가려고 하지만 출구를 찾지 못하며 숲 속에 갇혀 제자리를 맴돌고 있을 뿐인데, 이는 반복되는 역사, 비극, 권력투쟁의 상징적 표현이다. 이 장면에는 어리석은 행동을 끊임없이 반복하는 인간의 우둔함과 허무성이 짙게 베여 있다. 유사한 장면과 유사한 행동의 반복은 구로사와가 중세 스코틀랜드의 역사와 중세 일본의 사무라이 시대의 역사가 권력투쟁이란 관점에서 동일선상에 있다고 생각한다는 증거가 될 수 있다(김종환, "구로사와" 6-7; Richie 115).

〈피의 왕좌〉에서 구로사와는 중세 스코틀랜드에서 봉건주의 국가인 중세 일본으로 배경을 이동하면서 서구의 비극을 동양의 "사무라이 서사시"로 변형시킨다(Holderness 213). 그는 이 영화에서 서양문화를 동양적 시각으로 재해석하여 중세 일본 무사시대라는 배경 속에 담아내면서, 권력의 속성과 인간 욕망의 문제를 일본 문화 속에서 재해석한다. 중세 일본의 역사에서 볼 수 있는 권력투쟁의 패턴은 현대 일본 역사, 나아가 세계의 역사에서도 되풀이되고 있다고 생각한다. 권력을 쟁취하기 위해 피 권력자는 군주를 살해하며 이 살인은 또 다른 살인으로 이어진다. 권력을 앞에 두고 선과 악에 대한 인간의 도덕적 판단은 항상 흐려진다. 와시쥬의 군주는 그 앞의 군주를 살해했으며 와시쥬는 군주를 살해하고 그 또한 살해된다. 과거의 사무라이들도 모두 와시쥬와 같은 경험을 했으며 와시쥬 뒤의 사무라이들도 그와 같은 행동을 할 것이다. 이러한 권력의 패턴은 과거와 현재의 역사에서 끊임없이 되풀이되고 있으며 그 어느 누구도 이러한 역사와 권력의 패턴으로부터 자유로울 수 없다. 와시쥬와 미키가 안개 낀 숲 속에서 길을 잃고 제자리를 맴돌고 있음은 이러한 반복의 패턴을 보여주며, 킨더(Marsha Kinder)의 주장을 따르면 "불가피한 인간 운명의 순환"을 상징적으로 보여준다(341).

숲 속에서 말을 모는 역동적 장면에 드러났던 반복의 패턴은 와시쥬가 숲의 정령을 대면하는 정적인 장면에서 다시 드러나고 있다. 와시쥬와 미키는 숲 속에서 번개가 치는 것을 보고 천둥소리를 듣고, 숲의 정령들의 불길한 웃음소리를 듣는다. 숲 속을 메아리치는 소름끼치는 이들의 웃음은 와시쥬와 미키를 공포와 혼동 속으로 몰아넣는다. 미키는 전 속력으로 말을 몰면서 허공을 향해 창을 휘두르고 와시쥬는 허공에다 화살을 쏘아댄다. 망원 렌즈는 그들의 빠른 동작을 따라 움직이고 배경을 흐릿하게 하면서 그들의 움직임을 과장하여 드러낸다. 말을 전 속력으로 몰고 가는 와시쥬와 미키의 동작과 그들의 빠른 움직임을 쫓아가는 카메라의 장치를 통해 관중은 곧 어떤 피할 수 없는 극적인 사건이 진행될 것이라는 것을 예상한다. 와시쥬와 미키는 갑자기 달리던 말을 멈추고 장면은 갑자기 오두막이 있는 조용하고 밝은 장소로 전환된다. 정적이 감돌고, 비는 그치고 천둥과 번개도 멈추었다. 그리고 오두막에서 나지막한 노랫소리가 들려온다. 이 장면 전에는 대사보다 시각적 이미저리가 주로 제시되고 역동적 동작이 우세했지만, 이후 역동적인 영화적 요소가 감소되고 다소 정적인 연극적 요소가 강조된다(Jorgens, "Kurosawa's" 167-68). 카메라는 어두운 숲으로부터 밝은 정령의 세계로 이동한다. 동작이 중지되고 정적이 감돌면서 인간의 세계로부터 정령의 세계로 이동한다.

정적인 연극적 요소가 드러나는 와시쥬와 노파의 대면 장면은 반복의 패턴과 동시에 운명에 관한 독특한 시각을 드러낸다. 오두막에서는 숲의 정령인 한 노파가 물레를 돌리고 있고, 숲에는 거미줄처럼 엉클어진 잔가지 많은 나무들이 빽빽이 들어차 있다. 또한 숲에는 안개가 떠돌고, 오두막 주위에는 죽은 병사들의 유골들이 쌓여 있다. 노파의 표정은 마치 흰색의 '노' 마스크와 같은 표정인데, '노' 마스크는 감정을 드러내지 않고 무덤덤한 표정을 형상화한 것이다. 정령은 물레를 돌리면서 다음과 같은 노래를 부른다. "인간의 모든 행동 헛되니 … 이 세상의 그 어떤 것도, 현세에서나 내세에서, 인간의 행동을 지켜주거나 헤아려주지 못한다. … 죽음은 모든 인간 위에 군림하며 인간의 삶은 헛되이 끝난다"(qtd. in Jorgens, *Shakespeare* 159). 정령은 인간의 오만과 야망의 공허함, 인간 존재의 유한성, 세상사의 허무함을 노래한다. 그녀의 노래는 권력을 잡으려는 인간의 야심이 얼마나 허망한 것인가를 경고하고, 인간의 삶과 인간의 존재가 얼마나 하잘 것 없는 것인가를 상기시켜주고 있다. 와시쥬는 중무장을 하고 경직된 표정으로 정령을 응시하는데 반해, 정령은 그의 시선에 아랑곳하지 않고 천천히 물레를 돌리고 있다.

와시쥬가 현재에 집착하고 있다면 정령은 과거와 미래에 관여한다. 와시쥬의 움직임이 빠르고 거칠고 불안한 반면, 정령의 움직임은 느리고 부드럽고 안정되어 있다. 와시쥬의 모습은 클로즈업으로 정령의 모습은 롱숏으로 처리되고 있으며, 가죽과 금속으로 된 와시쥬의 갑옷과 천으로 된 정령의 헐렁한 옷이 대비되고 있다. 갈대와 막대기로 얼기설기 만들어진 보잘것없는 정령의 오두막은 인간이 만든 성을 패러디하고 있다. 인간들은 그들 자신을 적으로부터 보호하기 위해 애써 거대한 요새를 쌓아 올리지만 죽을 수밖에 없는 허망한 존재이기 때문이다. 정령과 와시쥬를 두고 명암(明暗), 정(靜)과 동(動), 시선의 회피와 응시, 조용한 시적인 노래와 고성의 산문체 외침, 오두막과 요새 등 여러 가지 시각적·청각적 이미지가 대비되어 있다. 와시쥬의 활과 투구의 반달은 원의 일부일 뿐이며 이는 전체와의 단절과 분열, 비연속성을 상징한다. 반면 정령이 돌리는 물레는 완전한 원으로 연속성과 전체, 그리고 완전성과 조화를 상징한다(Jorgens, “Media” 47, “Kurosawa's” 169). 카메라는 물레를 잣는 정령의 손에 초점을 맞춘다. 작은 물레는 더 빨리 돌면서 원을 그리고 큰 물레는 더 큰 원을 그리면서 천천히 돌아가는데, 이는 맥린(Andrew McLean)의 주장처럼 상징적으로 역사의 순환에 대한 동양적 인식 또는 “운명의 수레바퀴에 관한 서양적 인식”을 대변하고 있다고 할 수 있다(75). 또한 정령이 돌리는 물레의 바퀴는 와시쥬와 미키가 말을 타고 그리는 원과 같고, 와시쥬를 비롯한 인간들의 행동은 반복되며 무의미하다는 것을 보여주고 있을 뿐만 아니라 권력투쟁 속에 반복되는 공포, 야심, 전쟁 등의 순환과 연결되고 있다.

권력투쟁의 끊임없이 반복은 숲의 정령인 노파가 사라진 후 숲 속에서 다시 방황하는 와시쥬와 미키의 행위를 통해 다시 제시된다. 정령은 와시쥬가 곧 북성의 성주가 되고, 이어 왕이 될 것이며, 미키는 제 1성의 성주가 될 것이며 그의 아들은 나중에 와시쥬의 뒤를 이어 왕이 될 것이라고 예언하고 사라진다. 이는 권력의 투쟁은 계속 반복될 것이라는 것을 상징적으로 드러낸다. 숲의 정령인 노파가 사라진 후 와시쥬와 미키는 미로에서 다시 방황한다. 카메라는 그들이 말을 몰아 카메라를 향해 12번씩이나 왔다 갔다 하면서 질주하는 모습을 담아낸다. 그들은 여전히 출구를 찾을 수 없다. 와시쥬와 미키는 말을 타고 안개 밖으로 나왔다가 다시 안개 속으로 사라지고 다시 안개 밖으로 나오는 장면을 수 없이 반복한다. 작품이 시작될 때 등장하는 영창은 작품의 끝에서 반복되며, 첫 장면에서 제시된 안개, 폐허가 된 성 등의 시각적 이미지들은 끝 장면에서 다시 제시된다고 언급한바 있는데, 이 작품에서는 동일한 행위와 장면이 수없이 반복된다. 이는 상징적으로 권력의 투쟁은 계속 반복될 것이고 인간은 비극의 역사를 반복하게 될 것이라는 것을 시사한다(Richie 120). 와시쥬의 복잡한 심리 상태는 얽힌 나뭇가지, 떠다니는 안개로 표현되어 있고, 와시쥬는 그의 무의식과 대항하여 싸운다. 떠도는 안개는 알 수 없는 세계에 대한 공포를, 가려진 태양과 미로는 시간과 공간에 대한 감각의 상실을 나타낸다(Jorgens, "Kurosawa's" 170). 이 영화에서 자연은 중립적이고 독립적이며, 자비롭지도 잔인하지도 않다. 또한 자연은 인간의 야망을 부채질하지도 조롱하지도 않고 다만 무관심할 뿐이다. 숲의 정령은 이 자연의 특성을 반영하는 존재인데, 와시쥬에게 이 정령의 존재는 결코 이해할 수 없는 존재이다.

권력을 두고 와시쥬의 욕망과 미키의 욕망은 유사한 데, 이는 권력을 두고 맥베스와 뱅코를 판이한 인물로 재현했던 셰익스피어와는 대비되는 시각이다. 와시쥬와 미키는 마침내 출구를 발견하고 미로를 빠져나와 성 가까이에 앉아 쉬면서 정령의 예언에 대해 이야기하는데, 와시쥬가 지금 꿈을 꾸고 있는 것 같다고 말하자 미키는 꿈이란 욕망의 표현이며 모든 사무라이는 성의 군주가 되길 꿈꾼다고 말한다. 와시쥬 자신이 본성의 군주가 되고 미키가 북성의 영주가 되는 일이 축하할만한 일이 아니냐고 와시쥬가 말하자 미키는 이에 동의하고 둘은 서로를 보며 웃는다. 이들은 웃음을 통해 서로의 숨겨진 무의식적 욕망을 확인하고 있는 것이다. 이 장면은 중요한 의미를 갖는데, 구로사와는 여기에서 와시쥬와 미키를 서로 다를 바 없는 인물로 간주하고 있다. 성의 지배자가 되고 싶은 욕망에 있어 와시쥬와 미키는 동일한 인물이다. 이를 위해 구로사와는 여러 장면에서 와시쥬와 미키를 시각적으로 동일한 인물로 배치한다. 그러나 구로사와는 숲의 정령과 오두막, 그리고 해골 무더기 등으로 구분되는 프레임의 양편에 두 전사들을 대칭의 형태로 배치한다. 이는 군주가 되고 싶은 욕망에 있어서는 이들은 동일한 인물로 투사되지만 권력을 두고 이들은 또한 대립할 수 있는 인물임을 시사한다(Jorgens, “Kurosawa's” 170-71).

와시쥬와 미키는 마침내 숲을 빠져나와 본성에 도착해 스즈키 영주를 만난다. 스즈키는 승전에 대한 보상으로 와시쥬를 북성의 성주로 미키를 제 1성의 성주로 임명한다. 정령의 예언에 반신반의하던 와시쥬는 북성의 성주로 임명되자 정령의 예언을 다시 생각하고 놀라게 된다. 와시쥬는 표면적으로는 영주를 살해하고 영주의 자리에 오를 야심이 없어 보인다. 그러나 와시쥬의 아내 아사지는 남편을 계속해서 부추기기 시작한다. “사무라이의 꿈은 영주가 되는 것”이라는 아사지의 충동질에 와시쥬는 영주인 스즈키를 살해하기에 이른다.

숲 속에서 정령의 움직임과 표정에는 일본의 전통극 ‘노’의 특징이 반영되어 있다. 구로사와는 사토(Sato)와의 대담에서 정령의 표정은 ‘노’의 마스크인 야만바(Yamanba) 마스크를 와시쥬의 표정은 무사의 마스크인 헤이다(Heida) 마스크를 아사지의 표정은 미치기 일보 직전의 여성 이미지를 반영하고 있는 샤쿠미(Shakumi) 마스크를 닮았다고 밝힌바 있다(Manvell 103). 구로사와는 일본적인 것을 좋아했고 그 가운

데에서도 전통극인 '노'를 특히 좋아했다. '노'는 압축이 심하고 상징들로 가득 차 있는데, 구로사와는 〈피의 왕좌〉에서 많은 상징들을 사용할 뿐만 아니라 '노'의 배우들의 움직임과 표정, 그리고 '노'의 선율 등을 자주 사용하고 있다. '노' 드라마에서 배우가 움직이는 방식은 엄격히 규정되어 있으며 관습화되어 있다. 정령의 모습과 움직임은 '노'의 특징을 잘 반영하고 있다. 높낮이가 없는 허스키한 목소리로 예언을 전달하는 정령의 억양과 표정, 그녀가 물레를 자으면서 내는 덜커덩거리는 소리, 정령이 갈대로 만든 오두막집에서 움직이는 소리 등 나지막한 소리들은 모두 '노'의 특징을 반영하는 것들이다(Richie 118).

'노'의 특징이 가장 잘 드러나는 인물은 와시쥬의 부인인 아사지이다. 도날드선(Peter S. Donaldson)이 제시한 것처럼 그녀의 앉은 자세, 얼굴 표정과 이미지는 숲의 정령과 거의 동일하다(79). 그녀의 표정과 움직임, 그리고 높낮이가 없는 말의 억양, 무표정한 하얀 얼굴에는 '노'의 특징이 잘 드러나 있다(Zambrano 272). 아사지 역을 맞은 이수주 야마다(Isuzu Yamada)의 얼굴 표정은 '노'의 배우들이 쓰는 가면을 연상시키며 그녀는 기모노를 끌면서 느릿느릿 조용히 움직인다. 그녀가 남편인 와시쥬와 함께 등장하는 장면들은 '노'의 구성 방식과 매우 유사하며, 그녀가 손에 묻은 피를 씻어내는 장면에도 '노'의 특징이 잘 드러나 있다. 그녀는 머리부터 발끝까지 '노'의 배우처럼 움직인다. '노'의 정형적이고 제의적이며 양식화된 특성은 영화 속의 두 여성인물, 즉 양식화되고 제한적인 틀 속에 사는 아사지와 숲의 정령인 노파와 관련이 깊다(Richie 117).

『맥베스』에서 레이디 맥베스가 주인공에게 강력한 영향력을 행사하는 것과 마찬가지로 〈피의 왕좌〉에서도 여성인 아사지가 주인공에 대한 강력한 영향력을 행사하면서 플롯을 이끌어나간다. 레이디 맥베스는 맥베스보다 더욱 '남성적'이고 용감하다. 그러나 남편을 자극하고 악을 주입하는데 있어 아시지는 레이디 맥베스를 능가한다. 아사지는 냉엄한 권력의 속성을 잘 이해하고 있는 현실적인 인물이다(Richie 117-18). 권력을 위해 자식이 아비를 죽이고, 군주는 그 전의 군주를 죽이는 약육강식의 현실을 잘 파악하고 있고, 상대를 "죽이지 못하면 자신이 죽는다는 것"을 잘 알고 있는 인물이다. 아사지는 사악한 정치 세계에서 자신을 보호하는 유일한 길은 힘을 가지는 일이고 더 힘있는 자는 죽이는 일임을 잘 알고 있는 인물이다. 와시쥬와는 달리 아사지는 의지가 투철하고 행동력 또한 갖춘 인물이며 행동의 결과에 그리 신경을 곤두세우지 않는 강한 성격의 소유자이다. 반면 와시쥬는 소심하고 겁이 많다. 와시쥬는 소심하여 살해하기를 망설일 뿐 도덕적 판단에 따라 주저하는 것은 아니다. 그러므로 심각한 도덕적 갈등을 겪는 맥베스라는 인물에게서 볼 수 있는 위엄을 와시쥬에게서는 찾아 볼 수 없다(김종환, "구로사와" 11).

구로사와는 카메라를 통해 아사지와 와시쥬의 부부관계를 설정하면서, 관중을 객관적인 관찰자의 위치에 서도록 만든다. 구로사와는 부부가 동시에 나오는 장면을 가급적 피하고, 둘의 직접적인 신체적 접촉을 거의 보여주지 않는다. 그들이 접촉하는 순간은 아사지가 와시쥬의 손에서 창을 세게 비틀면서 빼내는 때 정도이다. 표정 없는 '노' 마스크의 형상을 한 아사지는 대부분의 경우 남편을 쳐다보지 않고 조용히 말하며 남편과 멀리 떨어져 앉는다. 카메라를 통한 부부관계의 설정에 있어서 구로사와의 영화와 1971년에 제작된 폴란스키(Polanski)의 영화는 차이를 보인다. 구로사와와는 달리 폴란스키는 끊임없이 두 부부의 머리 부분에 카메라의 초점을 맞추면서 관중의 시선을 두 사람에게 집중시킨다. 특히 레이디 맥베스가 맥베스에게 덩컨의 살해를 종용할 때 그러하다. 카메라는 약 스무 번 가까이 부부의 모습을 클로즈업한다. 폴란스키가 클로즈업을 통해 대상의 감각기관에 연루되기를 애쓰는 반면 구로사와는 클로즈업을 배제하여 심리적인 부분과 감각적인 부분에 연루되는 것을 방해하면서 관중이 객관적인 관찰자의 위치에 서게 하고 서사극적 소외 효과를 창출한다(Wertheimer 356).

아사지의 모습은 정령의 이미지와 오버랩되어 나타난다. 와시쥬가 자신의 운명을 묻기 위해 다시 한 번 숲의 정령을 방문했을 때, 정령은 "만일 그대가 야망을 선택한다면, 정직하게, 잔인하게 그것을 선택하라 … 만일 그대가 죽은 자들로 산을 만들려고 하면 그 산이 하늘 끝까지 닿게 하라. 만일 그대가 피를 뿌린다면, 피가 철철 넘쳐 강이 되게 하라"고 와시쥬에게 말한다. 정령은 권력을 둘러싼 사악한 세상을 잘 알고 있다. 아사지 역시 사악한 현실을 잘 알고 있다. 이 점에 있어 아사지의 이미지는 정령과 오버랩된다. 그녀의 얼굴 표정과 의지는 '노'의 가면만큼이나 단호하다. 아사지는 자신이 누구이며 자신이 무엇을 원하는지를 잘 알고 있고, 또한 무엇을 해야 하는지 잘 알고 있는 인물로 일단 계획이 서면 주저하지 않는다. 그녀는 남편보다 훨씬 더 명확하게 미래를 내다본다. 이 점에 있어서도 아사지는 정령의 이미지와 오버랩된다. 그녀는 미키가 어떤 존재인지를 남편보다 더 잘 안다. 그녀는 스스로 판단하고 행동하며, 모든 것은 용의주도한 그녀 자신의 계획에 따라 진행된다(Richie 119). 그녀는 살인행위가 사악하다는 것을 잘 알고 있지만 실패하게 될 것이라고는 전혀 생각하지 않는다.

셰익스피어의 원작과는 달리 구로사와는 아사지가 임신하도록 재구성하는데 이는 아사지가 와시쥬에게 미키와 그의 아들의 살해를 사주하고 와시쥬가 미키를 살해하도록 하는 강력한 동기로 작용한다. 와시쥬의 북성을 방문한 군주 스즈키에게 와시쥬는 자신의 방을 내어주고 와시쥬와 아사지는 반역자 후지마키가 쓰던 방을 사용한다. 와시쥬의 하인들이 공포에 사로잡혀 반역자 후지마키의 핏자국이 남아 있는 벽을 응시할 때 들었던 갈가마귀 소리는 이 방에서 아사지가 와시쥬에게 스즈키의 살해를 종용할 때 다시 들린다. 이 방에서 많은 화살이 걸려 있는 화살걸이가 보이는데, 이는 아이러닉하게도 와시쥬가 빗발치는 화살에 의해 극적인 죽음을 맞이하게 될 것을 예시한다(Jorgens, *Shakespeare* 156). 마침내 와시쥬는 그의 성을 방문한 군주를 살해하고 다음에는 미키를 죽인다. 미키의 살해 후 죄의식에 시달리는 와시쥬에게 미키의 환영이 등장하고, 미키의 아들과 스즈키 영주의 아들이 세를 규합하여 와시쥬에게 대항한다.

와시쥬는 자객을 고용하여 미키를 살해하고 또한 그 자객을 죽이는데, 이후의 장면에서 와시쥬에게 많은 불길한 징조가 나타나고, 이는 상징적으로 와시쥬의 몰락을 예시한다. 미키 살해 후 바람이 세차게 불어와서 성을 뒤흔든다. 하인들이 함께 모여 성을 떠나고 있는 쥐에 대해 이야기한다. 그들은 와시쥬가 전투를 준비하고 있다는 것을 알고 있지만 승리할 것이라고 생각하지 않는다. 와시쥬가 군사회의를 하던 방에 수많은 새들이 갑자기 습격하여 그 방에 있던 사람들을 놀라게 한다. 수백 마리 새들의 날갯짓 소리에 정적이 깨지면서 멀리서 숲의 나무를 자르는 소리가 들린다. 와시쥬를 공격하려는 적들이 숲의 나무를 잘라내자 새들이 도망을 쳤던 것이다. 와시쥬의 신하들은 이것을 불길한 징조로 여기지만, 와시쥬는 적이 숲에 갇힌 것을 의미하기 때문에 길조라고 설명한다(Richie 122). 일단의 병사들이 성의 부식에 대해 이야기하는데 이는 상징적인 의미를 지닌다. 그들은 이미 쥐들도 그 성을 떠나기 시작했기 때문에 성이 부식되어 그 기반이 흔들리고 있는 것이 확실하다고 말한다. 펄맨(E. Pearlman)에 따르면 이는 상징적으로 성뿐만 아니라 와시쥬의 권력이 썩어 그 기반부터 흔들리고 있음을 시사한다(72).

와시쥬의 권력은 와해의 조짐이 역력하고, 와시쥬는 다시 한 번 거미 숲의 정령을 찾아가 그의 운명에 대해 물어본다. 그러자 정령은 숲이 움직이기 전까지는 결코 와시쥬가 패하지 않을 것이라고 말해준다. 그리하여 와시쥬는 성 앞의 숲이 자신의 성을 지켜줄 것이라고 믿는다. 병사들은 거미 숲의 미로에서 길을 잃고 상대를 발견하지 못할 것이기 때문이다. 와시쥬는 "우리는 그들의 행동 하나하나를 지켜볼 수 있지만 그들은 안에 있는 우리를 볼 수 없다"고 말하면서 요새인 성을 안전한 곳으로 여긴다. 와시쥬는 길을 좀처럼 찾을 수가 없는 거미집 같은 숲이 성을 보호해 줄 수 있다고 생각한다.

인간은 외부의 적을 방어하기 위해 난공불락의 요새를 쌓고, 그 요새 속에서 군주를 안전하다고 생각한다. 그러나 실제로는 그렇지가 않다. 요새 속에서 아이를 사산한 아사지는 미쳐서 죽고 적들은 숲의 나뭇가지로 위장하여 마치 숲이 움직이듯 성으로 다가와 와시쥬를 공격한다. 영화 끝 장면 바로 직전 숲이 언덕 밑으로 행군하여 성으로 다가오고 있는 것처럼 보이게 하는데, 구로사와는 이 장면을 슬로우 모션과 롱 디스턴스 렌즈를 사용하여 찍고 있다. 마침내 성안의 병사들은 와시쥬를 배반하고 그에게 화살을 쏟아 붓는다. 이 영화에서 자연의 힘은 인간이 거역할 수 없는 숙명적인 힘이다(Richie 122).

숲 속에서 와시쥬는 나무에 대고 활을 쏘면서 자연과 대적하려 했지만 자연은 그의 행동을 무의미하게 만들어 버린다. 그는 미로와 안개 속에서 길을 찾을 수 없으며, 새들은 인간이 만든 요새를 습격한다. 와시쥬의 죽음은 "숲이 폭군을 제압하는 상징적인 행위"로 이해될 수 있다. 숲뿐만 아니라 와시쥬의 몸을 벌집처럼 만든 나무 화살도 자연의 힘의 일부로 볼 수 있을 것이다. 이 영화에서 폭군들이 이 세상을 오고 가지만, 세상은 그대로 남아 있고, 인간 앞에 널리 뻗어 있는 숲은 변치 않는 힘으로 남아 있다(Pearlman 73).

결말부에서 와시쥬가 자신의 병사들이 쏜 화살에 맞아 죽는 장면은 대단히 인상적인데, 여기서 구로사와는 와시쥬에 대한 관객의 동정심이 아니라 관객의 공포감을 유도한다. 클로즈업을 거의 사용하지 않던 구로사와는 부하들이 쏜 화살에 맞아 죽는 와시쥬의 모습을 클로즈업하여 찍어낸다. 마지막 장면의 초반부에서 와시쥬가 발코니에서 전투를 독려하자 병사들은 이에 호응하여 깃발을 흔들어대면서 환호한다. 그는 승리를 호언장담하면서 자신감에 차있다. 그러나 잠시 후 숲이 움직인다는 전갈을 받고 와시쥬와 병사들은 공포에 사로잡힌다. 이후 와시쥬는 갑자기 약해진다. 와시쥬가 병사들을 장악하려고 하지만 그들은 이미 등을 돌린다. 병사들은 와시쥬에게 끊임없이 화살을 쏘아대고 수많은 화살이 와시쥬의 몸에 박히고, 마침내 화살이 그의 목을 관통한다.

음악은 갑자기 조용해지고 정적이 감돈다. 죽음이 임박한 주인공의 일그러진 모습이 클로즈업된다. 와시쥬는 검을 뽑으려고 애쓰면서 나무 층계로 굴러 떨어지고, 쓰러지기 전에 카메라는 오랫동안 그를 비춘다. 그는 천천히, 비틀거리면서 한때는 부하들이었지만 이제는 적이 돼버린 병사들 쪽으로 간다. 병사들은 고슴도치처럼 화살이 박힌 그의 주위에 모여든다. 그는 더 이상 움직이지 않고 그의 얼굴은 무표정하다. 옅은 안개가 그의 시체를 감싼다. 카메라는 이 마지막 장면동안 그를 아주 가깝게 비추면서 관객에게 매우 강렬한 인상을 던져주는데, 이 장면을 통해 구로사와가 유도하는 것은 감정이입을 통한 관객의 동정심이 아니라 관객의 공포심과 호기심이다(Richie 121).

와시쥬를 향해 사방에서 날아드는 수많은 화살들은 폭정에 대한 불특정 다수 민중들의 마음을 대변하고 있다고 해도 과언은 아니다. 와시쥬가 화살에 맞아떨어질 때 구로사와는 카메라의 초점을 화살을 쏘는 병사들이 아니라 화살과 와시쥬에게 맞춘다. 화살은 한 개씩 날아오는 것이 아니라 불특정 다수에 의해 사방으로부터 동시에 날아온다. 이 장면은 매우 강렬하고 어떤 결말을 제시하는 것 같은 인상을 주지만, 와시쥬의 죽음은 사건의 결말이 아니다. 셰익스피어의 작품은 새로운 군주인 맬컴(Malcolm)의 등장으로 끝맺는다. 그러나 구로사와는 새로운 군주의 등장을 제시하지 않는다. 구로사와가 초점을 맞추는 것은 와시쥬의 몰락이지 새로 왕위에 오를 사람이 아니다. 와시쥬의 죽음은 폭정의 종말을 제시할 것 같지만, 이어지는 장면으로 인해 그 가능성은 사라지고, 반복적인 역사에 대한 비관적 인식으로 화면을 채운다. 와시쥬의 죽음과 마지막 영창 사이에 또 다른 장면이 삽입된다. 카메라가 숲의 미로에서 움직이는 군사들과 성을 짧게 비추고, 병사들이 전투태세를 갖추고 총 공격을 감행하려는 순간, 구로사와는 황급히 영창 장면을 삽입한다. 그리하여 구로사와의 영화는 전투장면과 새 군주의 등장을 보여주지 않는다. 즉 도덕적 질서의 회복을 보여주지 않음으로써 구로사와는 관객의 예상과는 거리가 먼 결말을 제시하고 있는 것이다(Pearlman 71-73). 이는 인간의 운명과 역사의 순환에 대한 구로사와의 결정론적인 인식을 보여준다.

결말부에서 와시쥬의 계승자는 제시되지 않았으며, 폭정을 대체할 이상적인 권력기구에 대한 전망도 제시되지 않았으며, 새로운 질서의 회복도 없다(Willson 166-67). 카메라는 시작 장면과 같이 폐허가 된 성을 비추고 영창은 "과거에 진실이었던 것은 지금도 여전히 진실"이라고 언급한다. 즉 구로사와는 영화의 마지막 장면을 과거 시점으로 다시 옮겨놓고 지금까지 진행되었던 사건들과 거리를 두고 끝을 맺음으로써 사건에 대한 관객의 감정이입을 방해하고 있는 것이다.

구로사와의 영화에서는 셰익스피어의 세계가 보여주는 도덕적 질서의 회복을 볼 수 없다. 대신 권력과 인간 운명의 허망함이 강조될 뿐이다. 구로사와는 권력투쟁을 둘러싼 인간의 역사가 끊임없이 반복되고 있고, 또한 그것이 너무나 허망한 일임을 마지막 장면의 처리에서 다시 한 번 관객에게 보여준다. 구로사와는 똑같은 이미지, 즉 숲, 황량한 언덕, 묘비석, 폐허가 된 성, 이곳을 떠도는 안개를 비추면서 이 영화를 시작하고 끝을 맺는다. 카메라는 먼저 희미한 안개 속의 숲을 비추고 다음으로 언덕을 비춘다. 안개는 언덕과 언덕으로 움직이고 폐허가 된 성의 묘비석으로 움직인다. 숲과 폐허가 된 성을 떠도는 안개는 숲과 성의 공간적 차이를 희석시키고 이 두 공간을 상징적으로 연결한다(Hodgdon 67).

인간은 외부의 적을 방어하기 위해 난공불락의 요새를 쌓고, 그 요새 속에서 군주를 안전하다고 생각하고 길을 찾기 어려운 거미 숲은 성을 보호해 줄 수 있다고 생각한다. 그러나 인간의 야심과 권력투쟁이 존재하는 한 인간에게 안전한 곳은 아무 곳도 없다. 이 마지막 장면과 다시 반복되는 영창을 통해 구로사와는 권력투쟁은 인간의 역사에서 끊임없이 반복되며, 인간의 모든 행동은 무의미하며, 지상의 모든 것들이 허망하다는 것을 다시 한 번 상기시킨다.

폴란스키(Roman Polanski)의 영화 〈맥베스〉는 폭력성을 극대화하여 드러낸 작품으로 평가되고 있다. 폴란스키는 원전에는 없는 수많은 유혈 장면들을 스크린에 삽입한다. 특히 원전에서는 무대 밖에서 처리된 살해 장면들을 영화는 피가 낭자한 충격적인 화면으로 담아낸다. 권력의 폭력성을 강조하고 이에 대한 공포감을 조장하기 위해서이다. 그는 많은 대사들이 삭제된 곳을 시각적으로 보충하며, 원전의 독백에 반영된 인물의 심리를 대사를 통해서가 아니라 시각적인 장치를 통해 전달한다. 폴란스키가 영상에 반영하려는 것은 폭력으로 점철된 현대 역사이며 정치권력의 잔혹성이다. 2차 세계대전 당시 유대인인 폴란스키의 어머니는 강제 수용소에서 사망하고, 폴란스키는 폴란드 전역을 떠돌며 불행한 유년기를 보낸다(Polanski 4 & 13). 이때 받았던 상처와 공포는 이후 그의 영화에 계속 나타난다. 1969년에는 임신 8개월인 아내가 맨슨(Charles Manson)이 이끄는 무리들에게 잔인하게 살해된다. 이 사건이 있은 지 2년 후 상연된 〈맥베스〉에는 공포를 유발하는 폭력적 사회에 대해 폴란스키의 시각이 반영되어 나타난다(Reynolds 109).

폴란스키 영화에서 처음 대하는 것은 일출장면이다. 카메라에 비친 해변의 붉은 색조는 피의 빛깔을 상기시키고, 이는 나아가 피로 물들 스코틀랜드를 떠올리게 한다. 아름다운 해변은 음산한 배경으로 바뀌고, 처음의 밝은 색조와 바뀐 음산한 색조가 대조를 이룬다. 황량한 해변에는 안개가 자욱하다. 음산한 해변과 아름다운 일출의 대조는 이 영화가 구현하고 있는 "아름다움에 뒤따르는 공포"의 패턴을 설정한다(Jorgens,"The Opening" 277). 이 음산한 해변을 배경으로 두 명의 노파와 한 젊은 여인이 등장한다. 모습은 흉측하나 마녀처럼 보이진 않는다. 그들은 끌고 온 수레에서 절단 된 팔을 꺼내 해변의 모래에 파고 묻는다. 소름끼치는 것들을 묻은 그들은 모래 위에 피를 붓고, "아름다운 것은 추하고, 추한 것은 아름다운 것"이라고 읊조리면서 해변에서 사라진다. 그들이 사라지자 칼과 창 등의 무기들이 부딪히는 굉음이 들린다. 카메라는 잔인한 살해가 진행되는 전쟁터를 비춘다. 안개 자욱한 전쟁터에서 어떤 병사가 넘어져 있는 적을 쇠뭉치로 때려죽인다. 장면이 바뀌어 피투성이 병사가 덩컨 왕에게 전투 상황을 보고하는 장면이 비치고, 피투성이가 된 채 고문대에 묶인 코도(Cawdor) 영주가 보인다.

장면이 바뀌어 음산한 비바람이 몰아치는 가운데 뱅코와 함께 마녀들을 만나는 맥베스가 보인다. 맥베스가 마녀들에게 "너희들이 무엇이냐?" 물었을 때, 그들은 맥베스를 코도 영주, 그리고 "앞으로 왕이 되실 분"이라고 예언한다(1.3.48-50). 이 예언을 함께 들은 뱅코는 마녀들에게 "허깨비인지 눈앞에 보이는 것처럼 살아 있는 존재"인지를 묻는다. 그는 그들이 "시간이란 씨앗을 뚫어볼 수 있어서, 자랄 수 있는 것과 그러지 못할 것을 구분"할 수 있다면 자신에게도 앞날에 대해 뭔가 얘기하라고 명한다. 그러자 첫째 마녀가 "맥베스만 못하지만, 더 위대하신 분"이라고 답하며, 두 번 째 마녀는 "맥베스만큼 행복하진 못하지만, 후에는 더 행복할 분"이라고 예언한다. 셋째 마녀는 뱅코가 왕이 되지는 못하겠지만 그의 자손이 왕이 될 거라고 답한다(1.3.53-68).[2] 이 마녀들의 대사는 대단히 애매모호하다.

맥베스에게 마녀들이 예언하는 내용, 다시 말해 맥베스가 코도 영주, 그리고 마침내 왕이 되며, 뱅코가 왕이 되지 못하지만 왕들의 선조가 되리라는 예언은 셰익스피어 원전과 다를 바 없다. 그러나 폴란스키의 영화에 형상화된 마녀들의 모습은 원전과는 다르다. 그들은 원전에서처럼 턱에 수염을 달지도 않았고, 남성인지 여성인지를 혼돈스럽게 하는 모습도 아니다. 또한 폴란스키의 마녀들은 환상적인 존재가 아니다. 마녀들은 원전에서처럼 '공중으로' 사라지지 않고 동굴로 사라진다. 마녀라기보다는 인간들의 모습으로 제시되고 있는 것이다. 남루한 복장과 흉한 형상을 하고 있으나 그들이 악마로 보이진 않는다.

펄만(E. Perlman)의 주장을 따르면 폴란스키의 영화에 등장하는 마녀들은 "악마적인 힘"을 상징하고 인간은 이 "악마의 힘"에 종속된다(70). 윌슨(Robert F. Willson)의 주장을 따르면 원전은 맥베스를 자유 의지를 가진 인간으로 재현하며, 폴란스키는 그를 자유 의지를 가진 한 인간으로보다는 초자연적인 힘의 지배를 받는 인간으로 재현한다(164). 이러한 주장에도 불구하고 셰익스피어 원전에 투사된 마녀의 존재는 애매하다. 맥베스의 자유 의지와 그에 대한 마녀들의 영향이 관

2_ 텍스트 대사와 영화의 대사가 같을 경우 인용은 다음을 따른다. William Shakespeare, *Macbeth*, *The Riverside Shakespeare*, ed. G. B. Evans (Boston: Houghton Mifflin, 1974).

심사가 되었는데, 어떤 비평가는 맥베스의 폭력과 죄가 마녀들의 충동질에 기인한다고 보았고, 어떤 이는 마녀들이 맥베스의 행위에 결정적인 영향을 행사하는 것은 아니라고 간주했다.

셰익스피어의 『맥베스』에서 마녀는 보이는 그대로의 존재로 간주될 수도 있고, 운명적인 힘으로 해석될 수도 있다. 또한 셰익스피어의 작품은 성격비극으로 간주될 수도 있고 운명 비극으로 간주될 수도 있다. 마녀를 맥베스가 통제할 수 없는 악의 힘으로 간주하면 이 작품은 운명비극이다. 하퍼(Wendy R. Harper)의 주장을 따르면 폴란스키는 자연적인 것에 초점을 두고 비극으로 치닫게 하는 힘으로 인물의 성격을 주시하지만, 오슨 웰즈(Orson Welles)는 초자연적인 것에 초점을 맞추고 마녀로 대변되는 운명을 주시한다. 폴란스키는 이를 사실주의적으로 처리하여 화면에 담아내고, 웰즈는 초현실주의적으로 처리하여 담아낸다. 폴란스키는 성격을 비극을 추동하는 근원적인 힘으로 간주하고 등장인물들의 심리와 행동의 동기에 초점을 맞추지만, 웰즈는 등장인물의 내적 투쟁을 외면화하여 선과 악의 투쟁으로 변형하여 드러낸다(Harper 203). 마녀를 해석하는 시각에 있어 두 감독이 차이를 드러내고 있는 것이다.

폴란스키는 "초자연적인 것을 탈신비화"하여 스크린에 드러낸다. 그의 영화에서 마녀들은 "고전적인 운명의 여신들"이 아니라, 어디서나 볼 수 있는 보통 여성들이다. 그들의 운명적인 힘을 약화시키기 위해 폴란스키는 의도적으로 몇몇 장면을 삭제한다. 그는 1막 3장의 내용(마녀들이 선장을 괴롭히기 위해 음모를 꾸미는 내용)과, 3막 5장의 내용(헤카테가 맥베스가 방문하리라는 것을 예언하고 그의 희망을 좌절시키겠다고 맹세하는 내용)을 삭제한다. 그리하여 그는 "마녀들의 올가미에서 맥베스를 구출"하고, 행동에 대한 책임을 맥베스 자신에게 돌린다(Harper 204)

뱅코를 살해하리고 지시한 후 거행된 연회에서 맥베스는 피가 낭자한 머리털을 흔들면서 가까이 다가오는 뱅코의 환영을 보고 놀란다. 다른 이들의 눈에는 보이지 않는 환영이 맥베스의 눈에 보인 것이다. 이에 맥베스는 어떤 잔인한 방법을 동원해서라도 자신의 권력에 방해가 되는 것을 제거하려고 마음먹는다. 그는 불안한 마음으로 다시 마녀들을 찾아간다. 마녀들이 머무는 동굴 안에 가마솥이 걸려 있고, 마녀들은 이 가마솥에 온갖 흉측한 것들을 넣고 끓인다. 그런데 폴란스키는 맥베스가 마녀들이 권하는 스프를 먹고 현기증이 나서 쓰러지는 것으로 원전을 변형하여 처리한다. 원전에서는 맥베스 앞에 나타난 마녀들과 환영들이 "여자 몸에서 태어난 그 누구도 맥베스를 해치지 못할 것"(4.1.80-81)이며 "버남의 거대한 숲이 던시네인의 높은 언덕으로 움직여 오기 전까지는 그가 절대로 패하지 않을 것"(4.1.92-94)으로 예언한다. 그러나 폴란스키는 이와는 달리 처리한다.

폴란스키는 환영이 맥베스에게 직접 나타나게 처리하지 않고, 스프를 먹고 쓰러진 맥베스가 마녀들의 환영을 보는 것으로 처리한다. 폴란스키가 이런 방식으로 4막 1장을 처리한 것은 마녀에게 투사된 운명적 요소를 약화시키기 위해서이다. 폴란스키는 환영들을 맥베스의 혼란스런 마음에 투영된 환각으로 처리한다. 그의 영화에서 마녀들은 운명적인 힘처럼 다가오는 악마가 아니다. 마녀들은 맥베스가 원하는 것을 스스로 보도록 하는 존재일 뿐이다. 맥베스는 마녀의 꼭두각시가 아니라 자기 자신의 뜻에 따라 행동하고 자신이 저지른 행동의 대가를 치르는 인물이다. 만약 마녀라는 존재가 맥베스의 통제를 벗어난 운명적인 힘이라면, 비극의 책임 소재는 맥베스 자신이라기보다는 운명이다(김종환, "『맥베스』의 변용" 26). 그러나 폴란스키의 영화는 마녀라는 존재를 운명적인 힘으로 제시하지 않는다.

폴란스키는 레이디 맥베스(Lady Macbeth) 또한 원전과는 다르게 형상화한다. 셰익스피어의 원전에서 그녀는 마녀들이 맥베스에게 심은 유혹의 씨에 불을 댕겨 자극하는 역할을 한다. 레이디 맥베스는 허약한 남편을 비웃으며 그에게 남성답게 왕을 살해하라고 요구한다. 맥베스의 약한 천성을 잘 알고 있는 그녀는 덩컨 왕을 살해하기를 주저하는 맥베스를 계속 자극한다. 레이디 맥베스는 3막 4장에서 남편인 맥베스가 뱅코의 유령을 보고 공포에 사로잡히자 '남성'이란 말을 들먹거리며 맥베스를 비웃고, 그가 다시 잔인해지도록 격려한다. 그녀는 이처럼 살인을 주저하는 남편을 끊임없이 질책한다. 덩컨을 살해하기를 주저하는 맥베스에게 그녀는 "난 젖을 먹여 본 일이 있어요, 그래서 젖 빠는 아기를 사랑하는 것이 얼마나 애틋한지 알아요. 하지만 난 아이가 내 얼굴 보며 웃음 짓고 있을지라도, 그 부드러운 잇몸으로부터 젖꼭지를 뽑아내고 그 대갈통을 박살냈을 것"(1.7.54-58)이라고 잔인하게 말한다. 그녀는 젖을 빠는 아기 입술을 젖꼭지에서 뽑아 머리를 박살낼 수 있을 정도로 잔혹한 인물이다. 나아가 레이디 맥베스는 다음과 같이 자신의 가슴에 악령을 불러들인다. "오너라! 무시무시한 흉계를 일삼는 악령들아, 나에게서 여자의 마음을 없애고 머리 꼭대기에서 발끝까지 무시무시한 잔인성으로 가득 채워라! 내 피를 탁하게 만들고, 동정심의 입구와 통로를 막아버려라."(1.5.40-44).

레이디 맥베스는 나아가 "젖을 담즙으로 바꾸어 잔인하게 해달라"고 주문하며, 컴컴한 밤이 와서 "검은 지옥의 연기 속에 모습을 감추어, 날카로운 나의 칼날이 만들어내는 상처를 못 보게 하라"고 하면서 어둠의 힘에 의지한다(1.5.50-52). 스스로 어둠과 악령의 힘을 자신의 가슴에 불러들이는 레이디 맥베스의 모습은 마녀와 크게 다르지 않다(Adelman 94). 또한 레이디 맥베스는 맥스에게 "세상 사람을 속이려면/ 그들처럼 태연한 얼굴을 하라고" 충고하는가 하면, "겉으로 아름다운 꽃처럼 꾸미되, 그 속에 독사를 숨기라"(1.5.63-66)고 충고한다.

레이디 맥베스 또한 마녀와 마찬가지로 맥베스에 대해 지대한 영향력을 행사한다. 마녀들과 레이디 맥베스는 맥베스가 악을 자행하도록 유혹한다. 그러나 폴란스키의 영화에서 레이디 맥베스는 맥베스를 끊임없이 자극하는 잔혹한 인물이 아니다. 맥베스는 아내의 자극이 있어야만 행동하는 약한 인물이 아니다. 폴란스키의 영화에서 레이디 맥베스의 잔인한 면모는 약화되어 재현되고 그녀의 약한 모습은 확대되어 재현된다.

클로즈업은 맥베스 부부의 다정한 모습을 비추어내기 위해 폴란스키가 자주 쓰는 카메라 기법이다. 폴란스키는 부부의 머리에 카메라의 초점을 맞추면서 관중의 시선을 두 사람의 관계에 묶어둔다. 특히 레이디 맥베스가 맥베스에게 덩컨 왕을 죽이라고 종용할 때 약 스무 번 가까이 부부의 모습을 클로즈업하는데, 이 장면들을 통해 폴란스키는 이들의 친밀한 관계를 강조하면서 "감정적 일체감"을 유도한다(Wertheimer 356). 그녀는 맥베스가 살해하기를 망설일 때 살해하라고 그를 부추긴다. 그러나 주도권을 행사하는 것은 부인이 아니라 맥베스 자신이다. 그녀는 근본적으로 순종적이고 부드러운 아내로 제시되며, 대부분의 경우 남편 말을 경청하며, 원전에서 볼 수 있는 것처럼 남편을 심하게 몰아붙이지는 않는다. 폴란스키의 영화에 투사된 레이디 맥베스는 원전에서 느낄 수 있는 강력한 카리스마와 에너지가 넘치는 인물이 아니다. 이처럼 폴란스키는 그녀의 잔인한 면모를 약화시켜 유순한 인물로 재현한다. 레이디 맥베스는 위선적이긴 하지만 상냥하고 부드러우며, 죄책감에 사로잡혀 괴로워하는 인물이다. 그녀는 몽유병에 걸려 밤중에 벌거벗고 돌아다니며, 죄의 대가로 고통을 받고 미쳐서 죽는다. 셰익스피어의 원전에서 레이디 맥베스는 공포감을 자아내는 무서운 인물이지만, 폴란스키는 자신의 죄를 감당하지 못하고 고통에 시달리는 인물로 재현한다(김종환, "『맥베스』의 변용" 29).

폴란스키의 영화에서 레이디 맥베스와 마녀는 맥베스를 유혹하는 인물로서 존재할 뿐, 사악한 행위에 대한 책임은 맥베스 자신에게 주어진다. 마녀들은 그가 죄를 범하도록 유혹하지만 맥베스에게 어떤 행동도 강요하지 않는 존재이다. 레이디 맥베스도 맥베스의 타락 책임을 물어야 할 만큼 맥베스를 부추기는 인물은 아니다. 이처럼 폴란스키는 레이디 맥베스와 마녀를 원전과는 달리 재현한다. 폴란스키는 맥베스 자신이 모든 악행에 책임이 있다고 간주하면서 그가 자행하는 폭력과 공포를 화면에 담아낸다.

폴란스키의 영화를 셰익스피어의 원전과는 판이하게 다른 작품으로 특징짓는 것은 다름 아닌 폭력과 공포이다(Buhler 84). 죽음과 살해에 관련된 장면들 모두가 원전보다 과장되어 대단히 잔인하게 재현되고 있기 때문이다. 반역자인 코도의 사형을 집행하는 장면은 원전보다 대단히 잔인한 영상으로 처리되고 있다. 카메라는 교수대에 매달린 많은 포로들을 비춘다. 그들은 헐떡거리면서 죽을 순서를 기다리고, 긴 밧줄이 늘어져 흔들린다. 쇠사슬에 묶인 코도 영주의 모습이 보이고, 그는 마침내 목에 쇠사슬을 맨 채 성벽에서 떨어져 죽는다. 셰익스피어의 원전에서는 무대 밖에서 처리된 이 코도의 사형집행 장면을 폴란스키는 왕과 다른 이들이 보는 앞에서 진행시킨다. 인간의 잔인성과 공포를 조장하기 위해서이다.

덩컨 왕의 살해도 원전에서는 무대 밖에서 진행된다. 그러나 폴란스키는 이를 잔인하고 충격적인 장면으로 처리한다. 맥베스는 덩컨 왕의 침소를 지키는 시종의 칼을 빼어 들고 그의 침소에 들어가 벌거벗은 그의 몸에 칼을 내리 꽂는다. 원전에서는 덩컨 왕이 잠들어 있을 때 죽이는 것으로 처리되고 있다. 그러나 영화에서 맥베스는 잠에서 깨어 눈을 뜨고 자신을 바라보는 덩컨의 심장에 거듭 칼을 꽂는다. 왕의 몸과 침대는 온통 피범벅이 되어 있다. 덩컨 왕을 죽이는 맥베스는 광기로 가득 차 있다. 맥베스의 폭력성은 죽은 왕의 목에 칼을 다시 들이 댈 때 극대화되어 나타난다. 맥베스는 덩컨 왕을 살해하면서 주저하는 모습을 전혀 드러내지 않는다. 폴란스키의 영화는 원전에서 추정할 수 있는 장면 이상의 온갖 폭력으로 점철되어 있고, 거침없는 폭력을 자행하는 맥베스란 인물의 잔인성과 타락에 초점이 맞추어져 있다. 폴란스키 영화의 가장 큰 특징은 폭력과 공포이며, 그의 영화는 "연민 없는 공포"의 비극을 스크린에 여과 없이 담아낸다(Rothwell 75).

뱅코를 살해하는 장면 또한 대단히 잔인하게 처리되고 있다. 자객들과 싸우던 뱅코는 도망가는 아들을 엄호하다가 자객들로부터 등에 도끼를 맞고 개울에 처박혀 죽는다. 이런 장면 또한 필요 이상으로 대단히 잔인하게 처리되고 있다. 로스웰(Kenneth S. Rothwell)의 언급을 따르면 폴란스키 영화의 배경은 "스코틀랜드라기보다는 골고다(Golgotha)"이다(71). 피비린내가 진동하는 너무나도 잔혹한 장면들이 화면을 가득 채우기 때문이다. 이 골고다에서 잔인한 학살이 자행되고 폭력과 공포가 난무한다. 사악한 인물들이 행하는 통제할 수 없는 폭력이 영화 스크린 전체를 피로 물들여 관객들이 공포에 사로잡히게 한다. 셰익스피어의 『맥베스』는 악의 파멸을 제시하는 종교적 색체가 농후하다. 그러나 폴란스키의 영화는 종교적 색체를 희석시키고 인간의 폭력성과 잔인성을 과장하여 화면에 담아낸다.

『맥베스』에 대한 폴란스키의 해석과 영화적 재현은 폴란스키 자신의 경험에 그 바탕을 두고 있다. 어린 시절 유대인 어머니가 나치에게 살해되고, 조국인 폴란드에서 추방당한 폴란스키는 맥베스의 명에 따라 맥더프(Macduff)의 성을 쳐들어 와 살해를 자행하는 자객들의 잔인성에서 나치 친위대의 잔인성을 보았다고 언급한 적이 있다(Perlman 69). 『맥베스』에는 사자가 등장하여 맥더프의 부인에게 위험이 닥쳤으니 어서 달아나라고 하는 장면이 있다. 그러나 폴란스키는 이 장면을 삭제하고 곧 바로 자객들을 등장시킨다. 그들은 하인들을 겁탈하고 맥더프의 아이들을 맥더프 부인이 보는 앞에서 살해한다. 이들을 죽인 후 카메라가 비추는 피투성이가 된 아이들의 몸뚱이와 불타오르는 맥더프의 성은 살해의 잔혹성을 부각시킨다. 폴란스키는 공포감과 인간의 잔인성을 사실적으로 드러내며, 원전에서 작가가 관객의 상상력에 맡겨놓은 것을 너무나 많이 스크린에 보여주고 있다(Mullin 333 & 336).

원전에서는 맥더프가 맥베스를 죽이는 것이 무대 밖에서 처리된다. 맥베스와 맥더프의 대결을 짧게 처리하고 맥더프가 잘린 맥베스의 머리를 들고 등장하여 싸움이 끝났음을 보여주지만, 폴란스키는 이들의 전투를 장황하게 처리한다. 맥더프의 병사들이 맥베스를 포위하고, 맥베스는 맥더프와 결투한다. 맥베스는 계단을 오르면서 넘어지고, 벽에 부딪히면서 맥더프의 칼을 요리조리 피한다. 맥더프의 칼이 마침내 맥베스의 겨드랑이를 관통한다. 그가 칼을 빼자 맥베스의 상처에서 피가 솟구친다. 맥더프가 계단을 비틀거리면서 오르는 맥베스의 머리를 자르자, 몸에서 분리된 머리가 계단을 굴러 바닥에 떨어진다. 잘린 맥베스의 목에서 피가 솟구치고, 머리가 떨어진 맥베스의 몸뚱이가 계단을 굴러 떨어진다. 맥더프의 칼에 잘린 맥베스의 머리가 장대 위에 꽂힌다. 이미 맥더프의 승리는 예견된 것이다. 맥베스는 그의 군사들에게 포위되어 싸울 의지를 잃은 상태이기 때문이다.

정의의 편에 선 맥더프는 승리한다. 그러나 그의 승리는 "필연이 아니라 우연"이다. 정의가 반드시 승리한다는 셰익스피어의 확신은 폴란스키의 비관적인 시각 속에서 "무심한 우주"에서 진행되는 "우연한 사건"으로 변용되어 나타난다(Perlman 70-71). 정의에 대한 그의 시각은 근본적으로 회의적이며 비관적이다. 폴란스키가 권력을 우연히 주어진 것으로 간주하고, 인간 모두를 권력 의지에서 자유롭지 않은 존재로 보고 있기 때문이다. 그는 또한 인간의 불합리성에 예민하게 반응하며 정치에 대해서도 회의적이다. 폴란스키의 영화는 "폭력적인 사회의 부조리성과 인간 운명에 관한 허무주의적 탐구"이다(Petersen 41).

셰익스피어의 맥더프는 맥베스의 머리를 들고 "세상은 이제 해방되었다"(5.9.21)고 외치지만, 폴란스키의 영화에서는 이 대사를 맥더프가 아니라 로스가 외친다. 로스는 스코틀랜드가 맥베스라는 폭군으로부터 해방되었다고 외치고 그의 머리에서 왕관을 벗겨 덩컨의 장자인 맬컴에게 바치면서 "스코틀랜드 국왕 폐하 만세"를 외친다. 왕관은 이 영화에서 정치적 야심과 폭력, 그리고 공포를 상징하는 중요한 기표이다(Berlin 297). 모든 폭력이 왕관 때문에 그 왕관을 얻기 위해 자행되기 때문이다. 잔혹한 살해를 통해 맥베스는 덩컨의 피묻은 왕관을 얻지만, 몸에서 분리된 맥베스의 머리에 놓인 왕관은 다시 덩컨의 아들인 맬컴의 머리에 쓰인다. 그리고 다른 힘 있는 자가 언젠가는 이 피 묻은 왕관을 머리위에 쓰게 될 것이다. 셰익스피어의 원전을 변용하여 로스가 맬컴에게 왕관을 바치는 장면은 정치적 관점에서 중요하다. 펄만(E. Pearlman)이 지적하듯이 가장 위선적인 인물인 로스가 바치는 왕관은 다름 아닌 부패한 정치권력을 상징하고 있기 때문이다(70).

폴란스키는 또한 로스를 원전과는 달리 뱅코 살해와 맥더프 일가 살해에 일조한 인물로 재현한다. 그는 로스가 뱅코가 살해되는 장소 주변을 말을 타고 어슬렁거리게 함으로써 로스를 살해에 관련된 인물처럼 재현한다. 원전에서는 맥더프 일가 살해 전에 로스가 성을 방문하여 맥더프 부인을 위로하고, 자객들이 들어오기 전에 사자가 맥더프 부인에게 피신하라고 종용한다. 그러나 폴란스키의 영화에서 사자는 등장하지 않으며 로스는 맥더프 성의 문을 열어 자객들을 불러들인다. 권력과 밀착한 로스의 위선적인 모습을 부각시키기 위한 변형이다. 맥더프 일가 살해 사건 후 정치적 상황이 맥베스에게 불리하게 전개되자 로스는 지금까지의 태도를 바꾸어 맬컴과 맥더프에게 합류한다. 로스는 상황에 따라 배신을 일삼는 대단히 위선적인 인물이다. 폴란스키는 로스가 맥베스의 머리에서 왕관을 벗겨 이를 맬컴에게 주도록 원전을 변형함으로써 조금 전에는 맥베스의 하수인이었던 로스라는 인물의 위선적인 모습을 유감없이 드러낸다. 로스는 덩컨 왕을 모시다가, 한 때 맥베스를 주군으로 받들며, 이제는 맬컴을 왕으로 모시는 기회주의자이다(Petersen 41)

로스만이 위선적인 인물은 아니다. 폴란스키는 권력 투쟁의 언저리를 맴도는 모든 사람들을 위선적 인물로 처리한다. 맬컴의 동생인 도날베인 또한 권력을 두고 위선을 드러내는 인물이다. 영화의 전반부에서 맬컴이 왕세자로 책봉 될 때, 카메라에는 도날베인, 맥베스, 그리고 뱅코가 차례로 비친다. 그들 인상은 맬컴의 세자 책봉을 원하지 않는 것처럼 보이는 석연치 않은 표정이다. 도날베인은 특히 형인 맬컴이 세자로 책봉되는 것에 불만을 품은 인물이다. 마지막 장면에서 도날베인은 로스가 맬컴에게 왕관을 바치는 것을 불만스런 표정으로 바라보고, 자신의 운명을 알아보기 위해 마침내 마녀들의 은신처로 향한다.[3] 폴란스키는 원전에 없는 이 도날베인의 이야기를 삽입하여 권력이 끊임없이 순환되리라는 것을 그리고 권력의 추구가 끊임없이 반복되리라는 것을 강조한다(Perlman 71). 폴란스키의 영화에서 권력에서 자유로운 사람은 아무도 없다. 맥베스가 그러하고 도날베인이 그러하다. 뱅코에게 기회가 주어지지 않았지만 그 역시 권력에 대한 욕망에서 자유롭지 못한 인물로 처리되고 있다. 폴란스키가 〈맥베스〉를 통해 적나라하게 드러내는 것은 야심과 정치적 욕망의 노예가 되어 파멸하는 인간의 모습이다(Wilson 165-66).

3_ 다리를 절뚝거리면서 마녀들을 방문하는 도날베인은 자신의 형을 살해하고 왕좌를 차지한 곱사등이 왕 리처드 3세의 이미지와 유사하다(Wilson 164).

원전에서 맥더프는 맥베스를 죽인 다음 새로 왕위에 오른 맬컴은 사악한 맥베스로 인해 어지럽혀진 질서를 회복시킨다. 그러나 폴란스키의 영화에서는 질서가 회복될 조짐은 전혀 보이지 않는다. 폴란스키는 맬컴을 통한 질서의 회복으로 영화를 종결하는 게 아니라, 절룩거리면서 마녀의 소굴을 찾아가는 도날베인을 비추면서 끝맺는다. 동양적 관점에서 『맥베스』를 해석한 구로사와의 영화 〈피의 왕좌〉는 카메라가 시작 장면처럼 폐허가 된 성을 비추면서 끝맺는다. 이를 통해 인간의 숙명과 역사, 그리고 권력이 순환한다는 견해를 드러내고 있는 것이다. 폴란스키도 시작 장면과 유사한 장면으로 영화를 끝맺는다. 마녀의 등장으로 영화를 시작하고, 마녀를 찾아가는 도날베인을 비추면서 영화를 끝맺는다. 권력이 돌고 돌아 한 자리에 영원히 머물지는 않을 거라는 것을 시사하고, 왕이 되려는 야심을 가진 또 다른 왕손으로 인해 "악이 재순환"되리라는 것을 예고하는 구성이다(Coursen 5). 권력의 장악을 위해 또 다른 권력투쟁이 전개될 것이고, 정치 무대가 또 다른 피비린내 나는 살육과 폭력으로 점철되리라는 것을 암시하고 있는 것이다.

폴란스키의 영화는 음산한 분위기에서 진행되며, 배경은 흥건하게 적시는 피의 이미지들로 가득 차 있으며, 화면을 가득채운 공포가 인물들에 대한 연민의 감정을 대체한다(Mullin 333). 안개는 자욱하며, 억수같은 비가 내리고, 회색빛 하늘에는 까마귀가 날아다닌다. 덩컨 왕의 살해가 진행되던 밤에는 비가 억수같이 내리고, 마녀를 방문하러 가는 도날베인 앞에 부슬부슬 비가 내린다. 앞으로 또 다시 다가 올 혼돈과 권력투쟁을 예고하듯 영화는 밝은 분위기에서 끝나지 않는다. 허망한 권력 투쟁의 역사가 반복되리라는 것을 음산한 분위기를 통해 강조하면서 마무리하고 있는 것이다. 정치와 권력 투쟁, 그리고 이에 연루된 인간의 모습을 재현하는 폴란스키의 시각은 비관적이다.

폴란스키는 셰익스피어 원전의 많은 대사를 삭제했지만, 카메라 작업을 통해 이를 시각적으로 보완하면서 정치권력을 둘러싼 폭력과 긴장, 그리고 공포의 주제를 효과적인 시각언어로 전달한다. 폴란스키의 영화에서 인간은 허무한 권력 투쟁을 반복하는 존재이다. 또한 인간은 권력을 장악하기 위해서는 그 어떤 폭력도 마다하지 않는 잔인한 존재이다. 폴란스키는 영화 화면을 핏빛과 공포감으로 가득 채우고 권력과 인간에 대한 부정적 시각을 드러낸다. 권력에 수반되는 공포와 권력에 대한 인간의 광기를 재현하는 폴란스키의 수법은 사실적이다. 원전에서는 무대 밖에서 처리되는 살해 장면이 폴란스키의 영화에서는 대단히 잔인한 영상으로 사실적으로 처리되고 있다.

상상 이상으로 대단히 잔인하게 처리되는 살해 장면들은 낭자한 피로 범벅이 된 충격적인 화면을 제공하며, 관객을 공포로 몰아넣는다. 대부분의 경우 클로즈업으로 처리되고 있는 이 살해 장면들은 구로사와의 영화에서와는 달리 관중들의 감정 개입을 유도한다. 구로사와는 롱숏이란 카메라 장치를 통해 사건에 대한 관객의 감정이입을 방해한다. 그리고 이는 의도적이다. 그러나 폴란스키는 클로즈업을 통해 관중의 감정 개입을 유도하고 그들이 공포를 느끼도록 장치한다. 이 또한 의도적이다. 잔인한 폭력 장면들이 과장되어 처리되고 있으나, 어린 시절 히틀러의 잔혹한 폭력을 체험했고, 결혼해서는 잔인한 집단으로 인해 임신한 아내를 잃었던 감독 폴란스키의 삶을 고려하면 이해할 수 있을만한 일이다. 폴란스키는 이 영화에서 권력을 둘러싸고 파생된 폭력과 공포에 대한 극단적 재현을 통해 역설적으로 폭력의 근절을 요구하면서 정치성을 드러낸다.

구로사와의 〈피의 왕좌〉는 폴란스키의 〈맥베스〉와 대조적인 기법과 성향을 보여주는 작품으로 평자들의 관심의 대상이 되어 왔다. 폴란스키의 1971년 영화는 얀 코트(Kott)의 영향을 받아 자연주의적 성향을 띠고, 구로사와의 영화는 브레히트의 서사극 영향을 받아 '소외효과'가 돋보이는 작품으로 평가되어 왔다. 구로사와는 〈피의 왕좌〉에서 관객과 영화 사이의 심미적 거리를 확보하고 소외효과를 위해 일본의 전통극인 '노'의 양식을 채용했다. 구로사와는 주로 롱테이크의 기법으로 시각적 이미지를 영상화하고 있는데, 이는 '노' 드라마 기법의 반영일 뿐만 아니라, 감정이입을 제한하고 소외효과를 창출하는 서사극적 특징이기도 하다. '노' 드라마의 특징을 반영한 소외효과와 반복과 대조의 패턴은 어느 한 영역에서만 두드러진 요소가 아니라 시각적 이미지에서, 인물의 유형화에서, 반복되는 역사와 권력투쟁에서, 반복되는 인간 비극의 양상에서 모두 드러나고 있는 요소이며, 그 근저에는 인간 생명의 유한성과 허무성을 강조하는 동양적 해석을 바탕으로 하고 있다.

『맥베스』의 서구적 해석인 폴란스키의 영화도 삶의 허무성과 유한성을 드러내고 있음이 사실이나, 구로사와의 영화에서처럼 강조되고 있는 것은 아니다. 폴란스키의 영화가 보다 초점을 맞추는 것은 권력의 잔인성과 인간의 사악성이다. 이에 반해 구로사와의 영화는 '노'라는 일본 전통극의 여러 가지 특징을 반영하면서 삶과 권력의 허무성과 유한성을 반복의 형식을 통해 재현하고 있다. 반복되는 장면과 영창을 통해 구로사와는 역사는 반복되며 인간의 비극 역시 끊임없이 반복되고 있음을 심미적으로 보여준다. 구로사와는 마지막 장면을 통해 불확실한 과거의 시점으로 사건들을 다시 옮겨놓고 지금까지 영화에서 진행되었던 사건들과 거리를 두고 이 영화를 끝맺고 있는데, 이는 또한 관객이 영화의 사건과 거리를 확보할 수 있도록 하는 장치이다.

서구의 감독들은 정도의 차이는 있지만 영화를 제작하면서 비교적 셰익스피어의 원전에 충실하려고 노력한 흔적이 역력하다. 다시 말해 그들은 셰익스피어의 해석에 있어 그리 자유롭지 않다. 서구 문화권에서는 그만큼 셰익스피어 작품이 지니고 있는 무게와 비중이 지대하기 때문이다. 폴란스키가 원전을 변형시켜 폭력과 공포를 극대화하여 담아내고 있지만, 원전의 골격과 대사로 그리고 인물 구성에서 자유로운 것은 아니다. 그러나 구로사와는 셰익스피어의 원전으로부터 자유롭게 배경과 플롯과 인물을 설정한다. 〈피의 왕좌〉에 등장하는 인물들의 대사 역시 원전으로부터 자유롭다. 구로사와는 서양의 문학 작품과 문화를 자신의 시각으로 재해석하여 중세 일본 무사시대라는 동양적 배경 속에 담아내고 있는 것이다. 이는 서구 백인 문화의 타자인 동양인이 동양적인 시각으로 그들의 문화와 문학을 재해석하여, 다시 서구인들에게 어떤 새로운 의미를 전해 줄 수 있는가를 보여주는 의미 있는 작업이다.

구로사와의 〈피의 왕좌〉에서 카메라가 시작부분처럼 폐허가 된 성을 비추면서 영화를 끝맺음으로써 인간의 숙명과 역사, 그리고 권력의 순환에 대한 감독의 정치적 견해를 드러내듯, 폴란스키의 영화도 시작 장면과 비슷한 장면으로 종결함으로써 감독의 정치적 시각을 드러낸다. 폴란스키는 마녀의 등장으로 시작하고 마녀를 찾아가는 도날베인을 비추면서 자신의 영화를 종결하는 구성을 통해, 권력의 사이클은 영원히 돌 것이라는 점을 시사한다. 권력 투쟁의 역사가 계속 반복될 것이라는 강조하면서 영화를 마무리하는 것이다. 또한 그의 영화는 공포감을 자아내는 폭력적인 장면을 통해 권력을 둘러싼 폭력과 공포의 주제를 재현한다.

인용문헌

김종환. "구로사와의 『맥베스』 해석: 〈피의 왕좌〉의 경우." 『영어영문학』 49.1 (2003): 3-20.

_____. "『맥베스』의 변용과 해석: 폴란스키의 경우." 『신영어영문학』 45 (2010): 21-38.

Adelman, Janet. "Born of Woman: Fantasies of Maternal Power in *Macbeth*." *Cannibals, Witches, and Divorce: Estranging the Renaissance*. Ed. M. Garber. Baltimore: Johns Hopkins UP, 1987. 90-121.

Belsey, Catherine. "Shakespeare and Film: A Question of Perspective." *Literature/Film Quarterly* 11 (1983): 152-58.

Berlin, Normand. "*Macbeth*: Polanski and Shakespeare." *Literature/Film Quarterly* 1.4 (1973): 291-98.

Blumenthal, J. "*Macbeth* into *Throne of Blood*." *Sight and Sound* 34 (Autumn 1965): 190-95.

Buhler, Stephen M. *Shakespeare in the Cinema: Ocular Proof*. Albany: State U of New York P, 2002.

Coursen, H. R. "Macbeth: Polanski's Disastrous Version." *Shakespeare on Film Newsletter* 2.2 (1978): 2-5.

Donaldson, Peter Samuel. *Shakespearean Films/Shakespearean Directors*. Boston: Unwin Hyman, 1990.

Hapgood, Robert. "Shakespeare on film and television." *The Cambridge Companion to Shakespeare Studies*. Ed. Stanley Wells. Cambridge: Cambridge UP, 1986. 273-86.

Harper, Wendy Rogers. "Polanski vs. Welles on Macbeth: Character or

Fate?" *Literature/Film Quarterly* 14.4 (1986): 203-10.

Hodgdon, Barbara. "Of Time and the Arrow: A Reading of Kurosawa's *Throne of Blood.*" *U of Dayton Review* 14.1 (1979-80): 63-70.

Holderness, Graham. "Radical Potentiality and Institutional Clousure: Sahakespeare in Film and Television." *Political Shakespeare*. Ed. Jonathan Dollimore and Alan Sinfield. Manchester: Manchester UP, 1994. 206-25.

Jorgens, Jack J. "The Opening Scene of Polanski's *Macbeth*." *Literature Film Quarterly* 3.3 (1975): 277-78.

_____. "Media for Shakespeare's *Macbeth*." *U of Dayton Review* 14.1 (1980): 45-54.

_____. *Shakespeare on Film*. Bloomington: Indian UP, 1977.

_____. "Kurosawa's *Throne of Blood*: Washizu and Miki Meet the Forest Spirit." *Literature/Film Quarterly* 11.3 (1983): 167-73.

Kinder, Marsha. "*Throne of Blood*: A Morality Dance." *Literature/Film Quarterly* 5 (1977): 339-45.

Kozintsev, Grigori. *Shakespeare, Time and Conscience*. New York: Hill and Wang, 1966.

Macbeth. Dir. Roman Polanski. Perf. Jon Finch as Macbeth and Francesca Annis as Lady Macbeth. Columbia Pictures, 1971.

Manvell, Roger. *Shakespeare and the film*. 1971. South Brunswick, N.J.: A. S. Barnes, 1979.

McLean, Andrew. "Kurosawa and the Shakespearean Moral vision." *U of Dayton Review* 14.1 (1980): 71-78.

Mullin, Michael. "*Macbeth* on Film." *Literature/Film Quarterly* 1.4 (1973): 332-42.

Pearlman, E. "*Macbeth* on Film: Politics." *Shakespeare Survey* 39 (1987): 67-74.

Petersen, P. S. "The 'Bloody Busines' of Roman Polanski's *Macbeth*:

A Case Study of the Dynamics of Modern Shakespeare Appropriation." *Screen Shakespeare*. Ed. M. Skovmand. Aarhus, Denmark: Aarhus UP, 1994. 38-63.

Polanski, Roman. *Roman*. London: Heinemann, 1984.

Reynolds, Bryan. "The Terrorism of *Macbeth* and Charles Manson: Reading Cultural Construction in Polanski and Shakespeare." *The Upstart Crow* 13 (1993): 109-29.

Richie, Donald. *The Films of Akira Kurosawa*. Berkeley: U of California P, 1973.

Rothwell, Kenneth S. "Roman Polanski's *Macbeth*: Golgotha Triumphant." *Literature/Film Quarterly* 1.1 (1973): 71-75.

Shakespeare, William. *Macbeth*. The Riverside Shakespeare. Ed. G. B. Evans. Boston: Houghton Mifflin, 1974.

Throne of Blood. Dir. Akira Kurosawa. Cinematography by Asakazu Nakai. Perf. Toshiro Mifune, Isuzu Yamada, Minoru Chiaki, and Takamaru Sasaki. Janus Films, 1961.

Wertheimer, Jürgen. "Kurosawa's *Kumonosujo* and Polanski's *Macbeth*: Aspects of Comparative Film Criticism." *Proceeding of the 10th Congress of the International Comparative Literature Association*. New York: Garland, 1985. 355-59.

Willson, Robert F., Jr. "Fated Macbeths: The Film Director as God." *Jahrbuch der Deutschen Shakespeare Gesellschaft West* (1984): 164-67.

Zambrano, Ana Laura. "*Throne of Blood*: Kurosawa's *Macbeth*." *Literature/Film Quarterly* 2 (1974): 262-74.

08

각색과 다시쓰기의 의의와 문제점

무대 공연과 영화적 각색을 포함한 모든 해석 작업은 근본적으로 정치적이다. 모든 대본과 시나리오는 결코 정치적 이해관계와 무관한 텍스트가 아니라는 말이다. 정전의 구체적 각색이나 다시쓰기가 아니라고 해도, 모든 무대 공연과 영화 제작은 원전에 대한 재해석과 현재적 적용을 염두에 둔다. 공연 자체가 현재의 맥락에서 작품을 다시 해석하여 다시 쓰는 작업이란 말이다.

08

각색과 다시쓰기의 의의와 문제점

셰익스피어 텍스트의 초역사성과 보편성을 강조하는 보수적 비평은 셰익스피어 각색과 개작을 시도하는 대부분의 작가들이 자신의 정치적 의도에 따라 정전을 그릇되게 "전유"한다고 비판하고, 이 전유가 무용하고 파괴적이라고 비판한다. 이는 다름 아닌 각색의 정치성에 대한 비판이다. 그러나 이들의 비판이 설득력을 갖고 있는 것은 아니다. 이들이 비판의 초점으로 삼는 정치성과 전유는 자신들에게도 해당되는 말이기 때문이다. 보수적 교육과 공연에서 셰익스피어의 보편성을 강조하면서 지배계급의 이념을 확대하여 재생산하려는 욕망과 시도 또한 정치적이기 때문이다.

극작품들이 생산된 맥락과 무관하지 않다면 대부분의 극작품들은 정치적이다. 셰익스피어의 텍스트는 당대의 역사적 현실로부터 유리된 초역사적 텍스트가 아니다. 역사적 문화적 사회적 종교적 정치적 맥락 속에서 생산된 텍스트이며, 그 맥락 속에 위치한 텍스트이다. 그리고 무대 공연과 영화적 각색을 포함한 모든 해석 작업은 근본적으로 정치적이다. 모든 대본과 시나리오는 결코 정치적 이해관계와 무관한 텍스트가 아니라는 말이다. 정전의 구체적 각색이나 다시쓰기가 아니라고 해도, 모든 무대 공연과 영화 제작은 원전에 대한 재해석과 현재적 적용을 염두에 둔다. 공연 자체가 현재의 맥락에서 작품을 다시 해석하여 다시 쓰는 작업이란 말이다.

셰익스피어 정전에 관련된 각색은 늘 과거와 현재의 대화이며 상호텍스트성을 드러내는 문화적 재창조 행위이다. 그리고 이미 존재하는 문화적 재료를 변형하여 현재의 새로운 맥락에 맞게 다시 쓰는 작업은 작가의 정치성과 무관 할 수 없다. 새로운 맥락에 적용 가능한 내용을 취사선택하고 전유하는 과정에서 작가의 의도를 배제할 수 없기 때문이다. 각색자가 원작의 내용과 형식, 정신과 주제, 그리고 원작자의 의도를 어떻게 반영하는가? 무시하는가? 어떻게 재배치하는가? 그리고 왜 변형하는가? 삭제하는가? 이는 다름 아닌 작가의 정치성을 묻는 물음이다. 이 연구는 각색이 특정 상황에서 어떻게 기능하고 어떤 효과를 가지는지를 염두에 두면서 위의 물음에 답하려고 했다.

셰익스피어의 『햄릿』을 해체하여 재구성한 전위적인 희곡 작품인 하이네 뮐러의 『햄릿기계』는 이념 대립과 권력 투쟁으로 폐허가 된 유럽의 역사적 공간을 배경으로 삼는다. 비극적 상황에서 행동하기를 망설이는 주인공 햄릿의 이미지는 갈등이 첨예하게 진행되던 냉전 시대의 비극적 상황 속에서 고뇌하고 망설였던 동구 지식인들의 이미지와 다를 바 없다. 그리하여 뮐러는 『햄릿기계』에서 어긋난 시대를 살았던 지식인의 비극, 특히 냉전 시대 동독 지식인들의 자화상을 담아낸다. 뮐러는 원전의 다른 인물들을 제거하고 햄릿과 오필리아의 행위에만 초점을 맞춘다. 그러나 그들은 원작의 햄릿과 오필리아와는 사뭇 다른 행동 양상을 드러낸다. 뮐러는 의도적으로 불분명한 화자의 대사, 애매하게 변형된 인용문, 그리고 이해하기 어려운 암시적 독백들을 통해 관객들이 생산적으로 사고할 수 있게 만든다. 원작과 판이하게 다른 구성 방법 또한 뮐러의 정치적 의도를 드러내고 있다. 요약을 통해 많은 것을 축약하여 제시하는 것 외에도 뮐러는 전통적인 극작기법과 극형식의 해체를 통해 무질서하고 인과성이 없는 역사, 그리고 반복의 역사를 담아낸다. 작품이 5막으로 구분되어 있긴 하지만, 각 막 사이의 인과성이 없을 뿐만 아니라, 그 어떤 줄거리의 일관성도 볼 수 없다. 등장인물들 사이에서 전개되는 대화도 나타나지 않는다. 뮐러는 전통적인 드라마의 구조와 형식을 해체하면서 독자들의 자기성찰을 유도하고 있는 것이다.

뮐러는 『햄릿기계』의 마지막 지문을 통해 심연 속에서 아무런 말이나 움직임 없이 홀로 무대 위에 남은 오필리아를 묘사하고 있다. 뮐러의 정치성과 다시쓰기의 의도가 잘 드러나는 부분이다. 역사를 포함한 모든 것이 침묵 속에 정체되어 있거나 침묵 속으로 사라진 상황을 제시하고 폐허 속에서 부서지는 "파도소리"처럼 지껄여 대는 지식인들의 목소리가 침묵의 심연으로 빠져드는 절망적 상황을 재현하는 이 장면은 국가 권력에 의해 침묵을 강요당하는 동독의 현실에 대한 부정적 표현이다. 뮐러는 『햄릿기계』에서 유럽의 현대사를 무대 위로 올려놓고, 이를 비판적으로 바라볼 것을 요구하면서, 변혁에 대한 관객이나 독자들의 집단적 의식을 형성하려는 정치성을 드러낸다.

보겔의 『데스데모나: 손수건에 대한 극』은 셰익스피어의 『오셀로』를 현대적 관점에서 다시 쓴 작품이다. 보겔이 페미니스트적 관점에서 정전을 다시 쓰면서 주목하는 것은 여성에게 가해졌던 가부장제의 억압과 폭력이다. 보겔은 젠더 문제를 전면에 내세우면서 손수건으로 대변되는 여성의 정조에 대한 남성의 집착을 강력하게 조롱한다. 보겔은 성의 문제에 관한 백인이든 흑인이든 모든 남성은 동일한 관점을 갖고 있다고 판단한다. 보겔은 데스데모나를 중심으로 한 여성들의 이야기를 통해 여성을 억압하는 가부장제 담론을 비판하면서 소외되어 온 여성의 목소리를 적극적으로 키워 읽는다.

보겔의 다시쓰기에서 특이한 점은 등장인물의 구성이다. 보겔은 오셀로와 이아고를 무대에 등장시키지 않고 데스데모나, 비앙카, 에밀리아만으로 대사와 사건을 구성한다. 그리하여 오셀로 중심의 원전 구조는 데스데모나 중심의 여성들의 이야기 구조로 변한다. 주목할 점은 가부장제 아래 남성의 욕망에 희생되는 인물이었던 데스데모나를 성적 욕망을 거침없이 드러내는 인물로 재현한다는 점이다. 보겔은 데스데모나를 창녀처럼 재현하여 그녀의 성적 일탈을 가부장제의 이념을 파괴할 만큼 위협적인 것으로 재현하고, 남성을 여성에게 속는 우둔한 인물로 재현함으로써 강력한 성정치성을 드러낸다. 손수건 모티프의 변용 또한 보겔의 성정치성을 드러낸다. 보겔은 손수건을 코를 닦는 하찮은 물건으로 격하시키고 패러디하면서 손수건을 여성의 정절에 집착하는 남성들을 비웃는 도구로 사용한다. 원전에서 여성의 정절과 사랑을 상징했던 손수건을 여성의 정절에 집착하는 남성들을 비웃는 도구로 사용하는 것이다.

파인스타인과 영국의 대표적인 페미니스트 극단인 여성연극그룹(WTG)의 집단창작물인 『리어의 딸들』은 셰익스피어의 『리어 왕』에서 침묵했던 여성들의 목소리를 복원하려는 다시쓰기이다. 특징적인 것은 이 작품이 집단 창작 방식을 통한 '전작'(prequel) 형식의 극이라는 점이다. 집단창작은 글을 쓰는 과정과 쓴 글을 다시 집단적으로 수정하는 과정에서 절대 저자의 개념에 도전하는 혁신적인 방식이다. 집단창작이란 형식 자체가 저자의 절대적 권위를 강조하고 작품의 보편성을 강조하면서 신비화를 조장하는 보수적 글쓰기에 대한 반발이다. WTG는 확고부동한 지위를 갖고 있는 절대 저자 셰익스피어의 원전이 감춰

둔 혹은 비워둔 부분을 예민하게 의식하면서 정전을 다시 쓴다. 정전이 비워둔 부분은 다름 아닌 리어 딸들의 행위 동기이다. 원전은 거네릴과 리건을 의심의 여지가 있는 배은망덕한 인물로 제시하고, 리어를 그들의 배은망덕으로 고통 받는 인물로 재현한다. 그러나 원전은 왜 거네릴과 리건이 그런 인물이 되었는가를 해명하지 않는다. 원전은 리어의 시각으로 딸들의 모습을 그리고 있을 뿐이다.

『리어의 딸들』은 그 제목에서부터 리어가 아니라 그의 딸들이 이야기의 중심이라는 것을 드러낸다. 이를 위해 WTG는 '전작'의 형식을 택해, 원전의 이야기가 시작되기 전의 이야기를 다룬다. 『리어의 딸들』은 남성중심의 정전을 되받아치는 여성에 의한, 여성을 위한, 여성의 이야기이다. 이 여성들의 이야기를 풀어내기 위해 여성연극그룹의 『리어의 딸들』은 셰익스피어의 『리어 왕』에 대한 '전작'의 형식을 취한다. 원작의 플롯이 시작되기 전, 세 딸들의 이야기를 통해 남성중심의 시각으로 기술된 원작의 '닫힌' 내러티브를 풀어내어 여성들에 관련된 사건의 전모를 보다 명시적으로 드러내고 딸들의 '배은망덕'의 동기를 드러낸다. 여성의 종속을 강요하는 남성중심의 가부장제 이념을 주시하고 이를 드러내어 해체하려는 WTG의 시도는 당연히 정치적이다. 그리고 『리어의 딸들』의 형식과 내용에 정치성을 담아낸다.

셰익스피어의 『폭풍우』를 탈신비화하면서 정전에 반영된 백인중심 담론의 허구성을 비판하는 『또 하나의 태풍』에는 흑인의 정체성과 식민담론의 부당성에 대한 세제르의 인식과 정치적 관점이 잘 드러나 있다. 세제르는 정전을 패러디한 다시쓰기를 통해 백인중심 인종담론과 식민담론에 반영된 지배 권력의 편견을 노출시키고, 주인과 노예, 지배자와 피지배자라는 이분법적 구도를 허문다. 세제르는 또한 정전 되받아 쓰기를 통해 지배담론에 저항하는 켈리밴의 목소리를 강력하게 담아낸다. 그리하여 켈리밴을 지배담론에 대한 대항담론을 구사하는 전복적인 인물로 재현한다. 세제르의 켈리밴은 더 이상 주인에게 복종했던 셰익스피어의 켈리밴이 아니라 패러디를 통해 주인의 언어를 교란시키고 대항담론을 통해 주인을 위협하는 인물이다.

이 작품에서 패러디는 셰익스피어의 정전을 탈신비화하고, 지배담론의 허구성을 효과적으로 노출시키는 장치이다. 세제르는 패러디를 통해 정전을 조롱하고 켈리밴을 통해 대항담론을 창출함으로써 정전이 내포하고 있는 보편성의 신화를 깨뜨린다. 세제르의 정치성이 가장 명시적으로 드러나는 부분은 켈리밴의 관점으로 지배자와 피지배자의 관계를 검증하고, 피지배자인 켈리밴이 지배자의 언어를 흉내 내고 되받아치게 하는 부분이다. 이를 통해 서구 백인문명의 신화에 흠집이 나고, 문명화라는 허울 아래 자행된 식민지배자의 부당한 폭력이 노출되고 있기 때문이다.

셰익스피어의 『로미오와 줄리엣』을 현대적 뮤지컬 영화로 각색한 〈웨스트사이드 스토리〉는 배경을 현대 미국 사회로 설정하고 가문간의 대립과 갈등을 인종간의 갈등으로 변용하여 젊은 청춘 남녀의 비극적인 사랑을 재조명한 작품이고, 루어만의 작품 〈로미오+줄리엣〉은 폭력이 난무하는 현대 미국 사회 속에 로미오와 줄리엣의 이야기를 재 맥락화한 작품이다. 〈웨스트사이드 스토리〉에는 가문 간의 갈등이 이태리 계 이민자들과 푸에르토리코인들 사이의 인종간의 갈등으로 변형되어 나타난다. 원작은 로미오와 줄리엣의 운명을 우연에 맡겨 놓은 반면, 〈웨스트사이드 스토리〉에서는 주인공들의 운명에 인종적인 '편견'이 중요한 역할을 담당한다. 우연적인 요소보다도 필연성을 강조하면서 인종문제에 더 초점을 두고 있다는 말이다. 〈웨스트사이드 스토리〉에서는 청각적 상징과 이미지가 작품 구성에서 큰 비중을 차지하고 있다면, 루어만의 〈로미오+줄리엣〉에서는 시각적 상징이 돋보인다. 두 작품 모두 『로미오와 줄리엣』의 기본적인 골격을 유지하고 있지만, 〈웨스트사이드 스토리〉는 루어만의 영화보다 인물의 변형과 형상화, 그리고 사건의 인과관계를 드러내는 일에 훨씬 적극적이다.

셰익스피어 원전에서 화해의 의지를 담고 있는 두 가문의 수장들 사이의 대화는 루어만의 〈로미오+줄리엣〉에서는 삭제되어 버리고, 로미오와 줄리엣이 죽은 후 그 경위를 설명하는 로렌스 신부의 대사도 생략된다. 다만 원작의 영주에 해당하는 인물인 경찰국장이 이 자리에 나타나 "우리 모두 벌 받았다"는 소리를 외치고, 죽은 로미오와 줄리엣을 실어 나르는 앰뷸런스를 보여줄 뿐이다. 영화는 뉴스 앵커가 TV에서 이들의 죽음을 담담하게 보도하는 장면으로 끝맺는데, 루어만은 갑자기 텔레비전 화면이 꺼지고 짙은 암흑 속으로 사라지는 마지막 화면을 통해 암흑처럼 혼탁한 현대사회에 대한 비관적인 인식을 드러낸다. 어두운 현실 속에서 증오가 종식될 그 어떤 암시도 주어지지 않는다. 다만 폭력이 난무하는 베로나와 이를 방관하고 있는 것처럼 보이는 예수상만이 보일 뿐이다. 루어만은 강력한 시각적 상징을 통해 현대의 문제들을 효과적으로 부각시키면서 폭력으로 점철된 현대 문화에 대한 자신의 정치적 시각을 드러낸다. 원작의 대사들을 사용하지 않는 〈웨스트사이드 스토리〉와는 달리 〈로미오+줄리엣〉은 원작의 스토리를 대부분 그대로 따라가고 대사들을 선별적으로 이용한다. 그럼에도 불구하고 원작과는 한층 다른 증오와 폭력으로 점철된 현대 사회의 모습을 그려낸다.

셰익스피어 『맥베스』를 기반으로 만든 구로사와의 영화 〈피의 왕좌〉와 폴란스키의 〈맥베스〉는 대조적인 기법과 성향을 보여주는 작품이다. 구로사와는 중세 스코틀랜드에서 중세 일본으로 배경을 이동하여 서구의 비극을 동양의 "사무라이 서사시"로 변형시킨다. 그는 이 영화에서 서양문화를 동양적 시각으로 재해석하여 중세 일본 무사시대라는 배경 속에 담아내면서, 권력의 속성과 인간 욕망의 문제를 일본문화 속에서 재해석한다. 구로사와는 관객과 영화 사이의 심미적 거리를 확보하고 소외효과를 위해 일본의 전통극인 '노'의 양식을 채용했는데, 이는 특히 여주인공 아사지와 숲의 정령인 노파의 모습과 움직임에 잘 드러난다. 구로사와가 구사하는 카메라 기법인 롱테이크와 롱숏 또한 관객에게 객관적인 시각을 확보해주고 영화의 스토리와 관객 사이의 거리를 확보하면서 감정이입을 제한하고 '소외효과'를 창출하는데 기여한다. 구로사와는 마지막 장면에서 불확실한 과거의 시점으로 사건들을 다시 옮겨놓고 지금까지 영화에서 진행되었던 사건들과 거리를 두고 이 영화를 끝맺고 있는데, 이 또한 관객이 영화의 사건과 거리를 확보할 수 있도록 하는 장치이다.

유대인으로서 나치의 폭력을 체험했던 폴란스키 감독의 정치적 시각이 반영된 영화 〈맥베스〉는 폭력성을 극대화하여 드러내는 작품이다. 폴란스키는 원전에서 무대 밖에서 처리된 살해 장면들을 유혈이 낭자한 충격적인 화면으로 담아낸다. 폭력을 강조하고 공포감을 조장하기 위해서이다. 그는 원전에서 삭제한 많은 대사들이 있던 자리를 시각적으로 보충한다. 폴란스키는 원전의 독백들에 반영되었던 인물들의 심리적 복잡성도 시각적으로 전달한다. 결말부에서 폴란스키는 권력 의지로부터 자유롭지 못한 정치적 인간에 대한 회의적인 시각을 드러낸다. 폴란스키는 셰익스피어의 원전을 변용하여 로스를 기회주의자로 만들고 비열한 그가 맬콤에게 왕관을 바치게 구성함으로써 왕관을 오염된 정치권력의 상징으로 재현한다.

『맥베스』를 동양적 관점으로 해석한 구로사와의 〈피의 왕좌〉에서 시작 장면은 마지막 장면과 동일하다. 카메라가 폐허가 된 성을 비추면서 영화를 시작하고 끝맺는다. 구로사와는 이를 통해 인간의 운명과 역사의 순환에 대한 자신의 견해를 드러낸다. 폴란스키도 자신의 영화를 시작 장면과 유사한 장면으로 끝맺게 함으로써 자신의 정치적 시각을 드러낸다. 그의 영화는 마녀의 등장으로 시작하여 마녀를 찾아가는 도날베인의 모습을 비추면서 끝맺는다. 권력과 악이 영원히 순환될 것이라는 감독의 정치적 시각이 드러나는 대목이다. 폴란스키의 영화는 핏빛과 그것이 자아내는 두려움과 공포로 화면을 채우면서, 정치권력을 둘러싼 폭력과 공포의 주제를 효과적으로 재현한다. 또한 인간을 허무한 권력 투쟁의 역사를 반복하는 존재로 재현하며, 권력의 장악을 위해서는 그 어떤 폭력도 마다하지 않는 잔인한 존재로 재현한다. 폴란스키는 대부분의 살해 장면들을 클로즈업으로 처리하면서 이에 대한 관중의 감정 개입을 유도한다. 대부분 롱숏을 사용하여 의도적으로 사건에 대한 관객의 감정이입을 방해하는 구로사와의 전략과는 다른 방식이다. 폴란스키는 의도적으로 관객들의 감정 개입을 유도하고 그들이 공포를 느끼도록 만든다. 『맥베스』의 서구적 해석인 폴란스키의 영화도 삶의 허무성과 유한성을 드러내고 있지만, 구로사와의 영화에서처럼 강조되는 것은 아니다. 폴란스키의 영화가 보다 초점을 맞추는 것은 권력의 잔인성과 인간의 사악성이다.

구로사와의 〈피의 왕좌〉는 지역적 경계와 문화적 경계를 넘는 다시읽기와 문화적 다시쓰기에 공헌하고 있는 좋은 작품이다. 〈웨스트사이드 스토리〉는 과거와 현대의 문화적 소통에 기여하고 있는 뮤지컬 영화이다. 그리고 사건의 인과관계 설정을 두고는 원작을 넘어서는 다시쓰기의 성취를 보여주는 작품이다. 세제르의 『또 하나의 태풍』은 패러디를 통해 정전을 풍자하고 해체하면서 지배담론에 대한 타자의 대항담론을 창출하고, 식민의 역사를 되받아 쓰는 글의 모범을 보여주는 작품이다. 보겔의 『데스데모나』 또한 패러디를 통해 원전을 비틀어 읽고 남성중심 담론을 되받아 치는 작품이다. 뮐러의 『햄릿기계』는 셰익스피어의 햄릿을 전유하여 이념 갈등으로 첨예하게 대립하던 동독의 역사적 상황에 재맥락화하고 있다. 뮐러는 사유의 늪에 빠진 우유부단한 지식인의 이미지만 남기고 원전의 다른 모든 것을 해체하여 현재적 시점에서 인물과 사건을 재구성하고 있다. 주인공의 이미지를 반영한 것을 제외하면 거의 '새로 쓰기'에 가까운 작품이다. 이들 작품의 각색자들 모두 셰익스피어의 정전을 자신의 관점에 따라 전유하고 변형하면서 정치성을 드러낸다.

정전의 각색과 다시쓰기가 나름의 의의가 있다고 해도 모든 각색과 다시쓰기 작업이 다 의의가 있는 것은 아니다. 셰익스피어 정전의 각색과 다시쓰기에서 작가 또는 감독 자신의 관점을 투사한다는 점은 문제가 아니다. 그러나 어떤 경우, 너무나 편향된 시각을 드러내는 경우도 적지 않다. 폴라 보겔의 『데스데모나: 손수건에 대한 극』과 WTG의 『리어의 딸들』이 그런 경우다. 이들의 작품에서 모든 여성은 가부장제의 희생자이며 모든 남성은 가해자이다. 이들 작품은 남성 관객을 전혀 의식하지 않고 다시 쓴 텍스트처럼 보인다. 아니 의도적으로 남성의 존재를 무시하는 것처럼 보인다. 시각의 공정성에 문제가 있다는 말이다. 여성 문제를 드러내기 위한 의도적 작업이 남성들의 존재를 지워버리고 여성들만의 세상으로 만드는 오류를 범하고 있다. 남성만을 고려하는 남성중심 담론의 폐해를 지적했던 여성해방론자들이 여성만을 고려하는 여성중심 담론을 구사하면서 다시쓰기를 시도하는 것은 '정치적 공정성'(Political Correctness)을 확보할 수 없다는 말이다. 정전의 각색과 다시쓰기가 '정치적 혹은 도의적 올바름'을 확보하는 유의미한 작업이 되기 위해서는 다른 모든 것을 배제하고 자신이 속한 집단과 문화만을 고려하는 지나친 편향성을 드러내지 말아야 할 것이다.

참고문헌

참고문헌

강용식. "〈웨스트사이드 스토리〉: 사이렌의 탄생." 『음악이론연구』 12 (2007): 71~102.

고현철. "탈식민주의 문화전략과 패러디의 상관성." 『한국문학논총』 36 (2004): 331-55.

권진영. "『오셀로』에 나타난 '손수건 모티프'의 기능과 의미에 관한 재조명." 『영미어문학』 54 (1998): 63-83.

김광선. "뮤지컬의 다층적 언어: 〈웨스트사이드 스토리〉의 음악분석." 『한국연극학』 23 (2004): 239~265.

김나영. "*Lear's Daughters*에서 살펴본 연극적 수행성을 통한 *King Lear* 다시쓰기." 『현대영미드라마』 23.1 (2010): 29-56.

김문기. "『태풍』의 탈식민주의적 각색 연구 에이메 세제르의 『어떤 태풍』과 필립 오스몬트의 『이 섬은 나의 땅』을 중심으로." *Shakespeare Review* 40.3. (2004): 511-38.

_____. "어머니, 딸들, 그리고 '허스토리': 여성연극 그룹의 리어의 딸들에 나타난 셰익스피어 비극의 페미니스트 각색에 관한 연구." *Shakespeare Review* 41.4 (2005): 627-51.

_____. "폴라 보겔의 『데스데모나: 손수건에 대한 극』에 나타난 셰익스피어 비극의 페미니스트 각색연구." 『영미어문학』 84 (2007): 63-84.

김종환. "구로사와의 『맥베스』 해석: 〈피의 왕좌〉의 경우." 『영어영문학』 49.1 (2003): 3-20.

_____. "『맥베스』의 변용과 해석: 폴란스키의 경우." 『신영어영문학』 45 (2010): 21-38.

_____. "『태풍』의 각색과 전유: 세제르의 『또 하나의 태풍』의 경우." 『신영어영문학』 50 (2011): 41-66.

_____. "억압된 목소리의 복원: 『리어의 딸들』" 『영미어문학』 118 (2015): 161-80.
김창우. "하이너 뮐러의 『햄릿기계』에 나타난 햄릿신화의 파괴." 『독일어문학』 50 (2010): 25-46.
김희진. "왜 그녀를 창녀라 부르는 거죠?: 새로 쓰는 오셀로, 폴라 보겔의 데스데모나: 손수건에 대한 극." *Shakespeare Review* 41.3 (2005): 399-416.
뮐러, 하이네. 『햄릿기계』. 『뮐러 희곡선』. 정민영 역 (서울: 지식을만드는지식, 2013), 25-41.
박병성. "현대판 로미오 줄리엣, 〈웨스트사이드 스토리〉." http://navercast.naver.com/contents.nhn?contents_id=7190.
상정아. "문화유물론으로 읽는 셰익스피어 Ⅱ—하이너 뮐러의 『햄릿머신』을 중심으로." 『드라마연구』 36 (2012): 105-31.
서성은. "린다 허천의 각색 담론." 『우리어문연구』 48 (2014): 319-53.
손양근. "하이너 뮐러의 희곡 『햄릿기계』 연구." 『독일언어문학』 3 (1995): 220-41.
신웅재. "제피렐리와 루어만의 『로미오와 줄리엣』 영화 비교: 낭만비극과 운명비극." *Shakespeare Review* 39.2 (2003): 335-49.
심재민. "해체와 몸의 관점에서 본 하이너 뮐러의 『햄릿기계』와 로버트 윌슨의 연출." 『헤세연구』 18 (2007): 317-46.
윤시향. "『햄릿기계』." 『하이너 뮐러의 연극 세계』. 한국브레히트학회 편. 서울: 연극과인간, 2006. 223-44.
윤여복. "『햄릿』, 『로젠크란츠와 길덴스턴』 그리고 『햄릿 머신』." 『인문과학연구』 (동아대) 1호 (1994): 83-119.
이경원. 『검은 역사 하얀 이론』. 서울: 한길사, 2011.
이석호. "에이메 세자르의 셰익스피어 다시 쓰기: 『어떤 태풍』을 중심으로." 『탈식민주의와 연극: 이론과 실제』(『한국연극학』 19호). 서울: 연극과인간, 2003. 221-41.
이성훈. "1960년대 영화에 나타난 라티노에 대한 인종주의: 〈웨스트사이드 스토리〉와 〈알라모〉를 중심으로." 『스페인어문학』 43 (2007): 363-378.

이영순. “사랑이 구원이 될 수 있는가?: 바즈 루어만의 〈윌리엄 셰익스피어의 로미오+줄리엣〉. 『현대영어영문학』 53.2 (2009): 201-22.
이영임. “다매체 시대 문학의 문화상품화 전략과 검열 및 자기검열—하이너 뮐러의 『햄릿머신』을 중심으로.” 『괴테연구』 18 (2006): 245-59.
이준서. “브레히트와 하이너 뮐러의 햄릿관 비교.” 『브레히트와 현대연극』 8 (2000): 97-121.
이진경. “욕망, 기계, 기관 없는 신체.” http://www.nomadist.org/xe/seminar/415939.
이창복. 『하이너 뮐러 문학의 이해』. 서울: 한국외국어대학교 출판부, 2001.
자네티, 루이스. 『영화의 이해: 이론과 실제』. 김진해 역. 서울: 현암사, 1999.
장윤정. “뮤지컬 〈웨스트사이드 스토리〉에서 무용의 역할 분석.” 조선대, 석사, 2001.
정민영. 『햄릿기계』. 『뮐러 희곡선』. 정민영 역. 서울: 지식을만드는지식, 2013. 137-46.
지정윤. “뮤지컬 〈West Side Story〉를 통한 음악의 극적 기능과 효과에 관한 연구.” 숙명여대, 석사, 2012.
진종화. “A. 세제르의 희곡 『한 태풍』에 나타나는 네그리튀드.” 『불어불문학연구』 74 (2008): 413-43.
찹케, 라인하르트. 『하이네 뮐러 평전』. 정민영 역. 서울: 연극과인간, 2001.
최영주. “바즈 루만의 『로미오와 줄리엣』: 현대의 자화상.” 『문학과 영상』 1 (2000): 235-49.
Achebe, Chinua. “The Novelist as Teacher.” *Morning Yet on Creation Day: Essays*. New York Anchor P, 1975. 67-74.
Adelman, Janet. “Born of Woman: Fantasies of Maternal Power in *Macbeth*.” *Cannibals, Witches, and Divorce: Estranging the Renaissance*. Ed. M. Garber. Baltimore: Johns Hopkins UP, 1987. 90-121.
Andrew, Dudley. “The Well-Worn Muse: Adaptation in Film History and Theory.” *Narrative Strategies*. Eds. Syndy Conger and Janice R.

Welsch. Macomb, Ill: West Illinois UP, 1980.

Anold, A James. "Césaire and Shakespeare: Two Tempests." *Comparative Literature* 30.3 (1978): 236-48.

Ashcroft, Bill. et. al. *The Empire Writes Back: Theory and Practice in Post-colonial Literature*. London: Routledge, 1989.

Barker, Francis and Hulme, Peter. "Nymphs and reapers heavily vanish: the discursive con-texts of *The Tempest*." *Alternative Shakespeares*. (ed.) John Drakakis. London: Routledge, 1985, 191-205.

Barker, Stephen. "Hamlet the Difference Machine." *Comparative Drama* 46.3 (2012): 401-23.

Barnett, D. "Resisting the Revolution: Heiner Muller's Hamlet/Machine at the Deutsches Theater, Berlin, March 1990." *Theatre Research International* 31.2 (2006): 188-200.

Barthes, R. "Theory of the Text." *Untying the Text: A Post-Structuralist Reader*. Ed. R. Young. Boston: Routledge & Kegan Paul, 1981.

Belsey, Catherine. "Shakespeare and Film: A Question of Perspective." *Literature/Film Quarterly* 11 (1983): 152-58.

Bennett, Susan. *Performing Nostalgia: Shifting Shakespeare and the Contemporary Past*. New York: Routledge, 1996.

Berlin, Normand. "*Macbeth*: Polanski and Shakespeare." *Literature Film Quarterly* 1.4 (1973): 291-98.

Bhabha, Homi K. "Of Mimicry and Men: The Ambivalence of Colonial Discourse." *October* 28 (1984): 125-33.

Blumenthal, J. "*Macbeth into Throne of Blood*." *Sight and Sound* 34 (Autumn 1965): 190-95.

Brecht, Bertolt. *Brecht on Theatre: The Development of an Aesthetic*. Ed. & Trans. John Willett. London: Methuen, 1974.

Brook, Peter. "Shakespeare on Three Screens." *Sight and Sound* 34

(1965): 68-74.

Buchanan. Judith. *Shakespeare on Film*. Essex. England: Pearson Education, 2005.

Buhler, Stephen M. *Shakespeare in the Cinema: Ocular Proof*. Albany: State U of New York P, 2002.

Bulman, James C. "Bond, Shakespeare, and the Absurd." *Modern Drama* 29.1 (1986): 60-70.

Burk, Kenneth. *The Philosophy of Literary Form: Studies in Symbolic Action*. Baton Rouge: Louisiana State UP, 1967.

Callaghan, Dympna. *Shakespeare without Women*. London: Routledge, 2000.

Cartelli, Thomas. *Repositioning Shakespeare*. London: Routledge, 1999.

Cartmell, Deborah, and Imelda Whelehan, eds. *Adaptations: From Text to Screen, Screen to Text*. London: Routledge, 1999.

Cartmell, Deborah. *Interpreting Shakespeare on Screen*. London: Macmillan, 2000.

Césaire, Aimé. *A Tempest*. Trans. Richard Miller. New York: TCG Translations, 1992.

Chambers, E. K. *Shakespeare: A Survey*. London: Sidgwick and Jackson, 1929.

Cohen, Ruby. *Modern Shakespeare Offshoots*. Princeton: Princeton UP, 1976.

_____. *Modern Shakespeare Offshoots*. Princeton: Princeton UP, 1976.

Coursen, H. R. "Macbeth: Polanski's Disastrous Version." *Shakespeare on Film Newsletter* 2.2 (1978): 2-5.

Coursen, H. R. *Shakespeare: The Two Traditions*. London: Associate UP, 1999.

Crowl, Samuel. *Shakespeare at the Cineplex: the Kenneth Branagh Era*. Athens. Ohio: Ohio UP, 2003.

Deleuze, Gilles, and Felix Guattari. *Anti-Oedipus: Capitalism and Schizophrenia*. Vol.1. Trans. Robert Urley, Mark Seem, and Helen R. Lane. Minneapolis: U of Minnesota P, 1983.

Desmet, Christy, and Robert Sawyer, ed. *Shakespeare and Appropriation. London*: Routledge, 1999.

Dionne, Craig, and Parmita Kapadia, ed. *Native Shakespeares*. Hampshire: Ashgate, 2008.

Dobson, M. *The Making of the National Poet: Shakespeare, Adaptation and Authorship, 1660-1769*. Oxford: Oxford UP, 1992.

Dollimore, Jonathan and Alan Sinfield, ed. *Political Shakespeare: Essays in cultural materialism*. Manchester: Manchester UP, 1994.

Donaldson, Peter S. *Shakespearean Films/Shakespearean Directors*. Boston: Unwin Hyman, 1990.

_____. "In Fair Verona: Media, Spectacle, and Performance in *William Shakespeare's Romeo+ Juliet*." In *Shakespeare After Mass Media*. Ed. Richard Burt. New York: Palgrave, 2002.

Eillott, G. R. *Flaming Minister*. Durham, N.C.: Duke UP. 1953.

Evans, Robert O. *The Osier Cage, Rhetorical Devices in* Romeo and Juliet. Lexington: U of Kentucky P, 1966.

Fanon Frantz. *Black Skin, White Masks*. New York: Grove Press, 1967.

Fischlin, Daniel and Mark Fortier, ed. *Adaptations of Shakespeare: A Critical Anthology of Plays from the Seventeenth Century to the Present*. London: Routledge, 2005.

Foster, Hal. "Death in America." *October* 75 (1996): 36-59.

Freidman, Sharon. 'Revisioning the Woman's Part: Paula Vogel's Desdemona'." *New Theatre Quarterly* 15.58 (1999): 131-41.

Fuss, Diana. "Interior Colonies: Frantz Fanon and the Politics of Identification."*Diacritics* 24.2-3(1994): 20-42.

Gajowski, Evelyn. *The Art of Loving: Female Subjectivity and Male*

Discourse Traditions in Shakespeare's Tragedies. Cranbury, NJ: Associated UP, 1992.

Garebian, Keith. *The Making of West Side Story*. Oakville: Mosaic P, 1995.

Gilbert, Helen, and Joanne Tompkins. *Post-Colonial Drama: Theory, Practice. Politics*. New York: Routledge, 1996.

Goodman, Lizbeth. *Contemporary Feminist Theatres: To Each Her* Own. London: Routledge, 1993.

_____. "Women's Alternative Shakespeares and Women's Alternatives to Shakespeare in Contemporary British Theatre." *Cross-Cultural Performances: Difference in Women's Re-Visions of Shakespeare*. Ed. Marianne Novy. Urbana: U of Illinois P, 1993. 206-26.

Griffin, Gabriel and Elaine Aston, ed. *Herstory: Plays by Women for Women* Vol. 1. Sheffield: Sheffield Academic Press, 1991.

Halpern, Richard. *Shakespeare among Moderns*. Ithaca: Cornell UP, 1997.

Hantman, Jeffrey L. "Caliban's Own Voice: American Indian Views of the Other in Colonial Virginia." *New Literary History* 23 (1992): 69-81.

Hapgood, Robert. "Shakespeare on film and television." *The Cambridge Companion to Shakespeare Studies*. Ed. Stanley Wells. Cambridge: Cambridge UP, 1986. 273-86.

Harper, Wendy Rogers. "Polanski vs. Welles on *Macbeth*: Character or Fate?" *Literature Film Quarterly* 14-4 (1986): 203-10.

Heilman, R. B. *Magic in the Web*. Lexing: Kentucky UP, 1956.

Hodgdon, Barbara. "Of Time and the Arrow: A Reading of Kurosawa's *Throne of Blood*." *U of Dayton Review* 14.1 (1979-80): 63-70.

Hodgson J. A. "Desdemona's Handkerchief as an Emblem of Her Reputation." *TSLL* 19.3 (1977): 313-22.

Holderness, Graham. "Radical Potentiality and Institutional Clousure:

Sahakespeare in Film and Television." *Political Shakespeare*. Ed. Jonathan Dollimore and Alan Sinfield. Manchester: Manchester UP, 1994. 206-25.

Hutcheon, Linda. *A Theory of Parody. The Teachings of Twentieth-Century Art Forms*. New York: Methuen, 1985.

_____. *A Theory of Adaptation*. 2nd ed. New York: Routledge, 2006.

Itzin, Catherine. *Stage in the Revolution: Political Theatre in Britain since 1968*. London: Methuen, 1980.

Jahn, Janheinz. *Neo-African Literature: A History of Black Writing*. Trans. Oliver Cobun and Ursula Lehrburger. New York: Grove P, 1968.

Jones, John B. *Our Musicals, Ourselves: A Social History of the American Musical Theatre*. Waltham, MA: Brandeis UP, 2003.

Jorgens, Jack J. "The Opening Scene of Polanski's *Macbeth*." *Literature Film Quarterly* 3.3 (1975): 277-78.

_____. *Shakespeare on Film*. Bloomington: Indian UP, 1977.

_____. "Kurosawa's *Throne of Blood*: Washizu and Miki Meet the Forest Spirit." *Literature/Film Quarterly* 11.3 (1983): 167-73.

_____. "Media for Shakespeare's *Macbeth*." *U of Dayton Review* 14.1 (1980): 45-54.

Kalb, Jonathan. *The Theater of Heiner Müller*. Cambridge: Cambridge UP, 2001.

Kamps, Ivo, ed. *Materialist Shakespeare: A History*. London: Verso, 1995.

Katrak, Ketu H. "Decolonizing Culture: Toward a Theory for Postcolonial Women's Texts." *Modern Fiction Studies* 35.1 (1989): 157-79.

Kelley, Robin D. G. "Poetry and the Political Imagination." *A Tempest* by Aimé Césaire. 1969. Trans. Richard Miller. New York: TCG Translations, 1992. vii-xvi.

Kidnie, Margaret Jane. *Shakespeare and the Problem of Adaptation*. London: Routledge, 2008.

Kinder, Marsha. "*Throne of Blood*: A Morality Dance." *Literature/Film Quarterly* 5 (1977): 339-45.

Knight, G. Willson. *The Wheel of Fire*. London: Methuen, 1949.

Kozintsev, Grigori. *Shakespeare, Time and Conscience*. New York: Hill and Wang, 1966.

Kristeva, J, *Desire in language: A semiotic approach to literature and art*. Trans. Thomas Gora et. al. New York: Columbia UP, 1980.

Kurosawa, Akira. *Seven Samurai and Other Screenplays*. London: Faber and Faber, 1992.

Lamming, George. *The Pleasure of Exile*. London: Michael Joseph, 1960.

Lanier, Douglas. *Shakespeare and Modern Popular Culture*. Oxford: Oxford UP, 2002.

Laurents, Arthur. *Romeo and Juliet/West Side Story*. New York: Dell Publishing, 1965.

_____. *Original Story* By. New York: A. Knopf, 2000.

Lehmann, Courtney. *Shakespeare remains: theater to film, early modern to postmodern*. Ithaca, N.Y.: Cornell UP, 2002.

Leininger, Lorie. "Cracking the Code of *The Tempest*." *Bucknell Review* 25 (1980): 121-31.

Livingston, Robert E. "Decolonizing the Theatre: Césaire, Serreau and the Drama of Negritude." *Imperialism and Theatre; Essays on World Theatre, Drama and Performance*. London: Routledge, 1995. 182-98.

Loehlin, James N. "'Those Violent Delights have Violent Ends': Baz Luhrmann's Millennial Shakespeare." *Shakespeare, Film, Fin de Siecle*. Eds. M. T. Burnett and R. Wray. London: Macmillan, 2000.

Loomba, Ania. *Gender, Race, Renaissance Drama*. Delhi: Oxford UP,

1992.

_____. *Shakespeare, Race, and Colonialism*. New York: Oxford UP, 2002.

Macbeth. Dir. Roman Polanski. Perf. Jon Finch as Macbeth and Francesca Annis as Lady Macbeth. Columbia Pictures, 1971.

MacDonald, Joyce Green. "Black Ram, White Ewe: Shakespeare, Race, and Women." *A Feminist Companion to Shakespeare*. Ed. Dympna Callaghan. Malden, Mass.: Blackwell Publishers, 2000, 188-207.

Mack, Maynard. "The Jacobean Shakespeare: Some Observations on the Construction of the Tragedies." *Jacobean Theatre*. Ed. John Russell Brown. New York: St. Martin's P, 1960.

Mannoni, Octave. *Prospero and Caliban: the Psychology of Colonization*. 1956. Tr. Pamela Powesland. New York: Frederick A. Praeger, 1964.

Manvell, Roger. *Shakespeare and the film*. 1971. South Brunswick, N.J.: A. S. Barnes, 1979.

Marowitz, Charles. *Recycling Shakespeare*. London: Macmillan, 1991.

Massai, Sonia. *World-Wide Shakespeares Local Appropriations in Film and Performance*. London: Routledge, 2005

McAlindon, T. *Shakespeare's Tragic Cosmos*. Cambridge: Cambridge UP, 1991.

McFarlane, Brian. *Novel to Film: An Introduction to the Theory of Adaptation*. Oxford: Clarendon P, 1996.

McLean, Andrew. "Kurosawa and the Shakespearean Moral vision." *U of Dayton Review* 14.1 (1980): 71-78.

McMillan, Scott. *The Musical as Drama: A Study of the Principles and Conventions behind Musical Shows from Kern to Sondheim*. Princeton: Princeton UP, 2006.

Müller, Heiner. *Gesammelte Irrtümer*. Frankfurt am Main: Verlag der Autoren, 1986.

Mullin, Michael. "*Macbeth* on Film." *Literature/Film Quarterly* 1.4 (1973): 332-42.

Nairn, Tom. *The Break-Up of Britain: Crisis and Neo-Nationalism*. London: New Left Book, 1977.

Negron-Muntaner, Frances. "Feeling Pretty: *West Side Story* and Puerto Rican Identity Discourse." *Social Text* 63 18.2 (2000): 83-106.

Neill, Michael. "Unproper Beds: Race, Adultery, and the Hideous in *Othello*." *Shakespeare Quarterly* 41 (1989): 383-412.

Newman, Karen. *Shakespeare Reproduced*. ed. Jean E. Howard and Marion O'onnor. London: Methuen, 1987.

Nixon, Rob. "Caribbean and African Appropriations of *The Tempest*." *Critical Inquiry* 13 (1987): 557-78.

Novak, Elaine A. *Performing in Musical*. New York: Macmillan, 1988.

Novy, Marianne, ed. *Transforming Shakespeare: Contemporary Women's Re-Visions in Literature and Performance*. New York: Palgrave, 1999.

_____. "Saving Desdemona and/or Ourselves: Plays by Ann-Marie MacDonald and Paula Vogel." *Transforming Shakespeare: Contemporary Women's Re-Visions in Literature and Performance*. New York: Palgrave, 1999. 67-86.

Orgel, Stephen. *Imagining Shakespeare: A History of Texts and Visions*. New York: Palgrave Macmillan, 2003.

Pearlman, E. "*Macbeth* on Film: Politics." *Shakespeare Survey* 39 (1987): 67-74.

Petersen, P. S. "The 'Bloody Busines' of Roman Polanski's *Macbeth*: A Case Study of the Dynamics of Modern Shakespeare Appropriation." *Screen Shakespeare*. Ed. Michael Skovmand. Aarhus, Denmark: Aarhus UP, 1994. 38-63.

Polanski, Roman. *Roman*. London: Heinemann, 1984.

Quilligan, Maureen. "Staging Gender: William Shakespeare and Elizabeth Cary." *Sexuality and Gender in Early Modern Europe: Institutions, Texts, Images*. Cambridge: Cambridge UP, 1993. 208-32.

Reynolds, Bryan. "The Terrorism of *Macbeth* and Charles Manson: Reading Cultural Construction in Polanski and Shakespeare." *The Upstart Crow* 13 (1993): 109-29.

Richardson, Michael D. "Allegories and Ends: Heiner Müller's *Hamletmachine*." *New German Critique* 98 (2006): 77-100.

Richie, Donald. *The Films of Akira Kurosawa*. Berkeley: U of California P, 1973.

Rodriquez, Clara E. ed. *Latin Looks: Images of Latinas and Latinos in the U.S. Media*. Colorado: Westview P, 1997.

Romeo and Juliet. Dir. Franco Zeffirelli. Perf. Leonard Whiting, Olivia Hussey, Milo O'Shea, Michael York, and John McEnery. Paramount Pictures, 1968.

Rose, Mary Beth. *The Expense of Spirit: Love and Sexuality in Renaissance Drama*. Ithaca: Cornell UP, 1988.

Rothwell, Kenneth S. "Roman Polanski's Macbeth: Golgotha Triumphant." *Literature/Film Quarterly* 1.1 (1973): 71-75.

Rothwell, Kenneth S. *A History of Shakespeare on Screen*. Cambridge: Cambridge UP, 1999.

Rozett, Martha Tuck. "*Desdemona: A Play About a Handkerchief*." *Shakespeare Bulletin* 12.3 (1994): 17.

Rymer, Thomas. "A Short View of Tragedy (1693)." *Critical Essays of the Seventeenth Century*. Ed. J. E. Spingarn. Bloomington: Indiana UP, 1957.

Sanchez, Alberto S. "*West Side Story*: A Puerto Rican Reading of America." *Latin Looks: Images of Latinas and Latinos in the U.S. Media*. Ed. Clara E. Rodriquez. Colorado: Westview P, 1997.

Sanders, Julie. *Adaptation and Appropriation*. London: Routledge, 2005.

Saunders, Graham. "'Missing Mothers and Absent Fathers': Howard Barker's *Seven Lears* and Elaine Feinstein's *Lear's Daughters*." *Modern Drama* 42 (1999): 401-10.

Savran, David. "Loose Screws: an Introduction." *The Baltimore Waltz and Other Plays* by Paula Vogel. New York: Theatre Communications Group, 1996. ix-xv.

Selden, Raman and Peter Widdowson. *A Reader's Guide to Contemporary Literary Theory*. 3rd ed. New York: Harvester, 1993.

Shakespeare, William. *The Riverside Shakespeare*. Ed. G. B. Evans. Boston: Houghton Mifflin, 1974.

Sinfield, Alan. "Royal Shakespeare: Theatre and the Making of Ideology." *Political Shakespeare*. Eds. J. Dollimore and Alan Sinfield. Ithaca: Cornell UP, 1985. 158-81.

______. "Making Space: appropriation an confrontation in recent British plays." *The Shakespeare Myth*. ed. Graham Holderness. Manchester: Manchester UP, 1988, 128-144.

Singh, Jyosta. "The Interventions of History: Narratives of Sexuality." *The Weyward Sisters: Shakespeare and Feminist Politics*. Eds. Dympna Callaghan et. al. Cambridge: Balckwell, 1994. 7-58.

______. "Othello' Identity, Postcolonial Theory, and Contemporary African Rewritings of *Othello*." *Women, Race, and Writing in the Early Modern Period*. Eds. Margo Hendricks and Patricia Parker. London: Routledge, 1994. 287-99.

Spivak, Gayatri Chakravorty. "Three Women' Texts and a Critique of Imperialism." *Critical Inquiry* 12.1 (1985): 243-61.

Sunderland, Margot & Ken Pickering. *Choreographing the Stage Musical*. New York: J. Garnet Miller, 1989.

Swain, J. P. *The Broadway Musical: A Critical and Musical Survey*. 2nd ed. Lanham, Maryland: Scarecrow P, 2002.

Swenson, Gene. "What is Pop Art?" Interview with Gene Swenson. *Art News* 62.7 (1963): 24-27.

Teraoka, Akiko *A. The Silence of Entropy or Universal Discourse*. Frankfurt. a.M. 1985.

Throne of Blood. Dir. Akira Kurosawa. Cinematography by Asakazu Nakai. Perf. Toshiro Mifune, Isuzu Yamada, Minoru Chiaki, and Takamaru Sasaki. Janus Films, 1961.

Tiffin, H. "Post-colonial literatures and counter-discourse." *Kunapipi* 9.3 (1987): 17-34.

Traub, Valerie. "Jewels, Statues, and Corpses: Containment of Female Erotic Power in Shakespeare's Plays." *Shakespeare and Gender*. Eds. Debora Barker and Ivo Kamps. London: Verso, 1995. 120-41.

Vaughan, Alden T. and V. M. Vaughan. *Shakespeare's Caliban: A Cultural History*. Cambridge: Cambridge UP, 1991.

Vogel, Paula. *Desdemona: A Play about a Handkerchief. Adaptations of Shakespeare — A Critical Anthology of Plays from Seventeenth Century to the Present*. Eds. Daniel Fischlin and Mark Fortier. London: Routledge, 2000. 236-54.

Wagner, Geoffrey. *The Novel and the Cinema*. Rutherford, NJ: Fairleigh Dickinson UP, 1975.

Wardle, Irving. "A Discussion with Edward Bond." *Gambit* 5.17. (1970): 5-38.

Wertheimer, Jürgen. "Kurosawa's *Kumonosujo* and Polanski's *Macbeth*: Aspects of Comparative Film Criticism." *Proceeding of the 10th Congress of the International Comparative Literature Association*. New York: Garland, 1985. 355-59.

West Side Story. Dir. Robert Wise and Jerome Robbins. Perf. Natalie Wood, Richard Beymer, Russ Tamblyn, Rita Moreno, and George

Chakiris. United Artists. 1961.

William Shakespeare's Romeo+Juliet. Dir. Baz Luhrmann. Pefr. Leonardo DiCaprio, Claire Danes, P. Postlethwaite, and Paul Sorvino. Twentieth Century-Fox, 1996.

Willson, Robert F., Jr. "Fated Macbeths: The Film Director as God." *Jahrbuch der Deutschen Shakespeare Gesellschaft West* (1984): 164-67.

Zabus, Chantal. "A Calibanic Tempest in Anglophone and Francophone New World Writing." *Canadian Literature* 104 (1985): 35-51.

Zambrano, Ana Laura. "*Throne of Blood*: Kurosawa's *Macbeth*." *Literature/Film Quarterly* 2 (1974): 262-74.

찾아보기

찾아보기

저자 약력

김종환 교수는 1981년 계명대학교 영문과를 졸업하고 1992년 미국 네브래스카 주립대학교에서 박사학위를 취득했다. 1995년에 재남우수논문상(한국영어영문학회)을 수상했고, 1998년에는 제1회 셰익스피어학회 우수논문상을, 2006년에는 원암학술상을 수상한 바 있다. 1986년부터 계명대학교 영문학과 교수로 재직하고 있다. 한국영어영문학회 부회장으로 활동했으며, 현재 한국셰익스피어학회와 신영어영문학회의 편집이사로 활동하고 있다. 저서로는 『셰익스피어와 타자』, 『셰익스피어와 현대 비평』, 『셰익스피어 연극사전』(공저)이 있으며, 세 권 모두 대한민국학술원 우수도서로 선정되었다. 그 외 저서로 『인종담론과 성담론: 셰익스피어의 경우』, 『명대사로 읽는 셰익스피어 비극』, 『명대사로 읽는 셰익스피어 희극』, 『음악과 영화가 만난 길에서』, 『상징과 모티프로 읽는 영화』가 있다. 번역서로 셰익스피어 4대 비극과 『로미오와 줄리엣』, 『베니스의 상인』, 『한여름 밤의 꿈』, 『줄리어스 시저』, 『헨리 5세』, 『리처드 3세』, 『자에는 자로』, 『말괄량이 길들이기』, 소포클레스의 『오이디푸스 왕』, 『콜로노스의 오이디푸스』, 『엘렉트라』, 『안티고네』, 『아이아스』, 『트라키스의 여인들』, 아이스킬로스의 『사슬에 묶인 프로메테우스』와 『아가멤논』, 『제주를 바치는 여인들』, 『에우메니데스』, 에우리피데스의 『메데이아』와 『엘렉트라』 등이 있다.